PIP STEWART

LIFE LESSONS AUS DEM AMAZONAS

Was ich bei meinem Dschungel-
Abenteuer fürs Leben lernte

Aus dem Englischen von
Violeta Topalova

DUMONT

Die englische Ausgabe ist unter dem Titel »Life Lessons from the Amazon«
bei Summersdale Publishers Ltd. erschienen.
Copyright © Pip Stewart, 2021
Published by arrangement with Summersdale Publishers Ltd.

1. Auflage 2022
© 2022 DuMont Reiseverlag, Ostfildern
Alle Rechte vorbehalten.

Übersetzung: Violeta Topalova
Lektorat: Britta Rath
Gestaltung Cover: Marianne Thompson
Gestaltung Innendesign und Umschlag, Satz: Anja Linda Dicke,
dickedesign.de, Berlin
Fotos Cover: shutterstock.com/Glinskaja Olga (Stiefel), shutterstock.com/
SaveJungle (Schmetterling), shutterstock.com/Kamran Karimov (Frosch),
shutterstock.com/Ezakiell (Kajakfahrer), shutterstock.com/Val_Iva (Blätter),
shutterstock.com/elnikPave (Schlange)
Fotos Umschlag innen: Pip Stewart: vorne r.o., l. Mitte; hinten o. Mitte,
l. Mitte, l.u., r.u. / Laura Bingham: vorne l.o., l.u.; hinten l.o. / Jon Williams: vorne
r. Mitte, r.u., hinten r. Mitte
Fotos Umschlagklappen: Jon Williams

Printed in Poland
ISBN 978-3-7701-9192-5

DUMONT

www.dumontreise.de

Für die Menschen aus Masakenari:
Kirwanhê.
Danke, dass ihr diese Expedition
ermöglicht habt.

INHALT

Teil II
AUF DEM FLUSS

VORWORT

Ich hoffe, dass dir dieses Buch auf deiner eigenen Lebensreise helfen kann. Da das möglicherweise aber auch nicht der Fall sein wird, ist es besser, dies von Anfang an offen zu sagen. Die folgenden Überlegungen wurden aus Nahtoderfahrungen geboren, buchstäblich aus Blut, Schweiß und Tränen – mit einem fleischfressenden Parasiten als Dreingabe. Erfahrungen waren meine besten Lehrmeister, und ich möchte ein paar der Lektionen, die ich gelernt habe, teilen. Aber lies meine Worte bitte mit ein wenig Skepsis; sie sind keine Abkürzung auf dem Weg zum Glück und sollen das auch gar nicht sein. Das Leben ist wundervoll chaotisch, und etwas anderes anzustreben wird sich immer anfühlen, wie gegen den Strom zu schwimmen.

Ich weiß nicht, wie glaubwürdig das Wort Entdecker in der modernen Welt noch ist. Aber ich glaube, dass in uns allen der Wunsch schlummert, zu forschen – der Drang, das zu verstehen, was hinter dem Horizont liegt. Das ist einer der Gründe dafür, dass ich mich einem internationalen Team anschloss, um zu einer lebensverändernden Flussreise aufzubrechen. Wir wollten auf diesem Fluss die welterste Kajakfahrt von der Quelle zur Mündung versuchen. Der Lockruf des Abenteuers führte uns auf Berge und durch dichten Dschungel, bis er uns schließlich an der Küste eines

Ozeans absetzte. Der Fluss gab uns die Chance, unser Verständnis von uns und der Welt, die uns umgibt, zu vertiefen; unsere Reise sollte eine Erforschung des Lebens selbst werden.

Ich hatte mich schon früher in die Wildnis gewagt. Aber auf dieser Expedition würde ich so tief ins Unbekannte eindringen wie noch nie zuvor. Meine Teammitglieder und ich würden drei Monate im Regenwald eines der isoliertesten und unerforschtesten Teile unseres Planeten verbringen. Dass es das welterste Mal sein würde, war nicht, was mich reizte, vielmehr war es die Gelegenheit, aus unserer hyperverbundenen Welt zu flüchten. Die Chance, zumindest eine Zeit lang von der Bildfläche zu verschwinden und zu einer natürlicheren Lebensweise zurückzukehren. Zu erforschen, was im Leben wirklich zählt – und was ich gelernt habe, möchte ich gerne mit dir teilen. Ironischerweise hätten wir vermutlich das meiste, was uns der Dschungel lehrte, auch zu Hause lernen können, aber das ist einer der Gründe dafür, dass dieses Buch existiert: Der Alltag spiegelt sich im Extremen und umgekehrt.

Ich denke oft, dass Menschen entweder vor etwas weg- oder auf etwas zulaufen. Ich für meinen Teil laufe, wenn ich ehrlich bin, vor allem vor dem Gefühl weg, dass ich nicht das Beste aus meinem Leben mache. Vor der Angst, nicht in vollen Zügen zu leben. In dieser geschäftigen, hektischen Welt sind wir schnell überfordert. Zumindest geht mir das so. Diese Angst treibt mich vorwärts, und deshalb fand ich mich auch an Bord eines Flugzeugs wieder, um dann den gesamten 1014 Kilometer langen Essequibo River in Guyana hinunterzupaddeln. Für alle, denen es ähnlich geht, erhoffe ich mir von den folgenden Seiten Einsichten, die auf der eigenen Lebensreise hilfreich sein mögen – idealerweise ohne einen fleischfressenden Parasiten im Schlepptau.

Wir wussten, dass diese Reise schwierig und möglicherweise lebensgefährlich sein würde. Nicht erwartet hätte ich, dass die

Flucht vor einem Kaiman oder der Jaguar, der durch unser Lager schlich, mich meine Nutzung von Technologie würde hinterfragen lassen. Dass ein Kolibri meine Einstellung zu Kritik und Glück beeinflussen oder eine Ameise mich Wertschätzung lehren würde. In dieser Hinsicht war unsere Expedition nicht nur eine rein körperliche. Oft wurde sie zu einem mentalen Training in Liebe und Akzeptanz, und auch im Umgang mit Angst, Selbstzweifeln und extremen Notlagen.

Von all diesen Lektionen zehre ich noch heute, und sie bilden die Grundlage für dieses Buch. Hier und da habe ich einige Namen und Details geändert, um Personen zu schützen. Jedes Kapitel beginnt mit einer Überlegung, die während der Expedition aufkam – einer Lektion fürs Leben. Ich teile auch die Erlebnisse, die zu diesen Überlegungen führten. Dahinter steckt die Idee, dass du an den Tagen, an denen du dir etwas ins Gedächtnis rufen möchtest, zum Anfang des Kapitels blättern kannst, das am besten zur Thematik passt – ob es nun darum geht, dass man oft mehr bewältigen kann, als man sich selbst zutraut (auch wenn es sich nicht immer so anfühlt), oder um die verrückten Gedanken, die dein Gehirn um drei Uhr nachts umtreiben und die – höchstwahrscheinlich – völlig normal sind.

Es ist auch wichtig, anzuerkennen, dass Abenteuerreisen ein Privileg sind, zu dem viele von uns nur dadurch Zugang haben, weil sie zu einer bestimmten Zeit an einem bestimmten Ort geboren wurden. Und deshalb geht auch das Autorenhonorar für dieses Buch zur Hälfte an die Gemeinde Masakenari – ohne die diese Reise und diese Worte niemals möglich gewesen wären. Die andere Hälfte geht an die Drugs for Neglected Diseases initiative (DNDi), die unermüdlich daran arbeitet, Krankheiten zu heilen, unter denen vor allem die ärmsten und besonders abgelegen lebenden Gemeinschaften der Welt leiden.

Letztendlich versuchen wir alle, unseren eigenen Weg durch die Welt zu finden. Du bist die einzige Person, die weiß, wie dein bestmögliches Leben aussieht. Finde heraus, was für dich funktioniert, und vergiss den Rest. Ich bin keine ausgebildete Therapeutin, Ärztin, Psychologin oder Wahrsagerin. Ich bin nur eine unverbesserlich emotionale Idealistin, die in ihrem Leben schon eine Menge Mist gebaut und viele Irrwege beschritten hat und das bestimmt auch wieder tun wird. Ich arbeite voller Demut daran, zu erkennen, wann ich falsch liege, und an dem Mut dazu, mich zu verbessern. Das Buch ist aus meiner Perspektive geschrieben, was natürlich mit sich bringt, dass ich meine eigenen blinden Flecken nicht sehe. Dafür entschuldige ich mich im Voraus. Aber ich glaube fest daran, dass wir alle, trotz unserer persönlichen Macken und Selbstzweifel, anderen etwas beibringen können. Dieses Buch wird vielleicht nicht dein Leben verändern, aber ich hoffe wirklich, dass es dir hilft, den Weg zu beschreiten, für den du dich entschieden hast ...

Pip

EXPEDITIONSROUTE

ATLANTIK

GUYANA

Georgetown

Parika

Bartica

ESSEQUIBO RIVER

LINDEN-LETHEM
ROAD

Omai Mine

Kaieteur Falls

Fairview

Iwokrama Forest

Apoteri

King William
Adventures Lodge

King William IV Falls

King George V
Falls

Jacobs Ladder Falls

Masakenari

Gunns Strip

Quelle

Acarai Mountains

TEIL I

IM DSCHUNGEL

RICHTUNG

(Substantiv): eine Strecke, auf der sich jemand
oder etwas bewegt

Wie lässt sich das Leben so erfüllt wie möglich gestalten? Über
diese Frage habe ich in den letzten Jahren viel nachgedacht. Wenn
man sich aber nicht sicher ist, wohin man will oder was man vom
Leben erwartet, fühlt sich diese Frage furchtbar überwältigend
an. Möglicherweise habe ich zu viel Zeit an Flüssen verbracht,
aber der Ton, den man in ihnen findet, hat mir dabei geholfen, auf
eine etwas seltsame Art zu visualisieren, wie man mit Orientie-
rungslosigkeit umgehen kann: Ich stelle mir das Leben als Töpfe-
rei vor.

Wir alle beginnen mit einem Klumpen Ton, und unabhängig
von der Menge, der Konsistenz oder der Beschaffenheit dieses
Tons haben wir alle die Fähigkeit, daraus etwas zu formen. Wann
immer ich nicht mehr genau weiß, wohin ich gehe oder was ich
gerade tue, versuche ich mir Folgendes ins Gedächtnis zu rufen:
Mach dir keine Sorgen, du bist noch dabei, deinen Topf zu formen. Du weißt nur noch nicht, wie er am Ende aussehen wird. Wir
sind uns vielleicht noch nicht sicher, in welche künstlerische
Richtung sich unser Meisterwerk entwickeln wird, aber das

Wichtigste ist, dass wir uns an die Töpferscheibe setzen und loslegen. Wenn wir uns die Hände schmutzig machen und versuchen, den Ton irgendwie zu formen, dann haben wir zumindest etwas geschaffen. Der Dschungel hat mich gelehrt, dass man auch flexibel sein muss, wenn man einen Plan für sein Leben hat. Wie sehr man sich auch bemüht, der Topf kann am Ende trotzdem einen schiefen Henkel haben oder völlig anders aussehen als geplant. Nimm diese Unwägbarkeiten als Teil deiner Geschichte an und lass dich nicht von ihnen aus der Bahn werfen. Eine gründliche Vorbereitung ist eine gute Möglichkeit, dich gegen Planänderungen zu wappnen. Sie wird dir sehr nützlich sein, egal, ob du nun vorhast, mit dem Kajak einen Fluss hinunterzufahren oder auf der Arbeit eine Präsentation durchzuführen. Überlege dir zunächst genau, was du für dein Vorhaben benötigst, trainiere die erforderlichen Fähigkeiten, bitte erfahrenere Personen um Hilfe und überprüfe deinen Plan fortwährend. Denke daran, dich körperlich und mental vorzubereiten – und einen Backup-Plan zu haben, falls alles schiefgehen sollte. Spiele die Szenarien wieder und wieder durch und rechne dabei alle Unwägbarkeiten mit ein. Dann hast du gute Chancen, nicht nervös zu werden, wenn irgendetwas droht, die Form des besagten Topfes zu verändern – was ziemlich sicher passieren wird, denn so ist das Leben nun mal.

Richtungsänderungen im Leben – egal ob es sich um einen Jobwechsel, den Beginn oder das Ende einer Beziehung, einen Umzug oder ein ehrliches Gespräch handelt – sind beängstigend. Für viele von uns ist es Tapferkeit vor dem Feind, denn in diesen Situationen müssen wir uns unseren Ängsten und dem Stress, den diese auslösen, stellen. In gewisser Hinsicht fungiert unsere Angst hier als Barometer, das uns anzeigt, wie groß die Herausforderung ist und wie viel wir tun müssen, um sie zu bestehen. Aber wie überwindet man dieses Gefühl der Angst, wenn man sich einmal entschlossen hat, diese Richtungsänderung zu vollziehen?

Vielleicht lautet die einzige Antwort, diese Gefühle einfach zu akzeptieren. Ich habe meine Angst in den Dschungel mitgenommen und meine Hände nie von der Töpferscheibe gelöst, egal wie sehr sie dabei zitterten. Denn hinter all meinen Ängsten verbarg sich eine weit größere Furcht, und die trieb mich in die Richtung, für die ich mich tief in meinem Inneren schon längst entschieden hatte. Sie lässt sich in einer einfachen Frage ausdrücken, die auch dir vielleicht nützlich sein könnte: Würde ich bereuen, es nicht getan zu haben?

. . .

Tag 4 der Expedition

Standort: Essequibo River stromaufwärts, südlich von Masakenari
Status: Heidenangst

Ich würde gerne behaupten, dass ich mich im Dschungel von Anfang an pudelwohl fühlte, aber ehrlich gesagt brauchte ich eine Weile, um mich daran zu gewöhnen.

»Pass mit dem Bambus auf ...«, warnte Nereus Chekema, als ich das, was ich für geeignetes Brennholz hielt, vom Boden aufnahm. »Der explodiert gern.«

Als er es sagte, hatte ich den Bambus leider gerade ins Feuer gelegt. Zu spät – er brannte. Ich wich hastig vom Feuer zurück und bereitete mich auf eine Explosion vor. Als ich kurz darauf merkte, dass mich noch keine filmreife Druckwelle aus dem Lager katapultiert hatte, drehte ich mich zaghaft um. Meine Teamkollegen hatten sich nicht von der Stelle gerührt und wirkten amüsiert. Plötzlich begann der brennende Bambus seine Show: ein keuchendes Zischen, gefolgt von einem kurzen, lauten Knall. Wie sich herausstellte, war die angebliche Bombe eher ein Knallfrosch.

Ich atmete erleichtert auf und versuchte, meine Überreaktion elegant zu kaschieren. Ich tat einfach so, als wollte ich mir etwas aus einer Tasche neben meiner Hängematte holen. Möglicherweise war dieses Ablenkungsmanöver nicht besonders erfolgreich. Das schloss ich zumindest aus dem Lachen meiner Teamkameraden, während ich in einer meiner großen Trockentaschen kramte. Aber wenigstens hatte ich weder mich noch meine Mitreisenden in die Luft gesprengt, also wertete ich die Gesamtsituation als Sieg. Für den Moment jedenfalls hatten wir überlebt.

»Du bist so ein Tollpatsch, Pip«, stichelte meine Freundin Laura vom Lagerfeuer aus.

»Wer hat mich denn eingeladen? Die Verantwortung dafür liegt ganz allein bei dir«, schoss ich grinsend zurück.

Ich bin mir ziemlich sicher, dass wir alle einen Freund oder eine Freundin haben, die uns gern in Schwierigkeiten bringt. Du kennst die Sorte: die Person, die dir einredet, dass ein Absacker nach einer durchzechten Nacht eine Spitzenidee ist oder dass du definitiv in der Lage sein wirst, in drei Wochen ohne jegliches Training einen Marathon zu laufen. Ich habe eine solche Freundin. Ihr Name ist Laura Bingham.

Laura macht keine halben Sachen. Zweifellos ist sie eine der energischsten und motiviertesten Menschen, die ich je getroffen habe. Laura ist über den Atlantik gesegelt und sie ist, ohne Geld in der Tasche, mit dem Fahrrad durch Südamerika geradelt, um Geld und Aufmerksamkeit für die Operation South America, eine Kinderhilfsorganisation in Paraguay, einzuwerben. Außerdem hat sie einen ausgeprägten Sinn für Humor und die geradezu unheimliche

Fähigkeit, Menschen dazu zu bringen, Dinge zu tun – vielleicht sind wir deshalb Freundinnen geworden. Vor einem knappen Jahr hatte ich ihr bei Campfire – einem Abenteuerfestival, auf dem wir beide damals Vorträge hielten – angeboten, ihrem Baby die Windeln zu wechseln.

Zwei Monate später rief sie mich an. Ich saß gerade an meinem Schreibtisch bei Red Bull, wo ich als Adventure-Redakteurin arbeitete. Ich habe mir damals keine Gesprächsnotiz gemacht, also bitte ich für eventuelle dichterische Freiheiten um Verzeihung. Ich glaube aber, es lief ungefähr so ab:

Laura: »Was hältst du davon, an der weltweit ersten Expedition durch das Guyana-Schild teilzunehmen – dem Gewächshaus der Welt, das zum Amazonas-Biom gehört? Den Essequibo, den größten Fluss Guyanas, hinunterzupaddeln? Durch unberührten Regenwald, von der Quelle bis zur Mündung? Ungefähr drei Monate lang? Wir müssen bis zur Quelle wandern, die in sehr bergigem Terrain in den Acarai Mountains liegt, aber nach entsprechendem Training sollten wir dafür fit genug sein. Oh, und das Ganze ist ziemlich kurzfristig, in ungefähr acht Monaten geht es los ...«

Ich: »Mit einer Piña colada in der Hand einen Fluss hinabtreiben und Tiere beobachten? Keine Erfahrung nötig? Super Idee. Bin dabei!«

Ich bin kein geborener Büromensch. Es vergehen kaum zwanzig Minuten, in denen ich nicht aufstehe, durch den Raum gehe oder mir zumindest eine Tasse Tee mache. Es ist nicht so, dass ich mich vor der Arbeit drücke (nun ja, meistens nicht). Bewegung hilft mir einfach beim Denken. An dem Tag, an dem Laura anrief, hatte ich eindeutig viel zu lange gesessen, und mein Verstand war beeinträchtigt. Der Anruf machte mir jedoch klar, dass ich mich offenbar nach einer Richtungsänderung in meinem Leben sehnte.

Erst als ich den Hörer aufgelegt und meinen Lebensgefährten Charlie angerufen hatte, begriff ich, worauf ich mich da gerade eingelassen hatte.

»Du hasst Kajakfahren«, erinnerte mich Charlie, als ich begann, ihm den Plan zu erklären.

Richte deinen Kompass nach der ungefähren Richtung aus, die du einschlagen willst

»Ich weiß noch, dass du mir erzählt hast, du hättest es in Neuseeland einmal ausprobiert und es sei – ich zitiere: ›Ein beschissener Sport. Ich verstehe nicht, warum sich Leute das antun‹ und dass deine Schultern danach wie Feuer gebrannt haben.«

Ungefähr zu diesem Zeitpunkt erinnerte ich mich auf einmal wieder an Wörter wie Kaiman, Piranha, Machete, Wasserfälle und Dschungeltraining, die aus dem dem Mittagessen geschuldeten Gedankennebel auftauchten, in dem mein Gespräch mit Laura offenbar versunken war.

»Wer ist noch dabei?«, fragte Charlie.

»Lauras beste Freundin, Ness Knight. Du weißt schon, die, in die ich so verschossen bin. Die erste Frau, die die Themse durchschwommen hat.«

Ich hatte Ness noch nie persönlich getroffen, aber wenn sie auch nur annähernd so war, wie sie sich in den sozialen Medien präsentierte, würde ich sie auf jeden Fall mögen.

»Wenn ich das mal zusammenfassen darf«, begann Charlie. »Du willst also in acht Monaten mit dem Kajak einen Dschungelfluss hinunterfahren, gemeinsam mit zwei Frauen, von denen du die eine erst vor Kurzem kennengelernt und die andere noch nie gesehen hast. Und das Ganze drei Monate lang. Oh, und du kannst noch gar nicht Kajak fahren und schon gar nicht im Wildwasser. Na, dann viel Glück!«

Zum Glück ist Charlie – mein Partner seit zwölf Jahren – an die Abenteuer, auf die ich mich einlasse, gewöhnt und unterstützt mich. Wir radelten gemeinsam von Asien, wo wir fünf Jahre lang gelebt hatten, nach London zurück – eine Reise, die 13 Monate dauerte und uns durch 26 Länder führte. Als wir aufbrachen, hatte ich kaum Erfahrung. Ich war bisher nur in einer Stadt herumgeradelt, als ich noch die Uni besuchte, war also kaum eine Profisportlerin. Tatsächlich hätte die ganze Reise beinahe in einer Katastrophe geendet, als ich nach

> *Lass die kritische Stimme in deinem Inneren nicht die Oberhand gewinnen (sie wird es versuchen)*

drei Wochen beim Anblick der ersten kleinen Steigung (sie war wirklich kaum Hügel zu nennen) einen Tobsuchtsanfall bekam, mein schwer beladenes Fahrrad auf den Boden schleuderte und Charlie erklärte, er habe sich die falsche Frau ausgesucht. Ich sei zu so etwas nicht fähig und wolle sowohl Reise als auch Beziehung sofort beenden. In Wahrheit schämte ich mich einfach. Ich war total unfit, ich hatte meinen Freunden und meiner Familie erzählt, dass ich »um die halbe Welt radeln« würde, und jetzt standen wir vor der ersten Herausforderung und meine Beine brannten, ich rang nach Luft und mein verdammter innerer Kritiker verhöhnte mich.

Charlie bewältigte meinen rotzgeschwängerten Zusammenbruch bravourös. Nachdem er beinahe drei (jawohl, drei!) Stunden lang versucht hatte, mich auf einer malaysischen Nebenstraße zu beruhigen, bot er mir an, mich zum nächsten Flughafen zu bringen, zu dem wir allerdings nur per Rad gelangen konnten. Und dann sagte er etwas zu mir, was ich nie vergessen habe und mir auf jeder weiteren Reise immer wieder aufs Neue predige: »Pip, das sind keine körperlichen Reisen, sondern mentale.«

An diesem Tag veränderte sich etwas in mir. Wenn ich acht Stunden am Tag arbeiten kann, kann ich auch acht Stunden am Tag auf dem Fahrrad verbringen. Wenn ich meinen inneren Kritiker zum Schweigen bringen könnte, der mir sagt, ich wäre zu langsam, zu unfit, zu fett, zu viel dies und nicht genug das, dann könnte ich vielleicht ja doch das tun, was ich im tiefsten Inneren wirklich wollte. Das begriff ich in diesem Augenblick. 13 Monate später, ein paar Tage vor dem Weihnachtsfest 2014, radelten wir zum Big Ben in London, wo unsere Familien und Freunde mit Glückwunschbannern auf uns warteten. Wir hatten es geschafft. Ich strahlte unter Freudentränen und wusste, dass ich eine Reise von über 15 000 Kilometern erlebt hatte, die mir für immer in Erinnerung bleiben würde, eine Reise, die nur deshalb möglich gewesen war, weil ich meine Angst und meine Selbstzweifel überwunden hatte.

Ich habe auf dieser Reise meine Angst nicht überwunden; ich habe nur gelernt, mit ihr zu leben. Ich begann zu begreifen, dass bei jeder Entscheidung, die den Weg, auf dem ich mich befand, verändern würde – sei es eine große Expedition oder eine Veränderung im Job, in der Beziehung

Brich dein Ziel in kleinere Teilstücke auf und arbeite an dem, was du beeinflussen kannst

oder in der Wohnsituation –, unangenehme Gefühle in mir aufkamen. Vielleicht hast du auch schon festgestellt, dass in Zeiten des Umbruchs oft die gute alte Angst auftaucht und ankündigt, dass sie für eine Weile bei dir einziehen will. Sie ist ein verdammt lästiger Mitbewohner, aber in gewisser Weise zeigt sie uns auch, dass wir lebendig sind. Dass es sich bei uns um voll funktionsfähige Menschen handelt, die mit den notwendigen Unsicherheiten ausgestattet sind, die letztendlich dazu dienen, uns zu schützen und vor Schwierigkeiten zu bewahren.

Seit ich beschlossen hatte, an der Expedition teilzunehmen, hatte sich zwar die Angst in meinem Gehirn eingenistet, doch ich konzentrierte mich auf das, was ich kontrollieren konnte. Obwohl ich keine geborene Organisatorin bin, brachte mich meine Angst dazu, aktiv zu werden. Für eine Expedition dieses Ausmaßes mussten wir sorgfältig planen und uns akribisch vorbereiten. Im Vorfeld der Reise hatte Laura den Löwenanteil der organisatorischen Arbeit geschultert.

Zunächst einmal benötigten wir eine Reisegenehmigung. Das Quellgebiet des Essequibo und das umliegende 625 000 Hektar große unberührte Regenwaldgebiet stehen unter dem Schutz der indigenen Bevölkerung der Gemeinde Masakenari. Für unsere Expedition brauchten wir ihre Erlaubnis. Ihr Dorf ist die der Quelle am nächsten gelegene Siedlung, und daher wollten wir dort unsere Kajaktour beginnen. Über Facebook kontaktierten wir Paul Chekema, das Dorfoberhaupt (sein Titel lautet Toshao), und setzten in der Hauptstadt Georgetown Kontaktleute ein.

Wir genossen auch die Unterstützung der First Lady von Guyana, Sandra Granger. Sie hatte von unserer Reise gehört und sagte, es sei eine tolle Sache für junge Frauen, andere Frauen zu erleben, die sich auf solch ungewöhnliche Abenteuer begäben. Sie erklärte sich sogar bereit, die Schirmherrschaft für unsere Reise zu übernehmen – und ließ uns über unsere Kontaktleute ausrichten, dass wir weitreichende Sicherheitsvorkehrungen treffen sollten, da der Essequibo der größte und mächtigste Fluss des Landes sei. Unsere Expedition würde nicht nur neue Möglichkeiten für Frauen im Bereich Abenteuerreisen in Guyana und anderswo aufzeigen, sondern bot auch eine gute Gelegenheit, die unglaubliche Schönheit der Natur Guyanas und seines Regenwalds zu präsentieren, zu erforschen und zu dokumentieren. Das Land gehört zu den waldreichsten Gebieten Südamerikas und verfügt über einzigartig lebendige, intakte Dschungelgebiete. Die Tourismusbehörde bat uns, nach unserer Rückkehr über die Gedanken und Erkenntnisse, die uns unsere Reise beschert hatte, zu berichten.

Nachdem wir die entsprechenden Genehmigungen vom Dorf, vom Ministerium für Angelegenheiten der indigenen Völker und von der Schutzgebietskommission erhalten hatten, mussten wir nur noch eine Kleinigkeit klären: Wie sollte die Expedition bezahlt werden? Wenn man nicht gerade stinkreich ist, braucht man für solche Großprojekte Sponsoren. Weil die Reise in ein so abgeschiedenes und unzugängliches Gebiet gehen würde, wollte Laura ungefähr 30 000 britische Pfund auftreiben. Damit sollten die Flüge – von/nach Guyana und im Land –, die Honorare unserer Guides, die Verpflegung unterwegs sowie die Hotels in Georgetown bezahlt werden, außerdem die Ausrüstungsteile, für die wir keine Sponsoren haben würden. Oft ist es genauso schwierig wie die eigentliche Reise – oder sogar noch schwieriger –, solche Expeditionen auf die Beine zu stellen. Dass wir Erfolg hatten, war allein Laura zu verdanken. Sie entwarf eine hervorragende Präsentation, in der sie darlegte, wer wir waren, was wir taten und was die Firmen als Gegenleistung für ihre Unterstützung erwarten konnten. Dazu gehörten unter anderem Posts in den sozialen Medien, Logos auf unseren Booten und die Vorträge und Blogeinträge, die wir nach unserer Rückkehr für sie verfassen würden.

Und dann gab es da noch die irrwitzig komplexe Logistik: internationale und lokale Flüge buchen, die richtigen Impfungen organisieren, Training in Navigation und Vor-Ort-Notfallmedizin planen, die Ausrüstung zusammenstellen und die Menge der benötigten Nahrungsvorräte berechnen. Nicht zu vergessen die Kleinigkeit, dass wir körperlich fit genug werden mussten, um die Reise überhaupt zu bewältigen. Die Liste der zu erledigenden Dinge schien kein Ende zu nehmen. Laura gab ein paar kleinere Aufgaben an mich und Ness ab, aber das Gros der Organisation übernahm sie. Wie sie das schaffte, obwohl sie ein Kleinkind zu versorgen hatte, ist mir bis heute unbegreiflich.

Wie unglaublich zielstrebig sie sein konnte, wurde mir klar, als Ness und ich in der Weihnachtszeit einige Tage bei ihr verbrachten, um etwas Kajak- und Dschungeltraining zu absolvieren. Zum Glück war Ness genauso, wie ich sie mir vorgestellt hatte: mutig, charmant und sehr humorvoll. Durch die Expeditionsvorbereitungen lernte ich auch Lauras Ehemann Ed Stafford besser kennen, der als erster Mensch den gesamten Lauf des Amazonas zu Fuß erwandert hatte. Auf dieser unglaublichen Leistung baute er eine Fernsehkarriere im Bereich Abenteuerdokumentation auf. Auf einer seiner Reisen hatte er auch Guyana besucht. Anscheinend hatte er Laura nach seiner Rückkehr erzählt, dass er etwas wie den dortigen Regenwald noch nie gesehen hatte – als »Disneyland für Tiere« beschrieb sie es mir. Seine Schilderung von der Unzugänglichkeit und Abgeschiedenheit des Essequibo weckte in Laura den Wunsch, dort selbst einmal hinzureisen. Allmählich wurde aus dem Wunsch ein Plan und schließlich Realität. Und langsam, Schritt für Schritt, war daraus unsere Expedition von der Quelle zur Mündung geworden. Da Ed Dschungel-Survival-Experte war, würde er uns ein wenig trainieren.

»Bevor wir mit der Lektion loslegen, haben wir noch ein paar Geschenke für euch«, sagte Ed. Laura war schon verschwunden, um die Sachen zu holen. »Die werdet ihr brauchen, da wo ihr hingeht.«

»Och, Leute. Das ist aber nett von euch«, sagte Ness, als Laura zurückkam und uns beiden je zwei Päckchen reichte. Ich pflichtete ihr aus vollem Herzen bei. Es handelte sich um eine Digitaluhr mit Hintergrundbeleuchtung und eine Machete.

»Also, auf geht's«, sagte Ed, nachdem wir den beiden nochmals gedankt hatten. Wir wollten hinten in ihrem Garten im Wald verschwinden, um Hängematten und Planen aufzuschlagen, zu lernen, wie man Material findet, um im Dschungel ein Feuer zu entfachen, und den Umgang mit unseren neuen Macheten zu trainieren.

Dieser Trainingstag schien 100 Jahre zurückzuliegen, als ich mitten im Regenwald von Guyana stand und an meiner Hängematte herumfingerte. Eine Million Zikaden schienen im Blätterdach zu summen und zu knacken. Ich wusste, dass wir uns so gut auf die Reise vorbereitet hatten, wie wir konnten. Unser Team hatte den ganzen kalten Winter hindurch trainiert. Wir hatten die Outdoor-Community um Hilfe gebeten und mehr Unterstützung bekommen, als wir je zu träumen gewagt hätten: Fitnesstraining, Survival-Tipps, Hilfe bei der Analyse topografischer Karten, um abzuschätzen, wie hoch die Stromschnellen sein würden. Aber trotzdem war ich vor dem Flug nach Guyana ziemlich nervös gewesen, denn eine so gefährliche Reise hatten wir alle noch nie zuvor unternommen. Und diese Angst sorgte dafür, dass ich mich sehr seltsam verhielt.

Vor unserer Abreise hatte ich Alpträume und giftete die Menschen, die ich am meisten liebe, ziemlich an. Ich fuhlte mich, als säße ich in einer Waschmaschine im Schleudergang. Unser Besuch beim Hubschrauberrettungsteam in Georgetown machte die Situation auch nicht besser: Man hatte uns zugesichert, dass während unserer Expedition ein Evakuierungshubschrauber in ständiger Bereitschaft stehen würde. Bei der Besichtigung des Helikopters, der uns im Notfall ausfliegen sollte, hieß es dann, dass eine Rettung zwar absolut möglich, aber nicht unbedingt problemlos war. Erstens: Zurzeit gab es im Land keinen Fachmann, der die Seilwinde bedienen konnte. Zweitens: Nachts konnten sie nicht fliegen. Drittens (und sozusagen der letzte Sargnagel): Um zu landen, brauchten sie eine Sandbank oder eine Lichtung, deren Grundfläche etwas größer sein musste als der Durchmesser der Rotorblätter und die Länge des Helis inklusive Schwanz. Da unsere Expedition uns in dichten, unberührten Regenwald führen würde, war der Subtext ziemlich eindeutig: Wenn ihr mitten im Dschungel Probleme bekommt, seid ihr geliefert.

Zum Glück waren wir nicht ganz auf uns allein gestellt. In einem kleinen Charterflugzeug machten wir uns nach Masakenari auf. Im Waiwai-Dorf sollten wir unsere einheimischen Führer treffen. Sie würden uns auf unserer Reise in die Acarai Mountains zur Seite stehen. In dieser Gebirgskette, die gleichzeitig die heutige Grenze zwischen Südguyana und Nordbrasilien markiert, hofften wir, die Quelle des Essequibo zu finden. Unserer Einschätzung nach würde die Reise zur Quelle einige Wochen dauern, und danach würde unsere Kajakfahrt zum Atlantik beginnen. Als unser Flugzeug abhob, sah ich den Ozean, der sich vor der Hauptstadt erstreckte. In Guyana, einem Land, dessen Fläche ungefähr der Großbritanniens entspricht, leben nur etwa 800 000 Menschen, 90 Prozent davon an der Nordküste, über die wir gerade flogen. Das Flugzeug drehte ab und machte sich auf den Weg ins Landesinnere.

Die Flüsse unter mir ließen mich begreifen, warum Guyana Land der vielen Wasser bedeutet. Ob zum Guten oder Schlechten, Wasser verbindet uns in vielerlei Hinsicht.

Guyana ist eines der grünsten und waldreichsten Länder der Erde und – obwohl von Natur aus ressourcenreich – historisch eines der ärmsten Länder Südamerikas. Guyana hat eine turbulente Geschichte: Zuerst wurde es von den Holländern und später von den Briten kolonisiert – 1814 wurde es als Britisch-Guayana bekannt. 1966 wurde die Unabhängigkeit erklärt. Venezuela und Guyana sind seit Jahren in einen Grenzstreit um das Gebiet westlich des Essequibo verstrickt. Es macht einen Großteil des heutigen Guyana aus, doch Venezuela weigert sich, die Grenze anzuerkennen. Ursache für den Disput sind die jahrhundertealten Landteilungen durch Spanien, die Niederlande und das Vereinigte Königreich. Doch auch die Vielfalt der heutigen Bevölkerung Guyanas – Indigene, Afrikaner, Inder, Chinesen, Portugiesen und andere Europäer – hat ihre Wurzeln in der Kolonialherrschaft, der gewaltsamen Umsiedlung von Menschen weltweit im Dienste von Sklaverei und Vertragsknechtschaft, und in einer kolonialen Plantagenwirtschaft, die das Empire stärkte.

Aus dem Fenster betrachtete ich die Wasserstraßen, die früher dem britischen Empire zu Leben verhalfen. Demerara-Zucker stammt vom gleichnamigen Fluss. Gummi, Gold und andere Edelmetalle strömten über Guyanas Flüsse in Ozeane und landeten an der britischen Küste. Es war uns noch nicht bewusst, aber die Drehungen und Wendungen unserer Reise den Essequibo River hinunter würden auch einige unangenehme Wahrheiten über Vergangenheit und Gegenwart ans Tageslicht bringen.

Jetzt stand ich tief im Dschungel neben meiner Hängematte und schaute zu meiner Plane hoch. Auch die kleinen Spinnen dort schienen sich gerade einen Unterschlupf für die Nacht zu bauen. Mein Moskitonetz müsste mich schützen, dachte ich. Nach ein paar Nächten im Dschungel hatte sich diese Expedition von einem theoretischen Konzept zu etwas sehr, sehr Realem entwickelt. Die Angst war immer noch da, aber ich gewöhnte mich allmählich an sie. Ich rief mir ins Gedächtnis, dass ich nur das umsetzen musste, was ich bereits wusste, und dem zuhören musste, was unsere Waiwai-Führer uns erklärten und beibrachten. Wir hatten einen Garmin Inreach Explorer zum Senden und Empfangen von Nachrichten und zur Navigation mitgebracht, ein Satellitentelefon für Notfälle und ein BGAN (Broadband Global Area Network), ein cooles Gerät, das uns Breitband-Internet verschaffte, vorausgesetzt wir fanden ein ausreichend großes Stück klaren Himmels, auf das wir es richten konnten. Wir hatten auch unsere Handys und einen Generator zum Aufladen der elektronischen Geräte dabei. Trotz all unserer Sicherheitsvorkehrungen wussten wir jedoch, dass auf diesem Reiseabschnitt kaum eine Chance auf Rettung bestand, sollte etwas schiefgehen. Zu abgelegen war das Gebiet. Wir mussten uns aufeinander verlassen.

Ich warf einen Blick über die Schulter zum Team, das sich um das Feuer versammelt hatte. Ness und Laura unterhielten sich mit Cemci Suse, dem ältesten und erfahrensten Mitglied der Gruppe. Neben ihm saß sein 16-jähriger Enkel Nigel Isaacs. Er nahm zum ersten Mal an einer Expedition teil, und man merkte, wie aufgeregt er war. Früher am Tag hatte er mich zum Schmunzeln gebracht, als er mir sagte, er habe, als das Dorf von unserer Expedition erfuhr, gedacht, wir wären Männer. Er sei ziemlich überrascht gewesen, als auf einmal drei Frauen aus dem Flugzeug stiegen.

Ich beobachtete, wie ein leuchtend orangefarbenes Glühwürmchen an seinem Gesicht vorbeiflog, gefährlich nah am Feuer und in unser morgiges Frühstück: Gürteltier.

Die Brüder Jackson und Aaron überprüften den Garprozess. Sie hatten das Gürteltier heute mit Pfeil und Bogen erlegt, und nun briet es, in zwei Hälften geteilt, über dem Feuer. Von meinem Platz aus konnte ich sehen, wie sich Blut und Körpersäfte in den Hohlräumen sammelten. Jackson hatte erwähnt, dass Gürteltiere normalerweise ziemlich lange garen müssen, aber bis zum nächsten Morgen sei es so weit. Außerdem war dieser Jagderfolg wohl sehr ungewöhnlich, da Gürteltiere normalerweise ungefähr 16 Stunden am Tag schlafen. Das hier war gesichtet worden, als es aus seinem Bau flüchtete, wahrscheinlich weil ein Jaguar es angegriffen hatte, meinten die beiden. Darauf deuteten auch die frischen, katzenartigen Pfotenabdrücke auf der sandigen Flussböschung hin, die uns Cemci gezeigt hatte, als wir unser Lager aufschlugen.

Ich kam gerade rechtzeitig zum Lagerfeuer zurück, um zu hören, wie Nereus, der Sohn des Dorf-Toshaos, uns Ratschläge für den Fall der Begegnung mit einem Jaguar gab:

»Lauft bloß nicht weg, dann erwischt er euch. Nehmt eure Macheten und macht euch bereit zu kämpfen«, warnte er uns. Ich muss sagen, dass ich diese Gutenachtgeschichte nicht als besonders schlaffördernd empfand. Der Gedanke, einem Jaguar oder »Tiger«, wie unsere Führer sagten, zu begegnen, erfüllte mich nicht gerade mit Freude. Schäfchen zählen ist entspannender, so viel ist sicher.

»Oh, und nehmt immer eure Macheten mit, wenn ihr euch alleine erleichtern geht«, fügte er hinzu.

»Hast du jemals Angst vor dem Dschungel?«, fragte ich ihn.

»Nein. Der Dschungel ist mein Zuhause. Seit ich 14 oder 15 bin, gehe ich alleine in den Wald«, sagte er. Er starrte auf den Bambusstapel, den ich vorher mit Feuerholz verwechselt hatte, und zeigte darauf.

»Als ich klein war, hat mein Großvater Bambus verbrannt und mir die Asche ins Gesicht gerieben. Er erzählte mir, dass Tiger Bambus nicht durchdringen können und ich so vor ihnen geschützt bin. Er lebt inzwischen nicht mehr, deshalb konnte er das Ritual mit meinem kleinen Bruder nicht mehr durchführen. Mein Großvater hat den Dschungel sehr geliebt. Er hat mir viel beigebracht.«

Die Glut verglomm zu Asche und alle gingen zu Bett. Die nächsten Wochen auf dem Weg zur Quelle würden körperlich sehr anstrengend sein. Jede Mütze Schlaf war kostbar. Schon nach den wenigen Tagen, die wir im Dschungel verbracht hatten, hatte ich gelernt, nicht in Panik zu geraten, wenn ich ein tiefes, unheimliches Knurren hörte; wahrscheinlich war es nur ein Brüllaffe und kein Vorbote von Tod und Verderben. Dennoch betrachtete ich das Feuer und dachte über die Jaguargeschichten nach. Sollte ich mir die Asche aus dem inzwischen explodierten Bambus ins Gesicht schmieren? Auf dieser Reise würde ich allen Schutz brauchen, den ich nur kriegen konnte. Und wie das Schicksal es wollte, sollte sich das schon sehr bald zeigen.

GEDULD

(Substantiv): die Fähigkeit, Verzögerungen, Probleme
oder Leiden ohne Ärger und Angst zu akzeptieren
und zu tolerieren

Wir lassen eine Blume in ihrem eigenen Tempo erblühen, aber uns
selbst gönnen wir nur selten die gleiche Geduld. Wir stehen unter
extrem starkem Druck, sofort Ergebnisse zu erzielen – egal ob
mentale, physische oder materielle –, und ein Großteil unserer
modernen Kultur ist auf schnelle Lösungen, schnelle Lieferung
und Veränderungen über Nacht ausgerichtet.

In einer Welt, in der alles möglichst schnell erledigt werden
soll, spricht meiner Meinung nach vieles dafür, die gewünschte
Richtung einzuschlagen und dann den Fuß vom Gas zu nehmen
(zumindest ein bisschen), Rückschläge zuzulassen und sich die
Erlaubnis zu erteilen, den Dingen einfach ihren Lauf zu lassen.
Gewohnheiten zu verändern erfordert Zeit und Geduld. Du
kannst nicht erwarten, dich schlagartig zu ändern, also sieh es ein
wenig locker. Reflexion spielt beim Prozess der Veränderung eine
Schlüsselrolle. Nimm dir die Zeit, zurückzublicken – sei es in einer Woche, in einem Monat oder in einem Jahr –, denn das wird
dir helfen, den bereits zurückgelegten Weg schätzen zu lernen.

Aus diesem Grund fragte ich am Ende eines jeden Dschungeltags meine Teamkollegen nach ihren Highlights und Gedanken. Diesen Augenblick zu nutzen, um innezuhalten, zu reflektieren und zu lernen, eröffnete viele Gespräche und beeinflusste viele der Gedanken, die ich in diesem Buch niedergelegt habe.

Es liegt eine enorme Kraft darin, seine alltäglichen Gewohnheiten Tag für Tag ein klein wenig zu verändern. Mit der Zeit wirst du Ergebnisse erzielen. Lass dich nicht entmutigen, wenn es dir nicht gelingt, deine Neujahrsvorsätze augenblicklich in die Tat umzusetzen, sondern du Monate oder sogar ein ganzes Jahr dafür brauchst. Wir überschätzen gerne, wie viel wir in einem Jahr erreichen können, unterschätzen aber gleichzeitig, wie viel in einem Jahrzehnt zu schaffen ist. Ziele, die unter großen Mühen erreicht werden, sind das Warten wert. Wenn du dich vom Zeitdruck befreist, alles jetzt und sofort schaffen zu müssen, kannst du die Reise vielleicht sogar ein bisschen mehr genießen.

. . .

Tag 14 der Expedition
Standort: Sipu River, ein Nebenfluss des Essequibo
Status: Zutritt verboten

Es war definitiv ein unvergesslicher Valentinstag. Ich war noch nie ein großer Fan dieses Tags, da ich es etwas albern finde, mich dazu zwingen zu lassen, aus schlechtem Gewissen überteuerte Menüs, Blumen, Pralinen oder Geschenke zu kaufen, um meine Liebe zu zeigen. Aber ich ziehe meinen Hut vor Ed, der eine wirklich romantische Geste zustande brachte. Bevor wir Großbritannien verließen, hatte er mich gebeten, sowohl eine Valentinstags- als auch eine Geburtstagskarte für Laura in mein Gepäck zu schmuggeln.

Als ich sah, dass sie zum morgendlichen Pinkeln im Dschungel verschwunden war, eilte ich zu ihrer Hängematte und steckte die Karte hinein. Die Überraschung und die Freude auf ihrem Gesicht, als sie die Karte fand, waren herzerwärmend. Mehr Romantik gab es an dem Tag leider nicht, es sei denn, du verstehst darunter, stundenlang schwitzend, stinkend und von Insektenstichen übersät in einem Einbaum zu sitzen.

»Heute ist nicht Valentinstag, sondern Hindernistag«, witzelte Jackson, als wir eine weitere Blockade erreichten: Ein umgestürzter, mit Wasser vollgesogener Baumstamm lag quer im Fluss. Nasses, verrottendes Holz hat einen ganz eigenen Geruch. Sagen wir mal so: kein Duft, um sich in Liebeslaune zu versetzen.

Wir waren jetzt seit fast zwei Wochen unterwegs und paddelten den Sipu River hinauf, einen Nebenfluss des Essequibo. Seinem Lauf würden wir bis zur Quelle folgen. Der immer schmaler werdende Fluss und das Verschmelzen von Wasser und Bäumen – wodurch der Himmel über uns immer dunkelgrüner wurde – hatten dem Team einige Probleme bereitet. Es fühlte sich an, als würden wir langsam in den Regenwald hineingesogen.

Wir waren in zwei traditionellen Einbaumkanus unterwegs, gefertigt aus großen, ausgehöhlten Baumstämmen. Sie waren überraschend geräumig, wenn man bedenkt, dass in jedem vier Leute saßen und außerdem ein Generator, unsere Essensvorräte, der Notfallkoffer, eine Kettensäge, eine Axt, Satellitentelefone und unsere sonstige Dschungelausrüstung Platz fanden. Die Einbäume waren wunderschön gearbeitet, erforderten allerdings eine Menge Wartung: Wie man an unseren immer nasseren Schuhen sehen konnte, wurde der Boden an einigen Stellen allmählich undicht. Ich nahm mir vor, meine Stiefel heute Abend am Feuer zu trocknen.

Ness, Laura und ich hatten jeweils zwei Paar Schuhe dabei, ein leichtes Paar zum Paddeln und ein paar lederne Wanderstiefel für das Leben unter dem Blätterdach des Dschungels. Unsere Guides hatten uns gebeten, ihnen für die Reise Gummistiefel mitzubringen, die sie jetzt trugen, wenn sie nicht in Flip-Flops unterwegs waren. Apropos Dschungelkleidung: Laura hatte mich zum Lachen gebracht, als sie vor ein paar Tagen in einem geblümten Langarmshirt und Eds übergroßen Dschungelhosen aufgetaucht war.

»Ich musste vor der Reise so viel organisieren, dass ich keine Zeit hatte, mich um mein Outfit zu kümmern«, sagte sie, als Ness und ich sie damit aufzogen, dass sie ein Shirt trug, auf dem genauso gut »Stecht mich jetzt, Insekten des Dschungels« hätte stehen können.

Sehr nützliche Ausrüstungsgegenstände waren aber zweifellos die beiden Außenbordmotoren, die wir hinten an den Kanus angebracht hatten. Wir hatten gehofft, dass sie uns die Reise zur Quelle ein bisschen erleichtern würden. Wir wollten die Motoren stromaufwärts so lange nutzen, bis das Benzin aufgebraucht war, und nur dann paddeln, wenn das Wasser zu flach würde. Das war zumindest der Plan. Aber als ich den riesigen, verrottenden Baum vor uns betrachtete, begann ich daran zu zweifeln, ob wir es überhaupt jemals flussaufwärts schaffen würden. Geschweige denn wieder zurück.

»Hindernis Nummer 101«, sagte Laura, die über alles, was uns den Weg versperrte, Protokoll geführt hatte.

»Genauer gesagt ist es Nummer 100«, korrigierte Ness. »Ich glaube nicht, dass wir die Schlingpflanze mitzählen können, die wir gerade gekappt haben.«

Flussaufwärts zu navigieren war zu einem Puzzle geworden, einer Übung darin, Werkzeuge gegen Hindernisse einzusetzen. Manchmal war es die Kettensäge. Manchmal die Machete. Manchmal war das beste Mittel das gute alte Körpergewicht: so lange auf einem Balken auf und ab springen, bis er tief genug ins Wasser gesunken war, um die schweren Kanus darüberzuhieven und zu schieben. Am schlimmsten waren die Stellen, an denen gerade genug Platz war, um die Boote unter einem Ast oder Stamm hindurch-zuzwängen. Dazu mussten wir uns so flach wie möglich ins Kanu legen und dann unter dem Holz hin-

Du wirst immer Rück-schläge erleiden, also finde heraus, wie du sie überwinden kannst

durchgleiten. Dabei nahmen wir unweigerlich eine Menge unerwünschter blinder Passagiere auf. Es war nicht ungewöhnlich, handtellergroße Spinnen im Boot zu finden. Nicht unbedingt das, was man anstarren möchte, wenn man in einem nassen Einbaum unter einem Baumstamm flach auf dem Rücken liegt.

»Die Kettensäge bitte«, sagte Jackson, nachdem er den Baum begutachtet hatte. Jackson ließ sich in das inzwischen hüfttiefe Wasser hinab und startete das Ding. Der Motor erwachte mit lautem Heulen zum Leben und Sägemehl wirbelte durch die Luft. Er setzte zwei Schnitte in unterschiedlichen Winkeln in den Stamm.

»Die verhindern, dass die Kette sich verklemmt«, erklärte Cemci.

Dies war Level eins des Hindernisabbaus. Wir warteten, während Jackson munter drauflossägte. Die beiden Einbäume lagen nebeneinander, und ich befand mich auf gleicher Höhe mit Nereus, der im anderen Boot saß. Wir begannen, über Guyanas Flüsse zu diskutieren.

»Wenn man dort hinten, wo der Essequibo sich teilt, den anderen Arm nimmt, dann kommt man nach Brasilien. Die Route fahre ich, wenn ich meine Tante und meinen Onkel besuchen will.« Neben den Waiwai, die in Guyana nördlich der Acarai Mountains leben, gibt es noch eine größere Zahl Waiwais südlich der Bergkette in Brasilien. Beide Gruppen sind durch historische Familienbande miteinander verknüpft.

»Möchtest du mal weg aus Masakenari?«, fragte ich Nereus.

Offenbar war das keine unkomplizierte Frage. Er erzählte mir, dass seine Schwester Bernicia in Georgetown lebe und es im Dorf nur wenig Arbeit gebe. Er habe schon daran gedacht, wegzuziehen und woanders eine Firma zu gründen. Er habe sogar überlegt, sich einen Bagger zuzulegen und ins Minengeschäft einzusteigen, aber glaube nicht, dass damit viel Geld zu verdienen sei. Als er sah, dass Jackson die für den ersten Level der Operation Baumversenken erforderlichen Schnitte ausgeführt hatte, ging Nereus zur Spitze des Kanus vor.

Level zwei der Hindernisbeseitigung erforderte Körpergewicht. So viele Personen wie ohne Risiko möglich kletterten auf den Baumstamm und begannen, auf und ab zu springen. Weil es unser 100. Hindernis war, wollten wir die Aktion angemessen würdigen und ließen lautstark »Eye of the Tiger« aus Lauras kleinem tragbaren Lautsprecher erklingen. Ich schaute zu, wie Ness und Laura im Rhythmus des Songs auf dem Stamm auf und ab hüpften. Endlich sank er in den Fluss, ging aber nicht völlig unter. Zum Glück verschaffte uns das die kostbaren Zentimeter, die wir brauchten, um die Kanus darüberzuschieben – zumindest schoben die, die sich im Wasser befanden. Wir anderen in den Booten stießen uns im Rennbob-Stil mit den Händen vom Baumstamm ab.

Ness und Laura, die bereits nass im Fluss standen, vertrieben sich die Zeit mit einer kleinen Wasserschlacht.

Jackson kletterte ins Kanu und kippte das Wasser aus seinen Gummistiefeln zurück in den Sipu.

»Verdammte Hindernisse«, verfluchte er die Blockaden. »Obwohl das hier richtig Spaß gemacht hat«, fügte er hinzu, als er seine feuchten Gummistiefel wieder anzog. »Ich habe noch nie Ausländer im Wasser spielen sehen. Wirklich verblüffend.«

Es ist bemerkenswert, wie schnell sich Menschen den Umständen anpassen, in denen sie sich befinden. Es dauerte nur ein paar Tage, bis wir nicht mehr länger mit offenem Mund staun-

Gib dir Zeit, dich an neue Gewohnheiten und Routinen anzupassen

ten, wenn Nereus an der Spitze unseres schmalen Kanus stehend die Kettensäge schwang, sondern ihm mit unseren Macheten tatkräftig zu Hilfe eilten – wenn anfangs auch nur unter Anleitung. Die lebenswichtige Entscheidung eines Tages bestand nun darin, entweder im Boot zu bleiben und sich mit den Spinnen und Skorpionen unter den Baumstämmen auseinanderzusetzen oder ins Wasser zu steigen und sich damit ins Revier der Kaimane und Piranhas zu begeben.

»Es ist erstaunlich, wie mutig du schon die Machete benutzt, aber du brauchst wirklich noch etwas Übung«, sagte Jackson. »Als wir dich schneiden sahen, dachten wir, du machst bestimmt gleich einen Fehler. An deiner Haltung musst du noch arbeiten. Meinem Sohn hab ich's beigebracht, als er sechs war. Jetzt ist er sieben und kann schon Holz hacken«, erzählte er abends voller Stolz beim Fischessen. Wenn man über Kopf schneidet, sollte man immer in einer Vorwärtsbewegung arbeiten. Rutscht einem die Machete aus der Hand, ist so die Gefahr geringer, von ihr getroffen zu werden.

»Ich finde es super, dass du ohne Hilfe Feuer machen kannst. Ich hab dich beobachtet und gedacht, du bittest sicher gleich um Hilfe, aber das hast du nicht getan ...«, fuhr Jackson fort, wahrscheinlich nur, um unseren Enthusiasmus nicht vollends zu dämpfen. »Und zu sehen, wie Ness heute endlich einen Baum gefällt hat, war wirklich mein Highlight des Tages.«

»Haha, ja. Ich muss mindestens 30 Mal gegen diesen Baum gehauen haben.« Ness erzählte uns von ihrem Kampf gegen das Hindernis. »Jackson hat auf der einen Seite an dem Stamm gesägt,

ich kämpfte auf der anderen. Nach einer ge-
fühlten Ewigkeit hat das Ding endlich nach-
gegeben.«

Zeit und Geduld, sagte ich mir. Irgendwann schaffst du es auch.

*Hast du mit dir
selbst so viel
Geduld wie mit
anderen?*

Ich muss zugeben, dass meine Lernversuche im Kajak nicht sofort
von Erfolg gekrönt waren. Aufgaben, bei denen räumliches Vor-
stellungsvermögen erforderlich ist, fallen mir ziemlich schwer,
und außerdem bin ich unglaublich ungeschickt. Wenn du mal
richtig lachen willst, solltest du mir beim Einparken zuschauen.
Daher gestaltete sich das Erlernen von Wendemanövern mit dem
Kajak komplizierter als eigentlich nötig. Wir begannen im Okto-
ber 2017 mit dem Training, sechs Monate vor unserer Abreise.
Chris Murnin vom Leicestershire Outdoor Pursuits Centre brachte uns die Grundzüge des Kajakfahrens bei. Zum Glück hat der
Mann eine Eselsgeduld. Wieder und wieder erklärte er, wie man
ein Boot manövriert und das Paddel besonders effektiv führt.
Laura und Ness schienen es sofort zu begreifen, was mir nicht
gerade das Gefühl nahm, das schwächste Glied unserer Expedi-
tionskette zu sein. (An dieser Stelle sollte ich auch erwähnen, dass
Laura und Ness große, schöne menschliche Wesen sind, die auch
auf einem Laufsteg nicht fehl am Platz wären. Ich bin knapp 1,60
und esse gerne Kuchen.)

Als wir die Grundlagen begriffen hatten, halfen uns die Kajak-
profis David Bain und seine Partnerin Gabi Ridge dabei, uns auf
dem walisischen River Dee an Wildwasser zu gewöhnen. Wir hatten auch einen Wildwasser-Trainingskurs beim English Canoe
Symposium gebucht. Sagen wir es mal so: Ich schwamm deutlich
mehr als die anderen, aber dabei lernte ich ein paar wertvolle
Lektionen.

In vielerlei Hinsicht war das Training im kalten und regnerischen britischen Winter der größtmögliche Gegensatz zum Paddeln im feuchtheißen Dschungel. Aber dort stieß ich zufällig auf ein Mantra: »Konzentrier dich auf den Felsen, wenn du den Felsen treffen willst.« Wie sich herausstellte, fährt das Boot genau dorthin, wo dein Fokus liegt.

Um uns langsam an Wildwasser zu gewöhnen, fuhren wir nur eine leichte Route. Bevor wir ins Wasser gingen, hatten wir sie vom Ufer aus erkundet. Aus dem Fluss ragte ein ziemlich großer Felsen, und auf beiden Seiten rauschte das Wasser ziemlich schnell vorbei.

Konzentrier dich auf den Felsen, wenn du den Felsen treffen willst

Eigentlich mussten wir uns nur einen Fahrkanal aussuchen, entweder rechts oder links, und möglichst vermeiden, den Felsen in der Mitte zu rammen. Ganz einfach, oder?

Das Problem war nur, dass ich mir, als ich ins Boot stieg, wieder und wieder sagte: »Ramm bloß nicht den Felsen.« Unschwer vorherzusehen, dass ich mich gegen ihn gepresst wiederfand und Wasser in mein schweres, nicht selbstlenzendes Boot strömte. Es füllte sich so schnell mit Wasser, dass ich es nicht mehr umdrehen konnte. Ich spürte die wilde Kraft des Flusses über mich hinwegströmen. Zu meiner Scham – und insgeheimen Erleichterung – rettete mich unser Lehrer und erklärte mir, wie ich mit einer Kentersituation umgehen musste. Obendrein war ich völlig durchnässt. Ich hatte mir einen Männer-Neoprenanzug ausgeliehen und merkte erst in diesem Moment, dass ich ihn im Schritt nicht richtig geschlossen hatte. (Zu meiner Verteidigung: Ich habe nun mal keinen Penis, also kam ich auch nicht auf die Idee, die Penisklappe – nicht der Fachausdruck – zu checken.) Als ich endlich wieder in meinem Boot saß, war ich durchgefroren, total derangiert und ziemlich entmutigt.

»Supergut«, rief Ness, als ich endlich dort ankam, wo sie und Laura flussabwärts auf mich warteten. »Das war fantastisch.«
Ihre Reaktion verwirrte mich ein bisschen.

»Jetzt wissen wir wenigstens, was wir tun müssen, falls wir kentern«, fügte Laura erklärend hinzu.

Von diesem Moment an wusste ich, dass wir im Dschungel ein gutes Team sein würden. Ich hatte auch gelernt, dass es keinen Sinn machte, mich mit den anderen zu vergleichen. Ich würde vielleicht ein bisschen länger brauchen, um gewisse Dinge zu beherrschen, aber mit Zeit, Einsatz, Humor und Teamwork würde ich es schon schaffen. Konzentriere dich auf deinen Weg, nicht auf den Felsen, und habe Geduld. Selbst wenn du unterwegs ein paar Mal auf die Nase fällst, bist du deinem Ziel trotzdem ein Stück näher gekommen.

Diese Lektion sollte ich gut gebrauchen können, als ich versuchte, einen Zeitvertreib zu erlernen, der mich nie besonders gereizt hat: angeln. Wenn mir in meinem normalen Leben nach Ruhe und Frieden wäre, würde ich mich lieber einfach so an einen Fluss setzen, als mir die Mühe zu machen, eine An- *Klein anfangen und darauf aufbauen* gelschnur ins Wasser hängen zu lassen. Aber ich verstand natürlich, dass hier angeln nötig war, um unsere Ernährung sicherzustellen. Wir hatten nicht genug Trockennahrung für alle Mahlzeiten mitgenommen, da wir mit eingerechnet hatten, dass wir Fische fangen und uns auch von dem traditionellen Grundnahrungsmittel der indigenen Bevölkerung, *farine*, ernähren würden. Farine, auch Tapioka genannt, ist ein grobkörniges Mehl aus der stärkehaltigen Maniokwurzel. Für das Abendessen am Valentinstag wollte unser Team einen besonderen Fisch angeln, einen Aimara, im Englischen auch unter dem etwas furchteinflößenden Namen Wolf Fish bekannt. So kamen Ness, Laura und ich zu einer spontanen Angelstunde.

Der Aimara ist ein großer, fleischiger Süßwasser-Raubsalmler, der in vielen südamerikanischen Flüssen vorkommt. Und wenn ich groß sage, meine ich groß! Diese Fische können bis zu einen Meter lang werden, haben extrem scharfe Zähne und wiegen bis zu kolossalen 40 Kilo. Ich beschloss, nicht darüber nachzudenken, weil wir inzwischen jeden Tag eine Menge Zeit im Wasser verbrachten.

Mir war diese Fischart vor ein paar Jahren schon einmal begegnet, als ich mit meinem Freund Reza Pakravan »Transamazonica« drehte, einen Dokumentarfilm über die Auswirkungen der Entwaldung in Brasilien und Peru. Damals erfuhren wir, dass Aimara oft mit Quecksilber kontaminiert sind, das beim Goldabbau eingesetzt wird, aber dennoch weiterhin eine Hauptnahrungsquelle für viele Flussanwohner bilden. Ich musste an die tragische Geschichte des jungen Mannes denken, der uns erzählt hatte, dass seine 24-jährige Ehefrau an einer Quecksilbervergiftung gestorben war.

Zum Glück mussten wir uns darüber hier keine Sorgen machen – zumindest noch nicht. Wir befanden uns in unberührtem Dschungel, weit und breit keine Bagger in Sicht.

Ein Aimara würde für uns alle genügen. Zur Abwechslung benutzte Nereus einmal kein eingewickeltes *farine* als Köder, sondern ein altes Wespennest, das er gefunden hatte und nun ins Wasser baumeln ließ. Kleine Fische näherten sich und wurden sofort gefangen.

»Den Fischbauch und die Eingeweide nutzen wir als Köder. Die Aimara riechen sie«, erklärte Nigel und brachte uns die Innereien der kleinen Fische.

Nereus wickelte die Fischeingeweide um den Angelhaken und spießte sich dabei versehentlich den Daumen auf. Er zeigte keine Emotionen.

»Aua!« Ich verzog das Gesicht. »Bist du okay? Hat das wehgetan?«

»Ja«, sagte er lächelnd. Hatte man ihm nicht angesehen.

»Erstaunlich. Man kann ganz klein anfangen, und mit der richtigen Taktik bekommt man immer größere Beute«, sagte Laura.

Wir legten den Köder aus und warteten.

In der Ferne machten wir drei Wasserschweine aus, die größten Nagetiere der Welt. Sie wirkten wie riesige Meerschweinchen
mit tonnenförmigen Körpern. Oder – wie Laura es ausdrückte –
wie kleine Nilpferde. Ein Brillenkaiman versteckte sich wenige
Meter entfernt zwischen den Baumwurzeln, die in das Flussufer
hineinragten. Kaimane sind eng mit Alligatoren verwandt und
gehören zu den ältesten Spezies auf unserem Planeten. Man nimmt
an, dass sie sich seit 200 Millionen Jahren kaum verändert haben.
Je nach Art sind sie unterschiedlich groß – der größte ist der
Schwarze Kaiman, der gute fünf Meter lang werden kann. Zum
Glück war derjenige, der uns gerade beobachtete, nur ein winziges
Ding, das seine orangefarbenen Augen und seine Schnauze neugierig aus dem Wasser streckte.

Während wir darauf warteten, dass die Angelschnur in Bewegung geriet, erzählte uns Cemci mehr über seine Gemeinde. In den
späten 1940er- und 1950er-Jahren waren amerikanische Missionare
ins Essequibo-Gebiet von Guyana gekommen. Sie hatten am Ufer
des Flusses einen festen Außenposten errichtet und ihn Kanashen
genannt, was auf Waiwai »Gott liebt dich hier« bedeutet. Etwa zur
gleichen Zeit waren viele Waiwai von der brasilianischen Seite der
Acarai Mountains nach Guyana gezogen. Nachdem Guyana 1966
seine Unabhängigkeit erklärt hatte, gab es eine Phase politischer
Unruhen, und Cemci erzählte uns, dass in den 1970er-Jahren viele
Waiwai zurück nach Brasilien gegangen seien. Nur fünf Familien
seien in Guyana geblieben.

»Jetzt wächst die Bevölkerung wieder. Bisher sind in diesem Jahr sechs Babys im Dorf zur Welt gekommen«, sagte er und beobachtete, wie der kleine Kaiman unter Wasser verschwand. »Wie ich gehört habe, sind einige Frauen schwanger, also sind es vielleicht schon bald sieben Babys. Im Dorf wohnen 250 bis 300 Menschen, hauptsächlich Waiwai, Wapishana oder Macushi.«

Die Angelschnur zuckte. Jetzt wurde es hektisch. Ein großer Fisch wurde aus dem Wasser gehievt und auf ein vorbereitetes Bett aus Palmblättern gelegt. Wir hatten einen Aimara gefangen.

Nereus schnitt schnell in einer Linie vom Kieferknochen den Bauch entlang und klappte den Fisch auf. Seine Zähne waren scharf, spitz und unterschiedlich groß. Mit mehr als 100 Zähnen haben Aimaras vier Mal so viele wie durchschnittliche Piranhas. Unschwer war zu erkennen, dass sie einem Menschen problemlos ein ordentliches Stück Fleisch aus dem Bein reißen konnten. Nachdem Nereus die Eingeweide entfernt hatte, führte er das Messer nach oben und um die Kiemen herum, um das Fleisch aufzuschneiden, bevor er das Herz entnahm. Es schlug in seiner Handfläche weiter. Ness und Laura betrachteten es interessiert, während mich eine Welle von Emotionen erfasste. Vor dieser Reise hatte ich noch nie gesehen, wie mein Essen getötet wurde. Kein angenehmer Gedanke, aber dies war nun mal die Realität. Sollte ich wirklich Fleisch essen, wenn ich nicht damit klarkam, meine Nahrungsquelle zu töten, fragte ich mich. Eine Debatte entspann sich, und mir wurde auf vielerlei Weise klargemacht, dass man wesentlich respektvoller und achtsamer ist, wenn man am gesamten Prozess der Nahrungsbeschaffung beteiligt ist. Ich verstehe diese Einstellung, und ich stimme ihr größtenteils auch zu. Aber dieses Erlebnis brachte mich zum Nachdenken. Ich esse immer noch Fleisch, aber viel, viel weniger als früher, und nur, wenn ich das Gefühl habe, dass mein Körper danach verlangt.

Ich hob die ausgeweideten kleinen Fische auf und versuchte, die Innereien, die nicht als Köder verwendet worden waren, nicht auf den Boden fallen zu lassen. Nigel nahm sie mir ab und zeigte uns, wie man sie mit der Spitze der Machetenklinge entschuppt. Laura war bereits ein alter Hase auf diesem Gebiet, da sie auf ihrer Reise über den Atlantik ziemlich viele Fische entschuppt und filetiert hatte. Alle Fischstücke wurden dann aufgespießt und über dem Feuer gebraten.

Vor dem Essen zog ich meine nassen Dschungelstiefel aus und stülpte sie über einen in den Boden gerammten Stock am Feuer.

Vermutlich würden sie morgen nach Bratfisch riechen, aber vielleicht waren sie dann wenigstens halbwegs trocken.

»Pass auf deine Stiefel auf, Pip«, warnte mich Jackson, nachdem er einen berührt hatte. »Sie sind schon sehr heiß. Ein Freund von mir hat seine Stiefel auch mal so getrocknet, und dabei sind sie ins Feuer gefallen und verbrannt.«

Ich holte sie schnell zurück. Es war zwar Valentinstag, aber auf diese Art Glut konnte ich durchaus verzichten. Dort, wo wir hinwollten, brauchten wir intakte Stiefel.

Wir senkten die Köpfe zum Gebet, wie wir es, den christlichen Traditionen der Waiwai folgend, vor jedem Essen taten. Ich konnte das winzige Herz nicht vergessen.

»Heute war ein sehr guter Tag«, sagte Cemci laut. »Es hat nicht geregnet. Wir haben köstlich gegessen. Wir sind in Sicherheit. Wir haben es jeden Tag geschafft, durch die Bäume zu kommen. Wir bewegen uns jeden Tag. Es ist nur schade, dass die Jungs jetzt krank sind.«

Es war mehr als schade. Wir machten uns große Sorgen, denn sowohl Aaron als auch Nereus fühlten sich fiebrig und klagten über Gliederschmerzen und Lichtempfindlichkeit. Da ich gesehen hatte, dass Nereus nicht einmal zusammengezuckt war, als er sich den Daumen mit einem Angelhaken aufgespießt hatte, wussten wir, dass es etwas Ernstes sein musste.

Laura holte unseren üppig bestückten Notfallkoffer aus dem Kanu und fischte Rehydrationssalz, Paracetamol und Ibuprofen heraus. Wir alle hofften inständig, dass es nicht Malaria war. Das Beste war es zu essen, zu schlafen und die Situation am nächsten Morgen neu zu bewerten. Möglicherweise würde unsere Expedition enden, bevor sie noch richtig begonnen hatte. Es blieb uns nichts anderes übrig als abzuwarten.

WERTSCHÄTZUNG

(Substantiv): die Qualitäten einer Person oder
einer Sache erkennen und genießen

Die Kraft, die sich freisetzen lässt, wenn man sich auf die kleinen
Dinge konzentriert und das wertschätzen lernt, was wir so oft als
banal ansehen, wird stark unterschätzt. Es liegt eine gewisse Ironie
darin, dass so viele von uns (mich eingeschlossen) das Bedürfnis verspüren, die Welt durch Reisen zu erleben, wo es doch so viel Schönheit und Staunenswertes in unserem eigenen Garten gibt: die Art
und Weise, wie sich Unkraut durch Pflasterrisse weben kann oder
wie die Adern auf der Unterseite eines Blattes Kunstwerke bilden.
Ich weiß noch, wie ich einmal in einer Winternacht bei Vollmond
ein Glas Wasser draußen stehen ließ. Bis zum Morgengrauen hatte
es sich vollständig verwandelt; Eissplitter verliefen in Kaskaden im
Zickzack durch das Wasser wie winzige, schwebende Zauberstäbe.
Das ist vielleicht nichts Besonderes, aber ich fand es außergewöhnlich schön. Ich begriff damals, dass wir irgendwo auf dem Weg zwischen einer Kindheit, in der wir im Garten nach Würmern gegraben
haben, zu einem Erwachsenenleben, in dem wir nur noch Schulden
abbezahlen, etwas von der Magie des Lebens verloren haben.

Beim Erforschen geht es nicht darum, in entlegene Ecken der Welt zu reisen, sondern darum, die Welt mit neuen Augen zu sehen. Reisen kann uns erstaunliche, unvergessliche, einmalige Erlebnisse bieten. Wenn wir aber auch in unserem Alltag das Entdecken nicht vergessen – indem wir die Schönheit, die uns umgibt, finden und wertschätzen lernen –, verwandelt sich auch Alltägliches in ein unglaubliches Abenteuer. Das Leben überzieht uns alle mit einer Schmutzschicht, und wenn das passiert, ist es vielleicht an der Zeit, wieder nach Würmern zu graben und zu versuchen, diese Magie erneut heraufzubeschwören. Achte auf die Kleinigkeiten, die kurzen Momente, aus denen ein Tag, eine Woche, ein Monat und letztendlich ein Leben besteht. Meistens entpuppen sie sich irgendwann als das, was am wichtigsten ist.

. . .

Tag 15 der Expedition
Standort: Sipu River
Status: es pisst in Strömen

Es gibt nichts Besseres als eine durchwachte Nacht, um guten Schlaf schätzen zu lernen. Besonders dann, wenn du in einer Hängematte im Regenwald schläfst und ein Platzregen niedergeht. Genauer gesagt, ein Platzregen, der sich so anfühlt, als wärst du nachts um drei aufgewacht, weil jemand eimerweise Wasser auf deinen einzigen Schutz vor den Elementen schüttet: eine dünne Polyesterplane. (In diesem Moment beginnt man zu beten, dass »wasserdicht nach Herstellerangaben« auch wirklich wasserdicht bedeutet.) Stell dir dann noch vor, du drehst und wendest dich in deiner Hängematte so lange hin und her, bis du im Stockdunkel keine Ahnung mehr hast, wie du dich befreien kannst. Füge dann noch ein so lautes Rauschen vom Regen und vom Fluss hinzu, dass du nicht mehr sagen kannst, was nun was ist und wo dein Boot liegt. Schließlich gib noch eine Prise panische Angst vor Sturzfluten, steigenden Wasserpegeln und dem gelegentlich zu hörenden unidentifizierbaren Knurren hinzu, und du wirst verstehen, warum ich in dieser speziellen Nacht nicht wirklich viel Schlaf bekam.

Cemci machte sich fraglos ebenfalls Sorgen wegen des steigenden Flusses. Ich hörte ihn neben mir aus der Hängematte steigen und sah dann, wie das Licht seiner Taschenlampe sich tänzelnd in die Richtung bewegte, in der ich das Flussufer vermutete. Nachdem er zurückgekommen war und sich wieder schlafen gelegt hatte, versuchte ich beruhigt, ebenfalls wieder einzuschlafen. Wenn man mitten in der Nacht wach liegt, passiert bestenfalls etwas Merkwürdiges. Sorgen, die man um drei Uhr nachmittags mit einer Tasse Tee und einem Haferkeks (oder dreien) beiseiteschieben kann, werden um drei Uhr nachts plötzlich zu machtvollen Ungeheuern, die drohen, dich bei lebendigem Leib auszuweiden. Zu Hause besteht meine bewährte, todsichere Technik zum Wiedereinschlafen darin, die Augen so lange wie möglich offen zu halten. Unweigerlich werden mir dann bald die Lider schwer und ich döse ein. Aber im Dschungel funktionierte das leider nicht – mein sorgengeplagtes Gehirn hatte andere Pläne. Alle, die an Schlaflosigkeit leiden und häufig mit den aufdringlichen Drei-Uhr-Nachts-Gedanken zu kämpfen haben, können bestimmt (zumindest in gewisser Hinsicht) meine Selbstgespräche in dieser Nacht nachvollziehen.

Angsthirn: »Was ist das für ein Lärm?«

Rationaler Verstand: »Das war bestimmt nur ein Zweig.«

Angsthirn: »Puh, du hast bestimmt recht. Das war sicher nur ein Zweig.«

»Versuch, einzuschlafen. Es ist wahrscheinlich kein Jaguar, und selbst wenn, hat er bestimmt mehr Angst vor dir als du vor ihm.«

Angsthirn erschrocken: »Das bezweifle ich. Was ist, wenn ich gefressen werde?«

Rationales Gehirn beruhigend: »Nun, wenn du von einem Jaguar gefressen wirst, kannst du sowieso nichts dagegen tun. Vielleicht ist es nur ein Affe?«

Jetzt läuft Angsthirn zur Höchstform auf: »Sind Affen nachts gefährlich? Was ist, wenn der Fluss weiter ansteigt? Scheiße, ich habe meinen Hut am Ufer liegen gelassen. Was ist, wenn er weggespült wird? Vielleicht kann ich mir ein Tuch um den Kopf binden, damit ich nicht verbrenne. Aber was ist dann mit meiner Nase? Ein Hut ist ein enorm wichtiger Ausrüstungsgegenstand! Vielleicht kann Charlie mir einen Ersatzhut bringen? Was ist das für ein Lärm? Wenn ich mit meiner Taschenlampe meine Hängematte ausleuchte, schreckt das Raubtiere ab oder lockt es sie an? Mann, wo zum Henker ist meine Taschenlampe? Warum liege ich darauf? Wie ist die vom Fußende der Hängematte hierhergekommen? Habe ich sie jetzt kaputt gemacht? Könnte ich die Einzelteile als Waffe benutzen? Würden die Batterien dabei herausfallen? Meine Leiche würde ja verwesen, aber die Batterien nicht. Dann wäre ich nicht nur tot, sondern auch eine Umweltverschmutzerin!«

»SCHLAF JETZT ENDLICH EIN, ALTE!«

Zum Glück schaffte ich es tatsächlich, wieder einzunicken, und wachte morgens auf, um festzustellen, dass ich weder von einem Jaguar noch von einem Affen gefressen worden war. Ich war auch nicht weggespült worden und fand sogar meinen Hut wieder. Warum die Taschenlampe unter mich gewandert war, blieb allerdings ein Rätsel.

Wie sich herausstellte, hatte in dieser Nacht niemand gut geschlafen. Laura hatte die meiste Zeit damit verbracht, an ihren Stichen zu kratzen. Sie dachte laut darüber nach, ob Moskitos in Wirklichkeit vielleicht Feen sein könnten, die uns mit ihren

Schwertern piekten, um uns zu vertreiben. Die Vorstellung von Tinkerbell in Fechtausrüstung brachte mich zum Lachen. Ich liebte Lauras Fantasie. Falls sie recht hatte, dann waren diese Feen erbarmungslos und hatten ihre Schwerter mit einer Menge Verve eingesetzt. Laura war total zerstochen.

Ich sagte ihr, was der Dalai Lama über seine Begegnungen mit diesen fliegenden Schwertschwingern gesagt hatte, eines meiner Lieblingszitate von ihm: »Wenn du glaubst, dass du zu klein bist, um etwas zu bewirken, dann versuche mal, mit einer Mücke im Raum zu schlafen.«

»Mir war heute Morgen beim Aufwachen so kalt«, sagte Nigel, als wir vor der heutigen Plackerei die Taschen ins Kanu räumten.

»Ja, als hätte jemand die Klimaanlage hochgedreht«, antwortete Jackson und ordnete die Taschen in der Mitte unseres Bootes an. »Ich bin als Erster aufgestanden und habe Feuerholz gesucht, aber es war alles nass. Ich habe mein Bestes gegeben, aber wir sind nun mal im Regenwald – und geregnet hat es auch noch.«

Jackson hatte den Nagel auf den Kopf getroffen. Es war ein Regenwald – also regnete es natürlich. Jede Nacht versuchten wir, so viel totes Holz wie nur möglich für ein Feuer zu sammeln und es unter den Planen zu lagern, um es trocken zu halten. Aber wenn etwas nass wurde, dann wurde es nass. Da wir unter Zeitdruck standen, hatten wir keine Zeit, die nassen Stämme zu hacken und die trockeneren Kernstücke zu benutzen. Uns blieb nichts anderes übrig, als die Situation zu akzeptieren und einfach weiterzumachen. Das erinnerte mich an den Ratschlag, den Ed uns vor unserer Abreise gegeben hatte. Während seiner Amazonaswanderung hatte ihn die Einstellung seines Begleiters Cho fast zur Weißglut gebracht. Lief etwas nicht so wie gewünscht, hatte er offenbar

Konzentriere dich auf das, was du hast, und nicht auf das, was dir fehlt

häufig gesagt: »Wenn es ist, dann ist es, und wenn es nicht ist, dann ist es eben nicht.« Aber im Nachhinein, sagte Ed, sei der Spruch für ihn zu einem Mantra geworden, zu dem er immer wieder zurückgekehrt sei. Ich verstand es so, dass man sich besser nicht darauf konzentrieren sollte, was einem alles fehlt, sondern lieber versuchen sollte, zu schätzen, was man hat.

Der Regen hatte eine Weile nachgelassen und wir freuten uns über die kleine Pause, aber Jackson warnte uns, dass diese Auszeit nicht lange dauern würde.

Aaron und Nereus sagten, sie fühlten sich ganz gut und wollten weitermachen, obwohl sie noch nicht wieder ganz auf dem Damm waren – man sah ihnen aber nicht das leiseste Unwohlsein an. Sie hackten immer noch eifrig wie die Teilnehmer eines HIIT-Kurses auf umgestürzte Bäume ein. Bald erreichten wir einen besonders heiklen, halb unter Wasser liegenden Baum. Heikel vor allem deshalb, weil über dem Stamm, den wir zerhacken mussten, ein großes Wespennest von einem Ast herabbaumelte. Aaron sagte mir, diese Wespen seien in der Gegend als *marabunta* bekannt.

Ich bot an, ihn beim Zerkleinern abzulösen, aber Nereus lächelte nur: »Ich hacke gerne Holz. Es macht mir Spaß, den Weg für uns freizuräumen.«

Hinter mir in unserem Boot hörte ich Jackson kichern. Ich gewann den deutlichen Eindruck, dass meine Hilfe nicht nur nicht erforderlich war, sondern eher mehr schaden als nützen würde.

»Wenn wir müde sind, tauschen wir die Plätze«, versicherte Jackson mir.

Nachdem der Baum aus dem Weg geräumt war, war nun genug Platz, damit sich ein Kanu nach dem anderen durch die entstandene Lücke quetschen konnte. Nereus' Boot hatte die Stelle mit Leichtigkeit passiert und war bereits hinter der Flussbiegung verschwunden. Jetzt waren wir an der Reihe.

»Seid vorsichtig, diese *marabunta* können Feinde sein. Springt ins Wasser, falls wir angegriffen werden«, warnte uns Cemci, als wir das große Nest gefährlich wackeln sahen. Wir wussten, dass so viele Stiche einen anaphylaktischen Schock auslösen konnten. Ich stellte sicher, dass meine Ärmel heruntergekrempelt waren, wickelte mir mein Bandana ums Gesicht und vollendete meinen Anti-Wespen-Look mit meiner Sonnenbrille. So ziemlich der einzige sichtbare Teil von mir war mein ungewaschenes, verfilztes Haar, das oben aus dem Ensemble herausragte.

»Du siehst aus wie eine Art seltsame Ananas«, kommentierte Laura, als wir uns in Embryohaltung auf den Boden des Bootes legten.

Cemci startete den Motor und wir bahnten uns langsam unseren Weg über den zerhackten Baumstamm in die Freiheit … bis wir an ein paar Baumwurzeln hängen blieben und der Motor ausging. Wir beobachteten, wie die Wespen langsam aus dem Nest schwärmten. Cemci versuchte es noch einmal mit dem Motor. Brumm. Nichts. Immer mehr Wespen schlossen sich dem Schwarm an. Brumm. Immer noch nichts.

Mist, dachte ich. Ist das jetzt der Punkt, an dem wir springen? BRUUUUUUMMMMMM. Wir schossen vorwärts. Cemci hatte es geschafft, wir waren frei.

»Heute waren sie unsere Freunde, nicht unsere Feinde. Sie haben nicht gestochen«, sagte Cemci erleichtert.

Als wir um die Ecke bogen, sahen wir, wie Nereus vom Ufer aus in den Fluss tauchte. Wir versuchten zu erkennen, was los war. Der Rest seines Teams wartete im Boot am Ufer und beobachtete ihn. War er gestochen worden? War er in Ordnung? Gab es vor uns noch mehr Wespen? Er tauchte lächelnd wieder auf.

Als Cemci meine Verwirrung sah, erklärte er mir, Nereus habe anscheinend einen Baum gefunden, den die Waiwai als Ameisenbaum kannten. Im Baum leben kleine Ameisen mit orangefarbenen Köpfen, die als Schmerzmittel-Ameisen bekannt sind. Cemci erzählte uns, früher hätten die Leute geglaubt, dass man sich bei Fieber mit Wasser benetzen, die Ameisen über sich schütten und sich von ihnen stechen lassen sollte. Man ertrage die Schmerzen, solange man könne, und springe dann ins Wasser.

Nereus war aus dem Fluss geklettert, als unser Boot bei ihm ankam. Wir hielten an, um uns kurz auszuruhen und uns den Ameisenbaum anzusehen.

Cemci schlug vor, dass wir die schmerzstillenden Ameisen selbst ausprobieren sollten. Aus irgendeinem unerfindlichen Grund stimmten Ness, Laura und ich zu. Aaron schien dieses Erlebnis nicht mit uns teilen zu wollen. Sein Gesichtsausdruck verriet mir, dass er mehr wusste als wir. Ich spürte, wie mein Herzschlag sich beschleunigte. Ich hielt meinen Arm an den Baum und ein paar Ameisen krabbelten auf ihn. Cemci zerdrückte zwei auf der Unterseite meines Unterarms, und dabei bissen sie mich. Möglich, dass ich aufschrie, gefolgt von ein paar saftigen Flüchen von Ness und Laura. Ich habe eine ziemlich hohe Schmerztoleranz, aber wow, das tat weh. Ungefähr so, wie von ein paar wütenden Bienen gestochen zu werden. Ich schnipste die Ameisen weg. Zwei geschwollene, weiße Bisswunden mit rotem Rand blieben auf meinem Arm zurück. Schmerzmittel-Ameisen? Wohl eher ein Mittel, um Schmerzen zu verursachen. Ich fragte

Achte auf die kleinen Dinge im Leben

mich, ob es bei dem Ritual darum ging, sich irgendwie von den anderen Schmerzen abzulenken, unter denen man bereits litt?

In den folgenden Tagen schwollen die Bisse immer stärker an. Ironischerweise hielt mich jetzt nicht mehr die Angst vor Jaguaren oder über die Ufer tretenden Flüssen nachts wach, sondern diese zwei winzigen, juckenden Bisse.

Es gibt unzählige Ameisen im Dschungel. Sie leben auf so ziemlich jedem sichtbaren Fleckchen Erde. Diese Kreaturen sind klein, aber sie haben die Fähigkeit, ihren Lebensraum vollkommen zu gestalten. Alleine sind sie stark und in Massen unglaublich.

Die Schmerzmittel-Ameisen mussten bei Nereus hervorragend gewirkt haben, denn schon am selben Nachmittag demonstrierte er uns, wie man die Früchte der hohen Turupalme erntet.

Die Turu- ist eine Art kleinere Version der Acaibeere. Die kugelförmigen Früchte hängen in pferdeschwanzartigen Trauben an den Bäumen und haben kleine, schwarzviolette, nussartige Samen, die an ihren Stielen wie pralle Perlen an einer Kette baumeln. Nur sind sie im Gegensatz zu einer Perle lecker – und nützlich.

Nereus hackte zuerst die Schlingpflanzen an der Basis der Palme ab, damit seine Füße vernünftig Halt finden konnten. Dann kletterte er mit der Machete in der Hand mit Hilfe einer Art ›Buschseil‹ den Baum hinauf – es bestand aus einer Ranke, mit der wir in unseren Lagern oft Holzkonstruktionen zusammenbanden. Hier nutzte er die Ranke als eine Art Fußriemen. Als er die Früchte erreicht hatte, hackte er eine riesige Traube ab und reichte sie an Aaron weiter, der unten wartete. Aaron warf sie sich über die Schulter und brachte sie zu den Booten. Später würden die Früchte gekocht, püriert, mit Flusswasser vermischt und zu einem Dschungel-Smoothie verarbeitet werden. Wir hatten reiche Beute gemacht, was nicht überraschend war, da die Turupalme zu den ertragreichsten Palmen im Amazonasgebiet gehört. Eine durchschnittliche Traube wiegt etwa drei bis vier Kilogramm und trägt etwa 2500 kleine Beeren.

Nachdem wir den Rohstoff für unseren ganz persönlichen Energydrink geerntet hatten, gingen wir zurück aufs Wasser. Aaron reichte mir eine Beere zum Probieren, während er den Rest ins Kanu lud. Er sagte mir, ich solle sie in meine Backentasche schieben, sie würde sich nach ungefähr einer Stunde oder so von selbst auflösen. Meine zerbröselte nach 20 Minuten und schmeckte nur nach Schale. Zum Glück war der Smoothie, den wir am Abend zubereiteten, sehr viel schmackhafter.

Kurz bevor wir an diesem Abend unser Lager aufschlugen, hörten wir einen Tumult und sahen ihn gleich darauf auch.

»Kapuzineraffen und vielleicht ein ganzes Dorf Totenkopfäffchen«, sagte Jackson.

Ein Trupp aus etwa 30 Affen, einige mit Babys auf dem Rücken, sprang von Baum zu Baum. Sie sahen aus wie Kamikaze-Frösche. Kapuzineraffen sind superniedlich und tragen eine braune, hutartige Krone auf dem Kopf. Portugiesische Entdecker verglichen sie mit den Mönchen des Kapuzinerordens, wegen deren braunen Gewändern mit großen Kapuzen, und so entstand ihr deutscher Name. (Diese Mönche haben einiges zu verantworten; sie waren auch die Muse für den Namen Cappuccino!)

Finde das Bemerkenswerte im Alltäglichen

Dann musste einer der Affen auf einem toten Ast gelandet sein, denn wir hörten ein Knacken. Wir beobachteten, wie die Affenschar – und der Ast – durch die Luft fielen. Die Affen legten auf Ästen, die viel tiefer lagen als die von ihnen ursprünglich anvisierten, kurzerhand eine Bruchlandung hin. Nereus, Ness und Jackson kicherten im Bug des Kanus.

»Das war unglaublich«, sagte Jackson, als die Affen ihre Fassung wiedererlangt hatten und sich erneut auf den Weg machten. Die Szene war urkomisch, das Dschungel-Äquivalent dazu, auf der Straße hinzufallen und schnell wieder aufzustehen, in der Hoffnung, dass dich niemand dabei gesehen hat.

»Aber bei den Klammeraffen müsst ihr aufpassen«, warnte uns Cemci. »Die können ziemlich frech sein. Es macht ihnen Spaß, große Äste auf Leute zu werfen.«

Ich nahm mir insgeheim vor, unserer Dschungel-Risiko-bewertung ›Astwerfender Klammeraffe‹ hinzuzufügen.

An diesem Abend entzündete Jackson das Feuer mit einem Gegenstand, der wie ein kleiner, schwarz-weißer Stein aussah. Er hielt ein Streichholz daran, und dann flammte der ›Stein‹ plötzlich auf.

»Eine Baumkerze«, erklärte er. Der gehärtete Saft dieses besonderen Baumes wird als natürlicher Feueranzünder benutzt. So wie Kiefernharz ist er brennbar.

Wir saßen am Lagerfeuer und tauschten uns über unsere heutigen Highlights aus. An diesem Tag sei so viel passiert, staunte ich, worauf Nereus achselzuckend erwiderte: »Das ist unsere Kultur.«

Wir erzählten uns Geschichten über abstürzende Affen, nächtliche Stürme, Schmerzmittel-Ameisen und knapp verpasste Wespenangriffe, und mir fiel auf, dass meine Emotionen bei diesen Erlebnissen immer durch Aufregung, Freude oder Angst gesteigert worden waren. Es waren Dinge, die uns passiert waren und die unsere Aufmerksamkeit einfach auf sich gezogen hatten. Und größtenteils hatten wir über sie keinerlei Kontrolle gehabt. Es waren bemerkenswerte Ereignisse, sie blieben mir so im Gedächtnis, wie man sich an seinen ersten Arbeitstag, eine Hochzeit oder ein katastrophales Date erinnert.

Ebenso bemerkenswert waren jedoch die Dinge, auf die wir bewusst unsere Aufmerksamkeit richteten. Oft waren es die kleinen Szenen, die unser Interesse am stärksten weckten. Die Silhouette einer Ameise auf der Unterseite eines Blattes, beleuchtet von der darunter tanzenden Reflexion des Wassers. Ein toter Käfer, dessen glänzender, hypnotisierender Körper wie ein grüner Ölteppich schimmerte, vom Wasser gewiegt und doch kurz davor zu sinken. Die Art, wie Pilze aus einem toten Baum ragten wie chaotisch in einem Regal gestapelte Teller. Licht, das an einem Spinnennetz reflektiert, gefangener Mondschein. Oder das geheimnisvolle verlassene Wespennest, das braun und ausgetrocknet war und von dessen Löchern silberne Ringe aufstiegen, als wir es in den Fluss tauchten. Sie glitzerten, als würde die Tiefe uns Diamanten darbringen. »Magisch«, sagte Ness, als wir sie auftauchen sahen. Ich war geneigt, ihr zuzustimmen.

Wenn wir uns bemühten, das, was uns umgab – insbesondere die kleinen Dinge –, wertzuschätzen, wurde die Welt lebendiger. Farben, Texturen, Aromen, Gerüche – alles war auf einmal viel üppiger. Indem ich mein Innenleben kultivierte, anstatt mich allein darauf zu verlassen, dass äußere Reize meinen Fokus schon richtig lenken würden, erlebte ich, wie ich feststellte, viel mehr Momente der Freude. Und dafür musste nichts Außergewöhnliches passieren. Ich fragte mich, wie viele solcher Momente ich in meinem täglichen Leben verpasst hatte, wenn ich in der U-Bahn saß oder in einem Doppeldeckerbus durch Londons überfüllte Straßen fuhr. Die Gerüche in den Cafés. Genauso wie ich die Ameisen im Dschungel nicht bemerkt hatte, waren mir bestimmt auch daheim viele Dinge nicht aufgefallen, während ich herumhastete und mich gedankenlose Geschäftigkeit vereinnahmte.

Ich erzählte der Gruppe, dass eines meiner heutigen Highlights das wunderschöne Licht gewesen sei, das gegen vier Uhr nachmittags den Dschungel erleuchtete. Der Regen, der durch die Sonnenstrahlen fiel, verlieh den Palmblättern ein leuchtendes Grün. Es war, als ob das Trommeln des Regens die Landschaft zum Leben erwecken würde; jeder Ast, jedes Blatt, jedes Tröpfchen – alles, was in den Fluss eintauchte, tanzte in seinem eigenen Rhythmus. Ein sanftes Leuchten schien tief aus dem Herzen des Dschungels zu scheinen.

»Mein Highlight ist ganz schlicht«, sagte Cemci, gerade als ein leuchtend orangerotes Glühwürmchen über das Feuer huschte.

»Ich denke die ganze Zeit nur über die Reise nach, wo wir anlegen sollen, wie es euch Mädchen geht. Mir gefällt dieser Trip mit euch allen sehr. Und das Essen war gut.«

Seine Antwort brachte mich zum Lächeln. Er hatte recht; das Essen hatte gut geschmeckt. Ich atmete den Duft ein, den der Einbruch der Nacht mit sich brachte. Für mich roch er ein wenig nach Moschus und nach all dem Schmutz, den der Tag aufgewirbelt hatte. Normalerweise mag ich den Duft des Morgens lieber. Die Kopfnoten zu Tagesanbruch riechen immer frischer und sauberer; der Staub scheint sich über Nacht gelegt zu haben und deine Nase ist frei und unbeschwert. Dieser Morgenduft ist flüchtig – er ist eine Belohnung für Frühaufsteher. Wahrscheinlich ist es diese Flüchtigkeit, die für mich einen Teil seines Reizes ausmacht. Aber an diesem speziellen Abend atmete ich den Geruch der Nacht in vollen Zügen ein: den erdigen, holzigen, nach Pflanzen und feuchtem Laub duftenden Geruch eines Dschungeltags. Die einfachen Freuden des Lebens lagen nur einen Atemzug entfernt.

ENGAGEMENT

(Substantiv): die Hingabe an eine Sache, Aktivität
oder Ähnliches

»Und sie lebten glücklich bis an ihr Lebensende ...« Der Schluss-
satz, der auf niemanden zutrifft. Niemals. Obwohl er vermutlich
besser klingt als »Und sie durchlebten interessante Höhen und
Tiefen bis an ihr Lebensende.« Etwas durchzuziehen ist verdammt schwer, egal ob es sich dabei um eine Beziehung, ein
Arbeitsprojekt, eine neue Sportart oder eine Lebensstiländerung
zum Wohle des Planeten handelt. Ich muss allerdings zugeben,
dass es wesentlich leichter ist, an einer Sache dranzubleiben,
wenn man sich mitten im tiefsten Dschungel befindet und keine
Aussicht auf Rettung besteht. Eine Auszeit war nicht drin. Uns
blieb nur, weiterzupaddeln, bis wir irgendwann ein Dorf mit Ver-
kehrsanschluss erreichen würden. Also war klar, solange wir noch
am Leben waren, hieß es: weitermachen. (Wie sich herausstellt,
ist es auch ganz leicht, auf Zucker zu verzichten. Man muss nur
seine Vorräte verbrauchen und sich eine Zeit lang vom Rest der
Welt isolieren.)

Das war für mich eine interessante Lektion – Engagement ist
kein Zuckerschlecken und Bequemlichkeit würde uns nicht an un-

ser Ziel bringen. Leider (oder zum Glück, je nachdem, wie man es betrachtet) sind viele dringend notwendige Veränderungen im Leben Dinge, zu denen man sich aktiv verpflichten muss. Erscheinen, auch wenn man sich unwohl fühlt. Sich selbst und seine Ziele hinterfragen. Akzeptieren, dass es Tage geben wird, an denen man Mist baut oder einen Rückfall erleidet. Es wird Zeiten geben, in denen man den Wald vor lauter Bäumen nicht sieht (im Dschungel kann man das wörtlich nehmen). Wenn sich eine Sache lohnt, dann muss man in der Lage sein, sich immer wieder neu zu kalibrieren und diese Verpflichtung Tag für Tag aktiv anzugehen. Genau wie Gartenpflanzen müssen wir das, wofür wir verantwortlich sind, pflegen – unsere geistige und körperliche Gesundheit, unsere Beziehungen, unsere Arbeit, unseren Planeten. Und obwohl dein Glücklich-bis-ans-Lebensende deshalb noch lange nicht garantiert ist – auch in deinem Garten haben Insekten und Frost schließlich ein Wörtchen mitzureden –, gedeihen und wachsen die Dinge, und wenn sich deine Arbeit auszahlt, beginnst du zu schätzen, dass Schönes passieren kann, egal wie klein die Früchte deiner Arbeit auch sein mögen.

. . .

Tag 16 der Expedition
Standort: Sipu River
Status: flussaufwärts unterwegs. Langsam. Sehr langsam.

Wie sich herausstellte, ist Rache nicht Blutwurst, sondern Grillfisch. Als unser Boot mal wieder von einem umgestürzten Baum blockiert wurde, drehte ich mich um und fragte Cemci, welche Tiere im Fluss beheimatet seien. Er zeigte auf seinen Gummistiefel. Ich schaute genau hin und erkannte Gebissabdrücke. Anscheinend hatte der Aimara, den wir zum Abendessen verspeist hatten, versucht, Cemci am Tag zuvor ein Stück Fleisch aus dem Bein zu reißen, und zwar durch den Gummistiefel hindurch. Kein Wunder, dass Cemci das Essen so gelobt hatte – Rache ist Grillfisch mit einer Prise Salz.

»Hat das weh getan?« Ich verzog schon bei dem Gedanken an den Biss das Gesicht.

Cemci schaute mich gelassen an. »Ja«, sagte er humorvoll. »Aimara können einem die Hand oder den Fuß abbeißen. Ich habe den Jungs gestern aufgetragen, das Biest auf jeden Fall zu fangen.« Zu Cemcis Glück – und zum Pech des Fisches – waren unsere Begleiter extrem talentierte Angler.

Während Cemci und ich noch über die Beißkraft von Aimaras sprachen, hechtete Laura, die gerade noch hüfttief im Wasser gestanden und auf den Baumstamm eingehackt hatte, auf einmal blitzschnell ins Kanu zurück. Sie hatte gerade neben dem Boot einen Aimara gesehen.

»Erstaunlich, wie man sich bewegen kann, wenn man denkt, man wird gleich gebissen«, sagte sie und suchte bereits nach der Angelschnur. Als sie Schnur und Haken gefunden hatte, ließ sie sie vom Boot aus ins Wasser.

Ness fand das gar nicht lustig. »Nun lass mich doch erst mal ins Boot kommen, bevor du die Dinger angelst«, maulte sie und hievte sich ins Kanu zurück.

Laura grinste sie spitzbübisch an. »Sorry.«

Ich würde heute im Boot sitzen bleiben, weil ich am Tag zuvor meine Periode bekommen hatte. Mir Dämlack wurde erst nach einem Tag Aufenthalt im und auf dem Fluss klar, dass es vielleicht gar nicht so klug war, Blut und Piranha-verseuchte Gewässer miteinander zu verbinden. Mich interessierte, wie sich die Waiwai-Frauen während ihrer Menstruation verhalten.

»Sie gehen nicht ins Wasser«, sagte Cemci todernst.

Ich war froh, dass ich dem Team gesagt hatte, dass meine Periode gekommen war, da ich mir allmählich wie ein Faulpelz vorkam, der im Boot sitzt und den anderen beim Arbeiten zusieht. Gerade bemühten sich alle, einen Baumstamm durchzusägen. Zum Glück machte Cemci auch gerade Pause, also hatte ich einen Gesprächspartner. Ich bezeichnete mich als Glückspilz, weil mein Blut gestern kein Unheil angezogen hatte. Cemci stimmte mir zu und erzählte mir, die Waiwai hätten sich früher den Saft einer roten Frucht auf die Stirn geschmiert, um sich vor bösen Geistern zu schützen.

»Sobald sie an einen seltsamen Ort kamen, rieben sie sich ein«, sagte er. »Die Männer malten sich einen Querstrich auf die Stirn und die Frauen ein Kreuz.«

Ich nahm mir vor, nach roten Früchten Ausschau zu halten. Und allmählich machte mich die Vorstellung nervös, meine Menstruationstasse im Dschungel auszuleeren. Da wir gerade über meine Gebärmutter sprachen, fragte Cemci als Nächstes, ob ich Kinder habe.

»Noch nicht«, sagte ich. »Aber wir hätten gerne welche.«

»Falls der Dschungel dich am Leben lässt«, sagte er mit einem Grinsen ...

Bitte andere, dir dabei zu helfen, Verpflichtungen einzuhalten

Laura fragte, ob die Waiwai einen Initiationsritus für Jungen hätten. Cemci erzählte, dass Männer bei Frauen liegen dürften, sobald sie schießen lernten – obwohl sie ihr eigentliches Ziel dadurch schnell mal aus den Augen verlören.

»Wenn sie anfangen, am Ziel vorbeizuschießen, müssen sie sich Ameisen und Wespen auf die Arme setzen. Das betäubt die Nerven und hilft ihnen, geradeaus zu schießen«, erklärte Cemci.

Offenbar hat der Dschungel seine eigenen Methoden, um sicherzustellen, dass die Konzentration nicht nachlässt. In diesem Moment sagte Ness hinter mir mit ruhiger, leiser Stimme: »Gerat jetzt nicht in Panik.« (Übrigens: Falls man nicht will, dass jemand in Panik gerät, wäre mein Tipp, nicht mit »Gerat jetzt nicht in Panik« zu beginnen.) »Aber schau mal hinter dich«, waren Ness nächste Worte.

Als ich mich umdrehte, saß auf der Tasche hinter mir eine Spinne mit einem riesigen braunen Leib, viel größer als eine Männerhand. Ich stand sofort auf und griff nach meinem Paddel. Irgendwie dachte ich, es würde mir einen gewissen Schutz bieten – oder mir zumindest dabei helfen, das Tierchen von Bord zu befördern.

»Freund oder Feind?«, fragte Laura, als die Spinne begann, sich zu bewegen.

»Ein Feind«, sagte Nigel. »Aber mich hat noch nie eine gebissen.«

»Nun, wenn du anfängst, danebenzuschießen, setzen wir dir das Ding auf den Arm und schauen, ob es hilft«, witzelte Laura. Die Spinne aber hatte andere Pläne. Sie krabbelte zum Bug des Kanus und verschwand irgendwo. Es sah nicht so aus, als sei sie ins Wasser gesprungen, also hielten wir den restlichen Tag lang beide Augen offen.

Die arme Ness. Es ist nicht einfach, der Überbringer von Panik auslösenden Botschaften zu sein. Ich hatte zwar schon selbst welche erhalten, war aber immer noch unsicher, wie man sie am besten überbringt. Das war suboptimal, denn wie sich herausstellte, würde bald ich diejenige sein, die einen der bislang erschreckendsten Momente der Expedition bewältigen musste.

Als ich nach 20 Minuten dachte, es wäre jetzt endlich sicher, meinen Schließmuskel wieder vollständig zu entspannen, gab

Cemci im Heck des Kanus ein gutturales Geräusch von sich. Es war so merkwürdig, dass ich mich umdrehte, und Ness, die hinter mir saß, ebenfalls. Ohne ein Wort zu sagen, neigte Cemci den Kopf und bedeutete uns, nach vorne zu schauen. Ich versuchte herauszufinden,

Frage dich selbst: Bist du engagiert oder nur selbstgefällig?

worauf er deutete. Alles, was ich sehen konnte, war Lauras geblümtes Hemd. Aber dann sah ich inmitten der wirbelnden Blumen den Grund dafür, warum Cemci so alarmiert geklungen hatte. Er zeigte auf einen kleinen, braunen, fast transparenten Skorpion, der gerade Lauras Arm hinauf und auf ihren Hals zu wanderte. Beunruhigenderweise sind kleine Skorpione oft die giftigsten.

Meine erste Reaktion war Entsetzen, als mir klar wurde, dass a) ich die Person war, die dem Tier am nächsten saß, und somit auch diejenige, die sich damit auseinandersetzen musste, und b) der Skorpion den Schwanz aufgestellt hatte und aggressiv war. Voller Adrenalin schnappte ich mir mein Paddel (das allmählich vom Reisewerkzeug zur Duellwaffe mutierte) und sagte Laura sanft, sie solle »stillhalten und sich entspannen«. Ruhig schob ich das Paddel zwischen ihr Ohr und den Skorpion, in der Hoffnung, dass ein Paddelritt ihn mehr reizen würde als die Adern meiner Freundin. Zum Glück spazierte er ohne viel Aufhebens auf das leuchtend orangerote Paddel. Wie eine Köchin mit einer Pizzaschaufel drehte ich meinen Körper langsam, um den Skorpion auf meinem ausgestreckten Paddel nicht aus dem Gleichgewicht zu bringen. Nachdem ich ihn von Lauras Körper entfernt hatte, warf ich ihn kurzerhand in den Fluss. Laura lachte etwas manisch und wurde dann außergewöhnlich still. Es schien, als hätten wir uns beide in unser Inneres zurückgezogen.

Eine halbe Stunde verging, bis sie wieder sprach. Als sie es endlich tat, waren ihre Worte langsam und bedächtig. »Ich weiß nicht wirklich, was ich jetzt mit mir anfangen soll«, sagte sie. »Ich will mich immer noch nicht bewegen und seit dem Vorfall will ich auch nichts mehr anfassen. Das war ein echter Adrenalinschock. Im ersten Moment musst du lachen, aber dann trifft es dich mit voller Wucht. Ich bin froh, dass du mir nicht gleich gesagt hast, was es war. Wenn du gesagt hättest, dass ein Skorpion auf meinem Rücken sitzt, wäre ich in Panik geraten und er hätte wahrscheinlich zugestochen.«

»Ich weiß, was du meinst«, sagte Ness. »Es ist eine Sache, einen Skorpion auf einem Baumstamm zu sehen, aber wenn er auf der Schulter deiner Freundin sitzt, wird einem ganz anders.«

Laura verzog das Gesicht, und auch mir lief ein Angstschauer über den Rücken. »Man wird viel zu leicht selbstgefällig und nachlässig. Und dann merkst du plötzlich: Wow. Wir sind im Dschungel. Das ist der verdammte Dschungel. Es ist menschlich, diese Umgebung beängstigend zu finden. Zu unserer eigenen Sicherheit müssen wir ruhig bleiben. Wir reden und lachen viel, aber wir müssen lernen, zu beobachten und zu lachen. Cemci hat den Skorpion vom Bootsheck aus gesehen. Das hat mich daran erinnert, dass wir als Team arbeiten müssen«, fuhr Ness fort. Cemci nickte und Laura dankte ihm noch einmal.

Für mich war dieser Skorpion ein Weckruf. Ich gehöre zu den Menschen, die sich gerne in ihren Gedanken verlieren. Ich bin ein Ideengenerator und eine Tagträumerin. Im Kanu zu sitzen war für mich in vielerlei Hinsicht die perfekte Gelegenheit, abzuschweifen und mich in Träumereien zu verlieren. Doch jetzt war weder die Zeit noch der Ort dafür. Unsere Sicher-

Wenn du denkst, du schaffst es nie, dann ändere deinen Ansatz und fokussiere dich neu

heit stand auf dem Spiel. Wenn unser Team den Dschungel heil und gesund überstehen wollte, mussten wir alle füreinander einstehen. Cemcis wachsamer Blick und Ness' Worte riefen uns wieder ins Gedächtnis, dass wir uns auf unser gemeinsames Ziel konzentrieren mussten – und mehr noch auf das Wohlergehen unseres Teams.

Alle wurden müde. Nereus, der normalerweise vor Energie sprühte (auch wenn er krank ist), sagte, er freue sich schon auf den Treckingabschnitt und die damit verbundene Abwechslung. In den letzten Tagen war das Wasser seichter geworden. Dass wir sehr oft im Fluss stehen konnten, bewies, wie weit wir bereits gekommen waren, wenn es auch nur sehr schleppend vorwärtsging. Die letzten Tage waren grau und bewölkt gewesen, als sei die Zeit in ein Spinnennetz geraten, in einen Kokon eingesponnen und unterm Blätterdach aufgehängt worden. Die Tage verschwammen ineinander. Wir wussten aber weiterhin genau, wie viele Hindernisse wir auf dem Weg überwunden hatten, da Laura immer noch ihr ›Hindernistagebuch‹ führte. Jetzt schaute sie gerade auf ihr GPS.

»Pip, wir sind seit zweieinhalb Stunden auf dem Wasser. Rate mal, wie viele Minuten davon wir uns tatsächlich bewegt haben?«

Angesichts all der Bäume, die uns den Weg versperrt hatten, schätzte ich optimistisch eine halbe Stunde.

»Zwölf Minuten.«

»Naja, dann sind wir immerhin zwölf Minuten weiter als noch vor zweieinhalb Stunden«, antwortete ich in dem Versuch, uns alle aufzumuntern.

Die Frage, wie lange es noch dauern würde, führte zu unterschiedlichen Antworten, also gab ich mir selbst eine: »Wir kommen an, wenn wir ankommen. Und wir kommen unserem Ziel jeden Tag ein Stückchen näher.« Ich dachte mir, dass eine Zeitangabe nur falsche Erwartungen schüren und zu Enttäuschungen führen würde. Die Wahrheit war, dass wir nicht wussten, welche

Hindernisse noch vor uns lagen und wie lange es dauern würde, sie zu überwinden.

Jeden Tag eine Sache gezielt zu erledigen ist eine Technik, die ich auch zu Hause angewandt hatte, als ich versuchte herauszufin-

Mache jeden Tag eine Sache, die dich deinem Ziel ein Stück näher bringt

den, wie ich von meinem bisherigen Job zu einer Arbeit wechseln konnte, die mich mehr erfüllen würde. Ich versuchte, jeden Tag eine Sache zu erledigen, die mich in die Richtung führte, die ich einschlagen wollte. Das konnte eine E-Mail sein, ein Geschäftsessen, das Einreichen eines Artikels oder das Verfassen eines Social-Media-Beitrags. Und letztendlich zahlten sich diese kleinen Schritte aus.

Um nicht selbstgerecht zu wirken, möchte ich dazusagen, dass dieses Vorgehen eine Menge Arbeit erforderte. Ich bin von Natur aus nicht so gelassen oder geduldig, wie ich es gerne wäre. Im Dschungel musste ich mir häufig meine angestrebte Lebensphilosophie in Erinnerung rufen. Nicht zuletzt, als Nereus ankündigte, dass es fünf Stunden dauern werde, den Baumstamm, auf den wir gerade gestoßen waren, zu zersägen – und dass die Tankdeckelkappe der Kettensäge ins Wasser gefallen sei (ein wichtiges Ausrüstungsstück, wie sich herausstellte). Wir suchten wie verrückt. Cemci beschwerte eine Angelschnur, um die Strömung zu bestimmen. Jackson tauchte ab und folgte der Schnur, und auch Cemci schwamm zum Flussboden und suchte nach der Kappe. Unsere restlichen Guides hackten mit ihren Macheten weiter auf den Baumstamm ein. Nach zehn Minuten, in denen Jackson und Cemci im ständigen Wechsel Luft holten und dann weitersuchten, tauchte Cemci mit etwas Schwarzem in der Hand wieder auf. Wir alle jubelten, aber die Freude war verfrüht; wir hatten uns über die Bergung einer kleinen Nuss gefreut.

»Die Hände in Löcher und an Stellen zu stecken, die man nicht sehen kann, macht keinen Spaß«, sagte Ness, als sie und Laura ins Wasser hüpften, sich mit ausgestreckten Händen hinhockten und den Boden nach der Kappe abtasteten.

»Das ist die erste Lektion in Dingen, die ich am Dschungel hasse«, sagte Laura, die im Wasser sehr angespannt wirkte. »Ich habe eine Phobie vor trübem Wasser. Man weiß nie, welche Raubfische da drin auf einen lauern.«

»Ernsthaft jetzt?«, kommentierte ich vom Boot aus. »Und Sie leiten eine Expedition auf dem Essequibo? Sie überraschen mich immer wieder, Ms. Bingham.«

»Ihr helft uns sehr«, sagte Cemci, um uns alle aufzuheitern. »Ihr zieht das Boot, ihr geht ins Wasser – das mag ich.« Er zog seine Flip-Flops aus der Wasserlache auf dem Kanuboden.

»Ich denke, das ist normal, wenn man so vieles am Tag tut – irgendwann geht mal etwas schief«, sagte Ness, nachdem sie sich auf einen der Trockensäcke in der Mitte des Kanus geworfen hatte. Sie trank einen Schluck aus ihrer Wasserflasche. »Die Kettensäge ist ein ziemlich notwendiges Ausrüstungsstück. Wenn wir die Kappe nicht finden können, müssen wir die Wanderung zur Quelle möglicherweise früher als geplant antreten. Ich weiß nicht, ob wir uns ein Ersatzteil basteln können.«

Cemci aber dachte nach und hatte schon bald eine ziemlich geniale Idee. Wir konnten uns doch ein Ersatzteil basteln. Er schnitt ein Stück aus seinem grünen Flip-Flop und bastelte daraus eine Deckelkappe. Die Kehrseite der Medaille: Sein Schuh hatte jetzt ein Loch in der Sohle.

»Kein Problem«, sagte Cemci. »Wir sind fast am Ende des Sipu River. Bald sind wir ohnehin zu Fuß unterwegs.«

Cemci hatte uns als hilfreich bezeichnet, was zwar großzügig, aber nicht ganz zutreffend war. Als Kanuschieberin war ich bereits ausgefallen, und nun sollte es auch mit meinen begrenzten Fähigkeiten im Umgang mit der Machete vorbei sein. Ness,

Engagement ist nicht immer einfach und wird oft auf den Prüfstand gestellt

die versuchte zu helfen, hatte eine Ranke hochgehalten, damit diejenigen, die im Kanu hinter ihr saßen, darunter hindurchfahren konnten. Als sie die Ranke losließ, peitschte diese mir mit hoher Geschwindigkeit direkt ins Auge. Es war ein durchdringender Schmerz.

Nachdem ich mein Auge für ein paar Minuten geschlossen hatte, versuchte ich, es wieder zu öffnen. Das wenige, was ich sehen konnte, war verzerrt und trüb. Jede Augenbewegung tat weh, und wenn ich nach oben blickte, hatte ich das Gefühl, einen Fremdkörper im Auge zu haben. Laura fand etwas Augenspülung im Notfallkoffer, und ich spülte mein Auge durch. Die anderen hatten mir aus einer mit Leukoplast überklebten Wundkompresse eine Augenklappe angefertigt. Keine ideale Situation, gelinde ausgedrückt. Sie trug mir außerdem vorübergehend den Spitznamen Piraten-Pip ein.

Ich bin bestenfalls ungeschickt, und dass ich nur auf einem Auge sehen konnte, verzerrte meine räumliche Wahrnehmung komplett. Es war ziemlich interessant, an jenem Abend über den Baumstamm zu balancieren, der vom Fluss zu unserem Lager führte. Emotional warf mich meine Verletzung völlig um. In dieser Nacht schluchzte ich verzweifelt in meiner Hängematte, weil ich schreckliche Angst hatte, ich könnte mir den Sehnerv verletzt haben. Mein Auge tat so weh, dass ich nicht schlafen konnte. Wenn ich lag, verspürte ich brennende Schmerzen im Hinteraugenbereich, begleitet von den schlimmsten Kopfschmerzen meines Lebens – eine Art Migräne, mit laufender Nase und geschwollenen Nebenhöhlen. Im Dschungel gab es zwar viel Unglaubliches, aber ein Augenarzt gehörte leider nicht dazu. So abgelegen und isoliert zu leben, ein Teil des ursprünglichen Reizes der Reise, wurde auf einmal von einer romantischen Vorstellung zu einer Schreckensvision. Die einzigen Menschen, auf die wir uns verlassen konnten, waren wir selbst. Ich konnte nur hoffen, dass die Schmerzen von selbst nachlassen würden. Dieser ›Tag für Tag leben‹-Blödsinn war leichter gesagt als getan. In den folgenden Tagen würde ich zeigen müssen, dass ich meinen Worten auch Taten folgen lassen konnte.

ZUGEHÖRIGKEIT

(Substantiv): Akzeptanz als vollwertiges Mitglied oder Teil eines Ganzen

Die meisten von uns haben den Wunsch, bedingungslos akzeptiert zu werden, egal ob in der Schule, am Arbeitsplatz, vom Partner, von Freunden oder Familie. Wir sehnen uns danach, irgendwo hinzupassen, und zwar so, wie wir sind. Ich habe schon oft im Leben versucht, mich wie ein Chamäleon zu verhalten und mich Situationen so anzupassen, dass ich das Gefühl habe, akzeptiert zu werden. Das Problem dabei ist, dass es nicht authentisch ist und früher oder später die Fassade bröckeln wird. Auf Expeditionen ist man rund um die Uhr zusammen, also lässt es sich gar nicht vermeiden, dass die anderen dein ›wahres Ich‹ kennenlernen, mit all seinen Stärken und Schwächen. Für akzeptanzhungrige Menschen ist das erschreckend, aber letztendlich auch außergewöhnlich befreiend. Diese Reise brachte mich dazu, die Bedeutung der Gemeinschaften, die wir uns suchen oder schaffen, genauer unter die Lupe zu nehmen und zu überlegen, was wir zu ihnen beitragen können. Wenn du einen Ort findest, an dem du ganz du selbst sein kannst, egal wie verrückt du bist, dann hast du wahrscheinlich das große Los gezogen.

Nach dieser Expedition kündigte ich meinen Job und zog von London nach East Wittering (ein kleines Stranddorf in West Sussex). Ich war auf der Suche nach einer in der Natur verwurzelten Gemeinschaft. Nach meiner intensiven Dschungelerfahrung passte eine Rückkehr in die Großstadt einfach nicht mehr. Trotz aller Vitalität, Aufregung und Energie brachten mich die unpersönlichen, gesichtslosen U-Bahn-Fahrten und das Fehlen zwischenmenschlicher Verbindungen schon bald aus dem Gleichgewicht.

Zugegeben: Ich bin daran nicht ganz unschuldig. Ich hätte mir mehr Mühe geben können, meine direkten Nachbarn und die unmittelbare Nachbarschaft kennenzulernen, und vielleicht war der Umzug ein bisschen zu radikal. Nachdem mein freundliches Lächeln aber einmal zu oft ignoriert worden war, merkte ich, dass auch ich mich wieder einigelte und die Welt ausblendete und so das Verhalten meiner Mitmenschen imitierte. Es war so einfach, sich nicht die Mühe zu machen, auf andere Menschen zuzugehen. Ich hatte mich selbst davon überzeugt, dass ich nur eine unter Millionen war. Was konnten diese alltäglichen Interaktionen schon bedeuten? Eine ganze Menge, wie sich herausstellen sollte, zumindest für mich. Ich habe erst gemerkt, wie viel, als wir eine Gemeinschaft fanden, die uns freundlich willkommen hieß. Jetzt haben wir unglaublich nette, aufmerksame Nachbarn. Wenn ich einkaufen gehe, plane ich immer zusätzliche Zeit ein, da ich unweigerlich auf Bekannte treffe, mit denen ich ein Schwätzchen halten kann. Ich finde das großartig.

Wenn es nicht ins fanatische oder schädliche Extrem abgleitet, sind die Gruppen, die wir bilden oder in die wir aufgenommen werden, etwas Wundervolles. Das erlebten wir im Dschungel hautnah. Sie bieten ein Gefühl der Zugehörigkeit und Sicherheit. Das Streben nach einem gemeinsamen Ziel. Das Gefühl, dass

Menschen für dich da sind und du für sie da bist. Du wirst nicht deshalb akzeptiert, weil du besonders laut, lustig, hübsch oder reich bist, sondern weil du Teil von etwas Größerem bist. Du gehörst dazu, weil ihr alle zusammen etwas viel Interessanteres seid – eine Gemeinschaft.

· · ·

Tag 19 der Expedition
Standort: südlicher Dschungel von Guyana
Status: Wanderung zur Quelle

An einem Sonntagmorgen begann Jackson um zehn vor sechs zu singen. Ich öffnete langsam beide Augen und betrachtete mein Moskitonetz, das unter der olivgrünen Plane schwankte. Zum Glück fühlte sich mein Auge nach ein paar Tagen Ruhe unter der Augenklappe schon viel besser an. Die Morgenkühle liebkoste mein Gesicht, während der Rest meines Körpers sicher in meinem Schlafsack verstaut war. In den meisten Reiseführern heißt es, man solle in den Dschungel einen dünnen Schlafsack mitnehmen, aber als verfrorene Person hatte ich einen Vier-Jahreszeiten-Schlafsack mitgenommen, der sich wie eine Bettdecke öffnen ließ, mit der ich mich je nach Bedarf zudecken konnte. Ich habe meine Wahl keine Sekunde lang bereut.

Der Morgen brachte für mich immer ein Gefühl der Aufregung mit sich. Ein paar Tage zuvor waren wir mit den Kanus so weit wie möglich flussaufwärts gefahren. Da uns das Wasser inzwischen nur noch bis an die Knie reichte, beschlossen wir, unsere Paddel an den Nagel zu hängen und die Wanderstiefel zu schnüren. Es war Zeit, zur Quelle zu wandern. Binnen anderthalb Tagen hatten wir ein Mini-Basislager aufgebaut; unsere Kanus zogen wir aus dem Wasser in den Dschungel und errichteten Holzkonstruktionen, unter denen alle Ausrüstungsgegenstände sowie die Vorräte an Trockennahrung, die für die Wanderung nicht lebensnotwendig waren, sicher verstaut werden konnten. Wir rechneten damit, eine knappe Woche zu benötigen, wenn wir täglich zehn Kilometer zurücklegen würden. Das war angesichts der Tatsache, dass wir uns wahrscheinlich den Weg durch ein Schlingpflanzendickicht bahnen müssten, durchaus realistisch.

Diese Pause fühlte sich an wie die Ruhe vor dem Sturm. Ich hatte mich auf die Wanderung gefreut, verspürte aber auch einen Anflug von Furcht, als ich die Machetenscheide an meinen Gürtelhaken band, meinen großen Packsack auf den Rücken nahm und hinter den anderen in den Dschungel stapfte. Vielleicht war es der zusätzliche Sauerstoff in meinem Gehirn oder die Tatsache, dass ich von so vielen uralten Bäumen umgeben war – einige mit gewaltigen Stämmen –, die mir das Gefühl gaben, im großen Plan der Natur völlig bedeutungslos zu sein. Auf jeden Fall war der Dschungel von Magie erfüllt. Jeder Tag war das Aufstehen wert, besonders an einem Morgen wie diesem.

Ich erkannte das Lied, das Jackson sang, denn ich hatte es schon einmal, bevor wir unsere Reise antraten, im Sonntagsgottesdienst in Masakenari gehört. Die Kirche lag direkt neben unserem hölzernen Gästehaus, und als Laura, Ness und ich mit dem Packen und der Expeditionsvorbereitung – Packsäcke enger schnüren und die Ausrüstung ein zweites Mal überprüfen – fertig waren, umhüllte uns der Gesang. Viele Stimmen waren zu einem einzigen Klang geworden, gleichzeitig fröhlich und erhebend.

Gib gut auf deine Gemeinschaft acht

Jackson hatte auf dem Fluss versucht, uns den Text beizubringen. Es war eine Jesus-Geschichte, und die Melodie zog sich nun wie ein roter Faden durch unsere Reise.

Masakenari ist ein abgelegenes Dorf und Reisen in die Region sind teuer und nur sporadisch möglich. Lethem ist die nächste größere Stadt, um Lebensmittel und Waren zu kaufen. Mit Quads kann es mehrere Wochen dauern, die Reise über Dschungelpfade und grob asphaltierte Straßen zu bewältigen. Im Durchschnitt landen pro Jahr etwa sechs Flugzeuge im Dorf – kleine Propellermaschinen, gechartert entweder von Regierungsbeamten, Anthropologen, Touristen oder Wissenschaftlern. Besucher bieten Masakenari daher die wertvolle Gelegenheit, mehr Material aus Georgetown zu erhalten. Die Waiwai hatten uns angeboten, uns auf unserer Reise durch den Dschungel zu führen, und uns gebeten, neben der Bezahlung Nachschub für die Gemeinde mitzubringen. Bevor wir die Hauptstadt verließen, rannten wir durch die Läden und suchten nach den Sachen, die der Toshao aufgelistet hatte – Reis, Seife, Fuß- und Volleybälle sowie Gummistiefel für unser Team. Für unsere neuen Teamkollegen hatten wir bereits zusätzliche Hängematten, Schwimmwesten, Helme und Kajakausrüstung aus Großbritannien mitgebracht.

Als wir in Masakenari ankamen, landete unser Flugzeug auf dem Gunns Strip, einer Erdpiste, die nur bei schönem Wetter befahrbar ist. Ein paar Leute begrüßten uns am Flugzeug und luden unsere Taschen auf die Quads, die uns in das drei Kilometer entfernte Dorf bringen würden. Die Fahrt zum Dorfplatz dauerte zehn Minuten. Unterwegs kamen wir an mehreren Holzhäusern vorbei, die ein paar Meter über dem Boden auf Pfählen standen und unter sich schattige Plätze für Hängematten oder Lagerhaltung boten. Die Dächer schienen entweder aus Zink oder aus Palmwedeln gemacht zu sein. Als wir uns dem Zentrum näherten, kamen wir an einer Gruppe junger Männer vorbei, die auf einem Bolzplatz Fußball spielten, an der Grundschule des Dorfes und an dem Gästehaus, in das wir später gebracht werden sollten.

Im Herzen des Dorfes befand sich ein großes, schönes, konisches Bauwerk, ein sogenanntes *umana*. Es war komplett aus natürlichen Materialien gefertigt, geflochtene Blätter zierten die Spitze des gigantischen Palmblattdachs. Das Gebäude war relativ neu; die Gemeinde war im Jahr 2000 hierhergezogen, nachdem Überschwemmungen sie gezwungen hatten, ihr Dorf sechs Kilometer von seinem ursprünglichen Standort entfernt neu aufzubauen. Wo heute das Dorf Masakenari liegt, befand sich früher ein Bauernhof. Der Name bedeutet in der Sprache der Waiwai übrigens Moskitohügel.

Es sah so aus, als hätte sich das ganze Dorf in der offenen Gemeinschaftshalle versammelt, um uns zu begrüßen. Der Toshao bat uns, vor den Anwesenden eine Rede darüber zu halten, was wir vorhatten und warum wir ihre Hilfe brauchten. Obwohl sie unserer Reise theoretisch bereits zugestimmt hatten, musste die Gemeinde konsultiert werden, bevor es endlich losgehen konnte. Wir wurden gefragt, ob wir für einen Tag in der örtlichen Grundschule mithelfen würden, was wir sehr gerne taten. Nachdem wir uns dem Dorf offiziell vorgestellt hatten, wurde uns Hilfe zugesichert und die Expedition zur Durchführung freigegeben, allerdings erst nach dem Gottesdienst am Sonntag.

Nachdem wir die Logistik organisiert und unsere Guides kennengelernt hatten, wurden die mitgebrachten Vorräte unter den Dorfbewohnern verteilt. Sie kamen nacheinander an den langen, zentralen Tisch und allen wurde Reis in die mitgebrachten Behälter gefüllt. Ein alter Mann, der kurze Hosen und grüne, bis zu den Knien hochgezogene Socken trug und sich eine Kette aus Sicherheitsnadeln um den Hals gehängt hatte, nahm seine Portion in Empfang und verließ die Halle. Doch die anderen winkten ihn freundlich zurück, es gab noch mehr Reis. Mein Vater hatte als Kampfpilot gedient, und meine Schwester Jo und ich waren auf

Militärstützpunkten aufgewachsen, wo jeder jeden kannte. Als ich jetzt wieder in eine so enge Gemeinschaft eintauchte, wurde mir bewusst, wie sehr ich diesen Nachbarschaftsgeist vermisst hatte.

Anschließend unterhielten wir uns mit Hilfe des Toshao mit dem alten Mann und seiner Frau. Im Gegensatz zu den meisten Dorfbewohnern, die wir bislang kennengelernt hatten, sprachen sie kein Englisch. Sie erklärten, dass sie zwar zu der indigenen Volksgruppe der Waiwai gehörten, aber früher in Brasilien gelebt hätten und mit einem christlichen Missionar nach Guyana gereist seien. Sie sagten uns, sie hätten keine Ahnung, wie alt sie seien, da sie weder lesen noch schreiben könnten. Die Frau sagte jedoch, sie sei alt genug, dass ihr die Knie wehtäten.

Jetzt, um zehn vor sechs in der Frühe mitten im tiefsten Regenwald, fühlte es sich an, als wären wir Welten von diesem sonntäglichen Gottesdienst und den Menschen in Masakenari entfernt. Je weiter stromaufwärts wir vorgedrungen waren, desto mehr hatte uns der Dschungel umschlossen. Ich hatte das Gefühl, allmählich ein Teil von ihm zu werden – oder er ein Teil von mir. Das Blätterdach hatte sich allmählich über uns geschlossen – unser Himmel war zu einem grünen Netzwerk geworden – und seit Tagen tränkte Regen den Dschungel. In einem Artikel in der »National Geographic« hatte ich gelesen, dass das Blätterdach so dicht sei, dass es bis zu zehn Minuten dauern könne, bis ein Regentropfen den Dschungelboden erreiche. Das glaubte ich sofort. Wir sahen kaum noch Sonnenlicht – toll für unsere Haut, schlecht fürs Trockenbleiben! Wenn Licht durch das Blätterdach brach, erreichten nur noch schmale Strahlen den Fluss, der inzwischen höchstens zehn Meter breit war. Nach ein paar feuchten Tagen wurden unsere trockenen Schlafsäcke unser Zufluchtsort – sie umhüllten uns so warm und sicher wie eine tröstliche Umarmung.

Ich spürte Bewegung um mich herum. Von meiner Hängematte aus beobachtete ich, wie sich meine Waiwai-Teamkollegen bei Jackson versammelten, der auf einem Baumstamm saß. Als sein Gesang endete, begann Cemci aus einer winzigen, handgroßen Bibel zu lesen, die er bei sich trug. Er las auf Englisch vor und führte den Inhalt dann auf Waiwai aus. Seine Stirnlampe beleuchtete die Buchstaben, während die anderen auf den Bäumen saßen, die sie zu niedrigen Bänken umfunktioniert hatten.

Werde Teil von etwas Größerem als du selbst

Ich bin nicht religiös, aber ich bewundere Menschen, die an etwas glauben, das größer ist als sie selbst. Ich fing an, das tägliche Ritual des Dankgebets vor dem Essen zu lieben. Es war eine Gelegenheit, innezuhalten, nachzudenken und dankbar zu sein. Ich hatte Jackson gefragt, ob er schon immer religiös gewesen sei, und er sagte mir, er sei ins Christentum hineingeboren worden. Es war jetzt ein recht fester Bestandteil der Dorfkultur der Waiwai.

Obwohl ich nicht an einen Gott glaube, finde ich in der Natur großen Trost, wahrscheinlich weil wir alle in irgendeiner Form Teil dieser Natur sind. Das tägliche Dankgebet hatte mich sogar einmal dazu inspiriert, meine eigene Version eines Gebets auszuprobieren: Als ich mit gesenktem Kopf unter einem Baumstamm hindurchging, schickte ich ein Gebet an den Dschungel. Leider nahm ich zu früh den Kopf wieder hoch und wurde mit einer ordentlichen Beule auf der Stirn gesegnet. Offenbar hatte ich mein perfektes Gebet noch nicht gefunden.

»Ob man nun religiös ist oder nicht, der Gesang heute Morgen war wirklich schön. Ich hatte richtig Gänsehaut«, sagte Ness bei einer Tasse schwarzem Frühstückskaffee.

Laura war jedoch weniger begeistert. Normalerweise war unsere Aufstehzeit auf sechs Uhr angesetzt. Laura war benommen aufgewacht und vermisste ihre kostbaren zusätzlichen Minuten Schlaf.

»Ich war heute Morgen so sauer – es war einfach zu früh«, sagte sie nur halb im Scherz.

»Ah, es war eine stinkige Laura wert«, neckte Ness sie. »Wenigstens konntest du in deiner Hängematte liegen und mal zehn Minuten lang gar nichts machen.«

Laura nickte, verdrehte die Augen und versuchte, ihr Lächeln nicht zu zeigen. Jackson kicherte, bevor er sein Frühstück mit *farine* und dem Fleisch eines großen Vogels zu sich nahm, der *powis* genannt wurde. In Größe und Form ähnelt der Vogel einem Truthahn, ist aber viel schöner. Diese Art des Hokkohuhns hat einen Kamm aus schwarzen Federn und einen leuchtend gelben Schnabel. Offenbar werden seine Schwungfedern zum Stabilisieren von Pfeilschäften verwendet. Pech für diesen speziellen Vogel, dass er am Tag zuvor der Empfänger eines solchen Pfeiles geworden war. Nigel hatte den *powis* getroffen.

»Das war ein Glückstag«, sagte er zu mir. »Ein wirklich guter Schuss. Der Vogel saß weit weg auf einem hohen Baum, und ich habe ihn getroffen. Ihr könnt mich jetzt Robin Hood nennen.«

Jackson reichte mir ein Stück Fleisch zum Probieren. Es schmeckte besser als erwartet, aber ich verzichtete dennoch auf Nachschlag und widmete mich wieder meinen Haferflocken mit Zimt.

»Worum betest du, Jackson?«, fragte ich, während wir unser Frühstück kauten.

Er wackelte mit den Zehen. »Um eine gute Reise. Und darum, dass die Dinge, die ich im Wasser und im Wald nicht sehen kann, mich nicht beißen.«

»Klingt vernünftig«, antwortete ich.

In den letzten Wochen hatte sich im Camp eine Routine eingestellt. Wir beteten vor dem Essen und erzählten uns jeden Abend unsere Höhepunkte des Tages. Inzwischen funktionierten wir wie eine nahtlose Einheit. Wenn wir unser Lager aufschlugen, räumten wir zuerst das Gelände für unsere Hängematten frei. Dann suchten wir Feuerholz, fingen Fische und kochten Wasser. Erst danach kümmerten wir uns um unsere individuellen Bedürfnisse. Wenn der Tag sehr nass gewesen war, hängten wir unsere Kleidung an Stöcken und Ranken zum Trocknen neben das Feuer. Am nächsten Morgen wurde sie untersucht, ausgeschüttelt und wieder angezogen. Wir schienen unseren eigenen kleinen Rhythmus gefunden zu haben.

Gewohnheit hat etwas unglaublich Beruhigendes. Alle Aufgaben wurden erledigt, und niemand drückte sich oder schreckte vor der Verantwortung zurück. Alle halfen mit. Laura sprach das an, als wir eines Tages Feuer machten.

»Ich tue das unheimlich gerne, mithelfen und eine Aufgabe erfüllen«, sagte sie. »Es macht mich richtig glücklich.«

Da ich an Gleichberechtigung glaube, überraschte es mich, dass ich lieber Aufgaben wie Kochen, Abwaschen oder Feuermachen übernahm als zum Beispiel große Baumstämme zu schleppen und das Lager aufzuschlagen. Zu Hause meide ich den Abwasch wie die Pest – erstens, weil es mir keinen Spaß macht, und zweitens

Was sind deine Stärken? Was kannst du deinen Mitmenschen bieten?

als Reaktion auf traditionelle Geschlechterrollen. Zum Glück übernimmt Charlie diese Aufgabe, und er macht das großartig! Ich lebte jedoch zum ersten Mal in einer Umgebung, in der ich das Gefühl hatte, dass Körperlichkeit und Kraft wirklich einen Unterschied machten. Als ich zu dieser Expedition aufbrach, wollte ich beweisen, dass ich allen Aufgaben genauso gewachsen war wie die anderen auch. Die Realität war jedoch, dass ich mich wahrscheinlich am besten für die weniger zupackenden Aufgaben eignete. Ich hätte jahrelang daran arbeiten müssen, meine Fähigkeiten zu verbessern und meine Kraft zu steigern – aber so viel Zeit hatten wir nun mal nicht.

Ich äußerte gegenüber Ness meine Besorgnis, ich könne eine schlechte Feministin sein, weil ich dazu tendierte, stereotyp als weiblich definierte Geschlechterrollen zu übernehmen. Ness, unabhängig vom Geschlecht eine der stärksten Personen, die ich kenne, versicherte mir, dass sie die Körperlichkeit sogenannter Männeraufgaben sehr möge und sie allein deshalb gern übernehme. Es kommt also einfach darauf an, was wir persönlich möchten.

Mir wurde klar, dass es wie bei allem im Leben auch in unserer Situation darum ging, unsere Stärken einzubringen. Was ich daraus für mich mitgenommen habe? Sei einfach du – egal wie du dich definierst und wo deine Stärken liegen.

Mir war auch aufgefallen, dass ich mich auf einer ganz primitiven, menschlichen Ebene in der Gruppe viel sicherer – und erfüllter – fühlte als alleine. Das überraschte mich, weil ich zu Hause eigentlich sehr gern allein bin. War das ein Übel unserer zivilisierten Welt? Dass wir uns als Menschen eigentlich in Gruppen viel sicherer, zugehöriger und beschützter fühlen, uns aber immer uneinnehmbarere Festungen bauen, in denen wir uns voreinander verstecken. Je nachdem, wie viel Sicherheit wir zu benötigen glauben? Erst durch meine Zeit mit dem Team, die mich dazu zwang, viel sozialer zu leben, als ich es sonst getan hätte, begann ich zu begreifen, dass ich mir auch zu Hause eine Gemeinschaft suchen oder selbst schaffen wollte. Das Gefühl, Teil eines Teams zu sein, gab mir das Gefühl, sinnvoller zu leben.

Du hast immer etwas beizutragen – auch wenn du das selbst nicht glaubst

Teil eines Teams zu sein brachte mir so viel, dass ich auch etwas zurückgeben wollte. Mir war aber nur allzu klar, dass eine Kette immer nur so stark ist wie ihr schwächstes Glied. Rein körperlich besagtes schwächstes Glied zu sein ist Segen und Fluch zugleich. Das habe ich schon mehrfach erfahren. Ein Segen, weil es bedeutet, dass ich in einem guten Team nicht zurückgelassen werde. Aber wenn man diejenige ist, die am meisten zu kämpfen hat, fühlt man sich schnell wie ein Parasit, ein Versager, der alle anderen runterzieht. Wenn man diese Gedanken zulässt, landet man schnell in einer Minderwertigkeitskomplex-Spirale.

Falls du dieses Gefühl auch kennst: Mir persönlich hat es immer geholfen, das Ganze mit Humor zu sehen. Ich versuche, mich auf die Dinge zu konzentrieren, die ich beitragen kann. Zum Beispiel wurde auf unserer Expedition der Ausdruck ›einen Pip hinlegen‹ bald zu einem geflügelten Wort für alle Gelegenheiten, bei denen sich jemand tollpatschig anstellte. Ich kickte den anderen regelmäßig – und unabsichtlich – Sand oder Schlamm ins Essen, wenn ich aufstand und durchs Lager ging. Es kam mehrfach vor, dass ich aus Versehen das Feuer löschte, weil ich Wasser darüberkippte. Eines denkwürdigen Tages stolperte ich die gesamte Flussböschung hinunter, weil ich es irgendwie geschafft hatte, den Schnürsenkel meines linken Stiefels mit dem des rechten zu verknoten. In vielerlei Hinsicht ist es ein Wunder, dass ich immer noch am Leben bin.

Aber meine extreme Tollpatschigkeit brachte die anderen immer zum Lachen. Wenn ich ernsthaft darüber nachdachte, fielen mir eine Menge Dinge ein, die ich beizutragen hatte. Ich musste mich nur auf die positiven Aspekte konzentrieren. Ich bin vielleicht nie die Schnellste oder Fitteste, aber ich bin stur und gebe nicht so schnell auf. Ich stürze vielleicht eine Flussböschung hinunter, aber dann stehe ich auf, breite die Arme aus und beende meine Performance mit einer Verbeugung und einem Lächeln. Ich denke über die Dinge nach, die ich erlebe, und halte sie für die Nachwelt fest. Ich helfe gerne anderen, kann gut zuhören, bringe

Menschen zum Lächeln und kann für sie da sein, wenn sie jemanden zum Reden brauchen. Auf eine seltsame Art und Weise lässt meine Langsamkeit zu, dass die anderen sich stärker fühlen. Ich bin mir sicher, auch du hast eine ganze Menge beizutragen, auch wenn es sich nicht immer so anfühlt. Möglicherweise sind deine Schwachpunkte ja in Wirklichkeit gar keine?

Nach dem Sonntagsgottesdienst und dem Frühstück war es an der Zeit, wieder aufzubrechen. Unsere Führer hatten unsere Packsäcke vergrößert, indem sie an der Rückseite Palmwedel eingewebt hatten, was ihnen eine Art Krone verlieh. Daran konnten wir zusätzliche Töpfe und Wasserbehälter befestigen. Als Nigel seinen unglaublich schweren Rucksack schulterte, entdeckte er auf dem Dschungelboden einen leeren Schildkrötenpanzer. Er beugte sich vor und hob einen dünnen Zweig auf, den er dann in den Boden steckte. An diesen Zweig hängte er den Panzer. Es sah aus wie eine Art Wegweiser, der unseren Lagerplatz für den Rückweg markierte. Ich zeigte darauf.

»Die ist genau wie ich, diese Schildkröte«, lächelte ich. »Langsam und bedächtig, aber irgendwann kommt sie auch ans Ziel. Ich weiß, dass du mir das schon ein paar Mal gesagt hast, aber was heißt Schildkröte auf Waiwai?«

»Versuch, dich daran zu erinnern«, sagte Nigel.

»Wagnoo?« Er wirkte nicht amüsiert.

»Probier's noch mal.«

Nach unzähligen Variationen entschieden wir uns dafür, dass ich nicht auf den richtigen Namen kommen würde, und Nigel tippte wayamoo in mein Handy.

»Ich glaube, so buchstabiert man das auf Waiwai«, sagte er. »Meine Mutter kann sehr gut buchstabieren, also müssen wir sie fragen, ob es stimmt.«

Mit diesen Worten schulterte Nigel sein Gepäck. Ich tat es ihm nach, und wir traten unseren Weg durch den Dschungel an. Tropischer Regenwald versperrte uns die Sicht, aber ich wusste, dass wir schon sehr bald unseren Aufstieg in die Acarai Mountains beginnen würden. Die niedrige Bergkette bildet einen Teil der Grenze zu Brasilien und ist die nördliche Wasserscheide des Amazonasbeckens. Sie erstreckt sich über 130 Kilometer von Osten nach Westen. Ihre Gipfel sind nicht besonders hoch und ragen nur 600 Meter über dem Meeresspiegel auf – also ungefähr halb so hoch wie der Ben Nevis, plus/minus 100 Höhenmeter. Fügt man dieser Höhe aber heiße, feuchte Dschungelluft, sintflutartige Regenfälle, steile Abhänge und kaum eine Chance auf Rettung im Ernstfall hinzu, dann wird der Aufstieg zu einer echten Herausforderung. Im Gegensatz zu anderen Bergen wird man oben nicht einmal durch eine schöne Aussicht belohnt, das Blätterdach ist komplett undurchsichtig.

Es dauerte eine ganze Weile, bis wir uns daran gewöhnt hatten, durch den Dschungel zu wandern. Zuerst einmal war ›Wandern‹ wahrscheinlich nicht das richtige Wort. Wir mussten uns mit unseren Macheten einen Weg durch den Dschungel bahnen, also ging es nur sehr mühsam und schleppend den Berg hinauf. Das Hacken war schwierig und anstrengend, also beschlossen wir, uns abzuwechseln. Wir liefen alle in einer Reihe hintereinander, um die Tiere, die um uns herum lebten, nicht allzu sehr zu stören.

Um uns nicht in verirrten Schlingpflanzen zu verfangen, mussten wir unsere Füße höher heben als normal. Es fühlte sich unnatürlich an. Nach einer Weile vergaß ich meine Angst vor den Spinnen, Schlangen und Skorpionen, die in dem verrotteten Holz lauern konnten, und genoss es sogar, wieder zu Fuß unterwegs zu sein, trotz der schweren Packsäcke auf unseren Rücken. Weil es so oft regnete, ließ es sich manchmal schwer sagen, ob wir nun von Regen oder Schweiß durchnässt waren.

Ich muss gestehen, ich war wirklich die Langsamste von allen.

Hilf anderen, wenn du kannst

»Ich habe mal irgendwo gelesen, dass Wölfe die langsamsten Tiere an der Spitze des Rudels laufen lassen, weil die meisten Raubtiere von hinten angreifen. Angeblich haben so auch die Langsamsten eine reelle Chance zu entkommen«, sagte Laura, während wir vorwärtsstapften.

»Das wusste ich nicht«, erwiderte ich. »In einem Wolfsrudel wäre ich also gut aufgehoben.«

Cemci fügte hinzu, dass er sich bei seiner Arbeit mit Touristen auch immer um die Schwächsten kümmere und darauf achte, sich ihrer Geschwindigkeit anzupassen.

Der Vorteil daran, mit Cemci zu wandern, war, dass er versuchte uns beizubringen, die Umgebung zu lesen und herauszufinden, wohin unsere Teamkollegen gegangen waren. Anfangs sah ich, wenn ich mich im Regenwald umsah, nur eine Unmenge an Bäumen, Blättern und Büschen.

»Als würden wir auf einem Rasen nach einem Graspfad suchen«, witzelte Laura, als Cemci uns fragte, welchen Weg die anderen unserer Meinung nach genommen hatten. Aber nach und nach begannen Laura und ich, uns zurechtzufinden.

Als Erstes suchten wir den Boden nach Anzeichen wie platt getretenen Farnen oder kleinen Sträuchern ab (und um sicherzustellen, dass wir unsere Füße nicht auf irgendetwas Gefährlichem absetzten). Dann scannten wir in Augenhöhe, um an Ranken oder jungen Bäumen jene verräterischen Spuren zu entdecken, die darauf hindeuteten, dass hier Macheten am Werk gewesen waren. Wir suchten nach schräg abgeschnittenen, scharfen Schnittkanten. Die gekappten Pflanzen konnten verdammt schmerzhaft sein! Die Spitze einer abgeschnittenen Ranke hatte mir schon die Tasche auf meinem Hosenbein durchbohrt – die hatte jetzt ein Loch. Als ich es Jackson zeigte, erzählte er mir eine Schauergeschichte. Sein Freund hatte einmal einen Bambus gekappt, dessen spitzes Ende sich dann in einen seiner Hoden bohrte. Das müssen höllische Schmerzen gewesen sein.

Auf der Expedition hatten diejenigen von uns, für die das Leben im Dschungel neu war, sich angewöhnt, zu fragen, ob bestimmte Lebewesen Freund oder Feind seien. Cemci hatte erwidert, alle seien Freunde, solange sie nicht gestört würden. Jetzt, da wir tiefer in den Regenwald vorgedrungen waren, fragte ich ihn, worauf wir hier besonders achten sollten.

»Schlangen in Bäumen sind normalerweise weniger gefährlich als die auf der Erde«, sagte er und zeigte auf den Waldboden.

So war unter den Boden bewohnenden Schlangen vor allem eine besonders gefährlich: die Lanzenotter. Diese Art ist für die meisten Angriffe auf Menschen verantwortlich, weil sie gerne auf Dschungelpfaden liegt und dort auf Beute lauert. Leider ist sie nur sehr schwer zu erkennen, da ihre Färbung dem Dschungelboden perfekt angepasst ist. So einer wollte ich wirklich nicht begegnen.

Einige Tage zuvor hatte ich allerdings eine Schlange mit Kultstatus korrekt identifiziert: eine Anakonda. Wir überraschten sie in einem etwas makabren Szenario, als sie versuchte, den mächtigsten und größten Raubvogel des Dschungels zu erwürgen – die Harpyie, ein bezaubernd schöner Vogel

Underdogs sollte man nie unterschätzen

mit den längsten Krallen aller Adlerarten. Verkehrte Welt: Eigentlich steht die Harpyie an der Spitze der Nahrungskette und ernährt sich von Affen, Faultieren, Aras und Schlangen. Nur eben nicht, als wir sie sahen.

Von unseren Kanus aus beobachteten wir den symbolträchtigen Kampf, der sich vor unseren Augen abspielte: Die Anakonda, auf die es der Vogel abgesehen hatte, wehrte sich, und die beiden waren in einen unerbittlichen Überlebenskampf verstrickt und rangen auf einem Holzstamm im Fluss miteinander. Die Anakonda hatte sich um den Hals des Vogels gewickelt und züngelte aufgeregt. Für uns war es eine glückliche Fügung, diesen Vogel zu sehen, da die Abholzung des Dschungels dem Ökosystem und den spektakulären Lebewesen, die es bewohnen, sehr schwer zu schaffen macht. In Mittelamerika ist die Harpyie beinahe ausgestorben, aber die Anakonda schien dafür kein Mitgefühl aufzubringen.

»So etwas habe ich noch nie gesehen«, sagte Jackson, als wir den Jäger zum Gejagten werden sahen und beobachteten, wie das Leben in den flackernden Augen des Vogels langsam erlosch. »Der Adler sollte die Schlange fressen, nicht die Schlange den Adler.«

Das Schlagen der Flügel ließ nach, der heftige Kampf hatte sich zu einem matten Zucken verlangsamt – ein Loslassen, das Sichergeben in den Tod. Der Körper der Harpyie erschlaffte, ihr Kopf sank herab, beinahe wie eine Warnung: Eine falsche Bewegung kann dich das Leben kosten. Im Dschungel kann sich das Blatt schnell wenden. Underdogs sollte man nie unterschätzen.

Zurück auf unserem Weg durch den Dschungel wurde ich aus meinen Gedanken über Schlangen gerissen, als wir Aaron und Nereus vor uns sprechen hörten. Die Gruppe hatte sich um einen erstaunlich sauberen Flecken brauner Erde versammelt, auf dem nicht einmal Blätter lagen.

»Ein Wildschwein war hier«, sagte Aaron.

Ich muss zugeben, dass mich dieser Satz ein bisschen alarmierte, denn auf der Liste der Dinge, denen ich im Dschungel nicht begegnen wollte, stand das schweineähnliche Tier namens Pekari ziemlich weit oben. (Vor allem das Weißbartpekari, da diese

Unterart sich gerne in Rotten von 40 bis 200 Exemplaren versammelt und eine solche Rotte extrem aggressiv sein kann.) Ed hatte uns vor der Abreise dazu angehalten, sofort auf den nächsten Baum zu klettern, wenn wir eines sähen.

»Lass uns weitergehen«, schlug Laura vor, und ausnahmsweise war ich völlig damit einverstanden, eine Pause auszulassen. Ungefähr eine halbe Stunde später sahen wir tatsächlich ein Wildschwein, allerdings ein totes. Offenbar hatte Aaron am Vortag, als er mit Nereus und Nigel auf der Jagd gewesen war, nicht nur eines, sondern zwei der Tiere getroffen. Eines hatten sie ins Lager mitgebracht, das andere hatte verwundet flüchten können. Jetzt lag es tot auf der Seite, den Bewohnern des Dschungelbodens ausgeliefert. Sein Bauch war geschwollen und seine Schnauze und sein Hinterteil waren bereits von Fliegen und gelben Klümpchen winziger, an Rogen erinnernder Maden übersät. Jackson untersuchte den Kadaver und verkündete, dass die Jungs unheimlich gerne Schweinsleber äßen und dass wir das Schwein noch problemlos mitnehmen könnten.

Mit seiner Machete schlitzte er es langsam und vorsichtig auf, als würde er Leder einritzen. Er versuchte, den Magensack, in dem sich bereits Faulgase gebildet hatten, nicht anzustechen. Trotzdem riet er uns, ein Stück von dem Kadaver wegzugehen – eine gute Idee, denn tatsächlich schlitzte er versehentlich den Magen auf, und es stank plötzlich durchdringend nach verwesendem Schwein. Wir hatten Mühe, uns nicht zu übergeben.

Dann griff er in den Kadaver, holte die Eingeweide heraus und legte sie auf ein großes Farnblatt,

Dein Beitrag kann ruhig unkonventionell sein

das die Waiwai für alles Mögliche benutzen: als Unterlage und Abdeckung für Nahrungsmittel und als die Packtaschen vor Insekten schützende Schicht unter Hängematten. Sehr praktisch: Dschungelteppich, Schneidebrett und Klarsichtfolie in einem. Jackson überprüfte die Leber – nur um festzustellen, dass sie doch nicht mehr gut war. Während Jackson die noch essbaren Fleischstücke auswählte – das Muskelfleisch, die Haxen und die Rippen –, webte Cemci aus Palmblättern einen schicken Rucksack für sie.

Ness erbot sich, das Schweinefleisch zu tragen, bis wir unser Lager aufschlagen würden. Von nun an versuchte ich, vor ihr zu laufen, denn das Zeug stank fürchterlich. Flüssigkeiten tropften heraus und rannen ihr über Rücken und Po. Ich muss leider sagen, dass sie wie ein Schwein stank.

Nachdem wir an einem seichten Bachlauf unser Lager errichtet hatten, sah ich Ness in Bikinioberteil und löchriger Unterhose im Wasser sitzen. Sie hatte die Arme um die Knie geschlungen, saß auf ihrem blauen Trekkinghemd und wirkte sehr unglücklich. Sogar der Stoff, auf dem sie nicht saß, schien dem Gestank entfliehen zu wollen und blähte sich im Wasser auf, als wollte er die Flucht ergreifen. Sie schaute mit ihren großen, blauen Augen wie ein kleiner Welpe zu mir hoch. Das reinste Elend.

»Was ist los, Ness?«, fragte ich.

»Ich stinke nach Schwein und kriege den Geruch weder von meiner Haut noch aus meinen Klamotten«, sagte sie niedergeschlagen.

Ich konnte die Dinge beim besten Willen nicht schönreden. »Jepp, du hast recht, Ness, du stinkst. Du, meine Liebe, bist in der Tat der übelriechendste Mensch, dem zu begegnen ich je das Missvergnügen hatte«, erwiderte ich, weil ich spürte, dass Humor die wohl einzig richtige Art war, meine miefende Freundin aufzumuntern. In ihrer Nähe musste ich würgen.

»Wenigstens habe ich auf dem Weg keine Zecken bekommen«, tröstete sie sich selbst, und ihre Laune schien ein bisschen besser zu werden. »Und Cemci war so nett, mir etwas Dschungelseife zu besorgen. Das ist eine Rinde, die Schaum bildet«, fügte sie hinzu und hielt sie mir entgegen. Ein zaghaftes Lächeln erschien auf ihrem Gesicht.

Ich bot ihr an, ihr beim Einseifen zu helfen, und endete schließlich kauernd auf der Höhe ihres Hinterns, schäumte ihn ein und schrubbte ihre Hose.

»Pip, das klingt jetzt vielleicht ein bisschen seltsam, aber kannst du mir einen Gefallen tun?« Daraufhin stellte sie mir eine Frage, mit der ich in meinem Leben nie gerechnet hätte: »Kannst du an meinem Hosenboden schnüffeln? Ich will wissen, ob ich immer noch nach Schwein rieche.«

Das Ganze rutschte vom Bizarren ins Lächerliche, als ich plötzlich Ness großflächig eingeseiften Hintern im Gesicht hatte und ihre durchlöcherte Unterhose nach restlichem Schweinemief abschnüffelte. Als wir aufschauten, sahen wir, dass sich am Bachufer eine Zuschauermenge versammelt hatte.

»Es ist nicht das, wonach es aussieht«, rief ich den anderen zu, die sich bereits vor Lachen krümmten.

Sauberer würde Ness nicht mehr werden, also setzten wir uns zu den anderen. Der Geruch war nicht völlig verschwunden, aber er war nicht mehr ganz so penetrant – oder mein Geruchssinn war schon abgestumpft. Während ich Ness geschrubbt hatte, hatte Laura geholfen, das Schwein fürs Feuer vorzubereiten. »Ich bereite Fleisch lieber in der Küche zu, aber fürs erste Schwein war das gar nicht schlecht«, sagte sie mit stolzer Miene. Ich schaute auf den Kadaver, der uns in den nächsten Tagen ernähren würde, und dachte darüber nach, dass dieses Schwein gestern noch ein lebendiges Wesen gewesen und heute eine Mahlzeit war, möglich gemacht durch viele helfende Hände.

Laura reichte Aaron das Fleisch, damit er es aufs Feuer lege, und erwischte dabei eine Prise Ness. »Du stinkst wirklich ein bisschen weniger«, sagte sie und fügte dann hinzu: »Zum Glück für uns.«

Jackson fand das eindeutig urkomisch, denn an diesem Abend trug er mir ausdrücklich auf, sein ganz persönliches Tageshighlight zu notieren: Ness' Angebot, das Schwein zu tragen. Mit Ausnahme von Ness waren wir uns an diesem Tag alle bezüglich des Highlights einig. Selbst heute muss ich, wenn ich Aufmunterung brauche, nur an Ness in ihrer miefenden, löchrigen Unterhose denken. Es wirkt jedes Mal. Ness, die Teamplayerin, hatte im wahrsten Sinne des Wortes den Arsch für uns hingehalten. Aber auf mehr als unerwartete Weise konnte ich ihr im Gegenzug auch den ihren retten ...

PROBLEME

(Substantiv Plural): eine Angelegenheit oder
Situation, die unerwünscht oder schädlich ist und
bewältigt und überwunden werden muss

Genauso, wie To-do-Listen niemals vollständig abgearbeitet sind,
wird es auch immer Probleme geben. Wie der Dschungel ist auch
das Leben etwas, das man nicht vollständig unter Kontrolle hat,
egal ob man es mit einer nie abreißenden Flut von Schlangen,
Spinnen und Skorpionen zu tun hat, mit drohenden Deadlines
oder Sorgen um Gesundheit, Geld, Familie oder Freunde. Anstatt
zu versuchen, Probleme wegzuwünschen, sie zu ignorieren oder sie
so tief zu vergraben, dass sie erst Jahre später in der Therapie
wiederauftauchen, ist es vielleicht am besten, sie anzuerkennen,
über sie zu reden und sie, wenn möglich, neu einzuordnen. Wenn
man das Problem nicht ändern kann, kann man dann vielleicht
seine Einstellung dazu ändern?

Manchmal scheint es unmöglich, sich zu öffnen und zuzugeben, dass man Probleme hat – welche das auch immer sein mögen. Was ist, wenn ich verurteilt werde? Was ist, wenn ich andere
damit belaste? Was ist, wenn die Leute über mich lachen? Extreme Situationen können extreme Reaktionen hervorrufen, und ich

muss bei meinen Abenteuern wirklich sehr oft zugeben, dass ich Hilfe brauche. Mir ist klar geworden, dass das keine Schande ist. Tatsächlich ist es wunderbar befreiend, verletzlich zu sein und um Unterstützung bitten zu können. Ein zusätzlicher Vorteil liegt darin, dass die Bande zwischen dir und den Menschen, denen du dich öffnest, nur noch stärker werden. Den Freunden und Teams, bei denen ich am verwundbarsten war und denen ich alle Seiten von mir gezeigt habe, fühle ich mich am engsten verbunden. Wenn es etwas gibt, mit dem du im Leben zu kämpfen hast, sei es privat oder beruflich, öffne dich jemandem und suche die Hilfe, die du brauchst. Das ist das Mutigste, was du tun kannst.

. . .

Tag 20 der Expedition
Standort: südlicher Dschungel von Guyana
Status: im Begriff, dem Tod ins Auge zu schauen

In vielerlei Hinsicht ist es wahrscheinlich ganz gut, dass lebensverändernde Tage genauso beginnen wie alle anderen auch. Wenn wir wüssten, was auf uns zukommt, würden wir uns wahrscheinlich weigern, den gemütlichen Kokon zu verlassen, in dem wir geschlafen haben, der Welt den Stinkefinger zeigen und verkünden: »Heute nicht, vielen Dank. Ich bleibe im Bett.« Leider funktioniert das Leben so nicht. Und der Dschungel schon gar nicht.

Es beginnt schon damit, dass man hier nicht langsam und gemütlich aufwachen kann. Es gibt keine Schlummertaste, kein mit verquollenen Augen In-die-Küche-Schlurfen. Stattdessen weckt dich der Dschungel mit der größten Herausforderung von allen: Schaffst du es, zu überleben? Das morgendliche Geschrei der urzeitlich klingenden Brüllaffen ist eine Erinnerung daran, dass du in dieser Welt nur ein Gast bist. Dass du wachsam sein und den Ort, durch den du reist, respektieren musst. Im Dschungel existiert eine merkwürdige Dichotomie: Leben und Tod liegen sehr eng beieinander. Ich war noch nirgendwo sonst auf der Welt so kontinuierlich im Ausnahmezustand. Der Dschungel brodelt vor Leben, aber wir sehen täglich Dinge, die das Potenzial haben, dieses Leben zu beenden. Und an diesem speziellen Tag würde mir nicht Aufmerksamkeit das Leben retten, sondern reines Glück.

Ehrlich gesagt, fing der Tag sogar besser an als der vorherige. Es begann damit, dass ich diesmal keine Spinne fand, als ich vorsichtig meine umgestülpten Schuhe von dem langen Stock neben meiner Hängematte abnahm und inspizierte. Gestern hatte eine kleine, schwarze Spinne darin gelauert. Ich versuchte, sie am Feuer auszuräuchern, und fragte Jackson, ob das die richtige Methode sei. Denn was wäre zu tun, wenn eine aufgeheizte und genervte Spinne auf meine Hand krabbeln würde ... Aber offenbar war es genau die richtige Methode.

Leider diagnostizierte Jackson beim Frühstück dann, ich hätte Moskitowürmer in den Händen und Schultern. Ihm war aufgefallen, dass ich an einer Ansammlung kleiner, weißroter Stiche auf meiner Hand kratzte. Ich hatte sie für harmlos gehalten, doch lässt man die Stiche unbehandelt, können sich in ihnen Maden entwickeln. Offenbar lähmen hinterhältige Dasselfliegen manchmal Moskitos, befestigen einige ihrer Eier an den Beinen ihres Opfers, machen sich dann davon und warten darauf, dass der Moskito einen saftigen Wirt findet und ihren Nachwuchs in ihn einpflanzt. Keine guten Eltern, diese Dasselfliegen, faul und anspruchsvoll zugleich. Und auch nicht sehr angenehm für den Wirt. Ich hatte wirklich keine Lust, in meinem Haferbrei Maden zu finden, die aus meinen Händen geschlüpft waren. Extra Zimt? Na, logo. Rosinen! Immer her damit. Eine dicke, saftige Made? Danke, nein. Nicht einmal, falls das der nächste Wellnesstrend werden sollte. Mit dem Frühstück spaßt man nicht.

Zum Glück gibt es einen einfachen Dschungeltrick, mit dem man solche ungebetenen Gäste loswerden kann – Klebeband. Man klebt es über den Stich, erstickt so die Larve ein paar Tage lang und versucht dann, sie mit dem Klebeband abzureißen. Da Jackson bei dem Gedanken, dass aus mir möglicherweise bald Maden schlüpfen würden, extrem gelassen blieb, regte auch ich mich erstaunlich wenig auf. Die Entdeckung bedeutete auch, dass ich jetzt Mitglied im Klebebandklub war. Ness und Laura hatten Klebebandstreifen auf dem Hintern, um ähnliche Stiche abzudecken. An jenem Morgen sagte Ness, sie hätte noch einen Stich am Steißbein gespürt, den sie gerne überprüft haben wolle. Sie wurde aber sofort von Laura übertrumpft, die verkündete: »Meiner ist in der Pofalte.« Hurra. Erstaunlich, wie schnell man auf einer Expedition intim wird ...

Abgeklebt waren wir um 7.40 Uhr startklar. Ich finde es immer lustig, wenn Leute in solchen Fällen genaue Zeitangaben machen, da ich mir sicher bin, dass es für dich völlig unerheblich ist, wann genau wir aufbrachen. Aber in diesem speziellen Fall halte ich es für wichtig, darauf hinzuweisen, dass wir um 8.20 Uhr – einer Zeit, in der die meisten Leute noch gar nicht wach, geschweige denn bei der Arbeit sind – schon im dichten, feuchten, erstickend heißen Dschungel über drei Hügel gewandert waren und vollkommen erledigt nur zurück ins Bett wollten. Dass ich unfreiwillig noch eine Menge Laub mit mir herumschleppte, machte die Sache nicht besser.

»Wow, du bist wirklich laufendes Klettband. Du nimmst jeden Tag den halben Wald mit und merkst es nicht einmal«, rief Ness, als ich vorsichtig eine ziemlich klebrige Schlingpflanze von meinen Hosen pflückte.

Jackson, der spürte, wie schlapp wir waren, versicherte uns, dass der Acaisaft, den wir zum Frühstück getrunken hatten, bald anschlagen würde.

»Bringt euch zum Schwitzen – aber gibt eine Menge Power, viel Energie.«

Ness schnaubte. »Echt? Ist mir noch nicht aufgefallen.«

»Heute Nachmittag werdet ihr es merken«, erwiderte Jackson voller Überzeugung – oder vielleicht Hoffnung.

Wenn du deine Situation nicht ändern kannst, ändere deine Einstellung dazu

Später an jenem Tag realisierte ich, wie optimistisch sein Kommentar gewesen war. Weder unsere Energielevel noch unsere Nachmittage sind jemals garantiert.

Du kannst jahrelang – sogar jahrzehntelang – ein Ziel anstreben und Tag für Tag dem, was du für wichtig hältst, näherkommen. Doch das Leben kann dich in Sekundenschnelle am Schlafittchen packen. In einem einzigen Moment kann sich alles ändern. Du selbst kannst dich in einem einzigen Moment ändern.

Durch den dichten Dschungel zu wandern ist nichts für schwache Nerven. Instabiler Boden, keine erkennbaren Pfade, es wimmelt von Leben – zum Teil tödlichem. Die von Jackson versprochene Kraft und Energie aus der Acaibeere hatte sich an diesem Nachmittag bei mir nicht eingestellt, und ich bewegte mich nur langsam und schwerfällig vorwärts. Deshalb schaffte ich es wohl irgendwie, meinen Fuß zwischen einem knorrigen, verrottenden Baumstamm und einer verdrehten Ranke einzuklemmen. Ungefähr eine Minute lang versuchte ich nach Kräften, meinen Fuß durch Schütteln und Ziehen zu befreien. Dabei merkte ich, wie erstaunlich wohl ich mich inzwischen in dieser Umgebung fühlte und sogar furchtlos über umgestürzte Bäume kletterte, auf die ich noch vor wenigen Wochen nur unter größtem Vorbehalt meine Hand gelegt hätte. Ich dachte sogar kurz darüber nach, mich hinzusetzen, da ich sowieso feststeckte, aber überlegte es mir anders. Schließlich löste sich mein Fuß und ich kletterte über den Stamm – verschwitzt, triumphierend und bester Laune. Das war jedoch nicht von Dauer. Gerade als ich mein Bein bewegte, rief Laura: »Oh mein Gott, da ist eine Schlange.«

Nur wenige Zentimeter von der Stelle entfernt, an der mein Hintern und mein Bein Sekunden zuvor herumgezappelt hatten, lag ein schwarz-weiß-grau gesprenkeltes Exemplar. Ich hatte sie eindeutig aufgeschreckt, da sie jetzt ihren rautenförmigen Kopf erhoben hatte und ihre Zunge herausstreckte. Und es war nicht einfach irgendeine Schlange. Sie war hochgiftig – eine der Schlangen, von denen man im Dschungel auf absolut gar keinen Fall gebissen werden will. Und noch weniger dann, wenn man mehrere Tagesmärsche von medizinischer Hilfe entfernt ist. Es war eine Lanzenotter.

Wir hatten mit Dave (er hatte uns die Grundlagen der Notfallmedizin vermittelt und würde bereitstehen, uns aus der Ferne zu helfen) darüber gesprochen, ob wir ein Gegengift mitnehmen sollten, aber das hätte leider nur wenig Sinn gemacht. Es gibt verschiedene Arten von Gegengiften, und die meisten müssen gekühlt werden. Um es unverblümt auszudrücken: Wir wussten, dass wir geliefert wären, wenn uns auf dem Weg zur Quelle etwas passieren würde. So weit von Hilfe entfernt von einer Lanzenotter gebissen zu werden wäre tödlich gewesen. Kaum hatte ich das Wort Schlange gehört, hatte ich so viel Abstand zwischen mich und den Baum gebracht wie nur möglich. Aus ausreichend sicherer Entfernung schaute ich zurück zu Jackson, Laura, Ness und Aaron, die hinter dem Baumstamm festsaßen.

»Das ist definitiv ein Feind«, sagte Jackson, der zu diesem Zeitpunkt bereits seine Machete gezogen hatte und sie mit ausgestrecktem Arm in Richtung Schlange hielt. »Schlangen mit ovalem Kopf sind in Ordnung, aber die mit dreieckigem nicht. Wenn das Gift in dein Blut gerät, stirbst du. Wenn es in deine Muskeln kommt, wirst du sehr, sehr krank. Die Schlange ist zwar klein, aber sehr giftig.«

Wir sahen zu, wie Jackson das Loch, in dem das Tier sich versteckt hatte, mit der Machetenklinge abdeckte, damit die anderen den Baumstamm unbeschadet passieren konnten. Ich schaffte es nicht zuzusehen und zitterte immer noch vor lauter Angst und Adrenalin. Langsam – und zu meiner großen Erleichterung – gesellten sich die anderen zu uns. Bevor Jackson selbst den

Sei ehrlich zu dir. Geht es dir wirklich gut, wenn du sagst »Alles in Ordnung«?

Baumstamm überquerte, hörte ich noch den dumpfen Schlag der Machete auf Holz. Der Klang war entschieden und zielgerichtet, ein Gefühl der Endgültigkeit hallte durch die Bäume: Das Henkersbeil hatte seine Arbeit verrichtet. Die Schlange war tot.

Wir blieben nicht lange am Ort des Geschehens und stapften weiter den Berg hinunter. Ich versuchte, mich darauf zu konzentrieren, einen Fuß vor den anderen zu setzen, aber mein Verstand arbeitete auf Hochtouren daran, das gerade Erlebte zu verarbeiten. Meine Blicke huschten unruhig umher, auf einmal schien mir der Boden vor mir nicht mehr geheuer. Ich glaube, ich stand unter Schock. Der Gedanke, dass ich nur wenige Zentimeter von etwas entfernt gewesen war, das mich mühelos hätte töten können, war schrecklich. Ich war der Schlange außerdem unglaublich dankbar, dass sie mich nicht angegriffen hatte. Ich versuchte, mich so zu verhalten, als wäre alles in Ordnung, das Geschehene abzustreifen und meine Gefühle, wie die Fliegenlarven, zu überkleben. Aber innerlich war ich es, die zu ersticken drohte. Es gibt so viele Momente im Leben, in denen wir versuchen, tapfer zu wirken, während wir in Wirklichkeit völlig aufgelöst sind. Erst als wir am Fuß des Abhangs eine Rast einlegten, konnte ich nicht mehr und brach in Tränen aus.

Ich war nur wenige Zentimeter von der Schlange entfernt gewesen. Hätte die Lanzenotter zugebissen, wäre das wahrscheinlich mein Tod gewesen. Aber sie biss nicht zu, und dafür bin ich auch heute noch dankbar. Ich LEBTE. Ich war unglaublich LEBENDIG! Und gleichzeitig auch unglaublich traurig darüber, dass wir das Tier im Gegenzug getötet hatten. Es hatte mir nichts getan, und es belastete mich, dass es sterben musste, weil es zufällig Menschen auf einer Wanderung begegnet war. Ich fragte Jackson, warum er die Schlange getötet habe.

»Ich habe sie getötet, weil sie giftig ist«, sagte er. »Als mich mal eine gebissen hat, bin ich im Krankenhaus gelandet. Anfangs habe ich nichts gespürt und die Schlange im Feuer verbrannt. Nach einer Viertelstunde schwollen meine Augen zu und ich konnte nichts mehr sehen. Ich war sehr lange im Krankenhaus.«

Dies war die erste von vielen Gelegenheiten auf der Reise, bei der ich mit meinem eigenen Ego konfrontiert wurde. Wäre ich nicht zufällig über diesen Baumstamm geklettert, wäre die Schlange noch am Leben. Ich merkte sehr deutlich, dass unsere Entscheidungen Auswirkungen haben, die im Positiven wie im Negativen weit über das hinausgehen, was wir uns vorstellen können. An diesem Tag hatten meine eigenen Unsicherheiten, der Wunsch, mir und vielleicht auch meinem Umfeld zu beweisen, dass ich ›zäh‹ war, dass ich ›kompetent‹ war und dass ich an etwas teilnehmen konnte, das viel extremer war, als ich es jemals für möglich gehalten hätte, zum Tod einer Schlange geführt, die mich nicht gebissen hatte, obwohl sie es gekonnt hätte. Wenn überhaupt, dann war ich der ›Feind‹ in diesem Dschungel – eine ernüchternde Wahrheit, mit der ich immer noch zu kämpfen habe. Hätte ich überhaupt dort sein dürfen? Ab wann wird der Wunsch, die Welt zu erkunden und etwas über sie zu lernen, von etwas Hilfreichem zu etwas, das schadet? Ist das Reisen auch eine Frage der Moral, und falls ja, wie bleibt man auf der richtigen Seite der Linie? Die Lanzenotter hatte sich in meine Psyche geschlängelt und weigerte sich, wieder zu gehen. Die Schlange – und diese Fragen – würden für immer in mir bleiben.

»Pip, denk nicht zu viel über Schlangen nach«, sagte Cemci, der merkte, wie abwesend ich während unserer Pause war. Was alle anderen prompt dazu brachte, mir ihre schlimmsten Schlangenerlebnisse zu erzählen.

Jacksons Geschichte hob wenigstens die Stimmung. Er wollte gerade dem Ruf der Natur folgen, war mit heruntergelassenen Hosen gerade in die Hocke gegangen, als er eine Schlange entdeckte und wie der Blitz das Weite suchte. Was er aus dieser Erfahrung gelernt hat? Vor dem Geschäft immer erst den Dschungelboden mit der Machete räumen und die Umgebung prüfen.

Jackson erzählte uns auch, dass man eine Schlange sehen werde, wenn man von Nadeln geträumt habe. Bizarrerweise hatte Laura in der vergangenen Nacht tatsächlich geträumt, ein Hemd zu flicken. Wenigstens hatte sie nicht von einer Vagina geträumt. Laut Jackson wäre das ein Anzeichen dafür, dass man einen großen Fehler machen würde.

Unsere Pause war vorbei, es war Zeit weiterzuziehen. Ich war panisch, aufgewühlt und voller Selbstzweifel. Meine Situation konnte ich nicht ändern, das wusste ich – nur meine Reaktion darauf. Der einzige Weg aus diesem Dschungel und aus diesem Alptraum war weiterzugehen. Ich hatte auch **In Verletzlichkeit liegt eine große Kraft** keine andere Wahl, egal wie gern ich in diesem Augenblick aufgegeben hätte und nach Hause geflüchtet wäre. Das Einzige, was ich beeinflussen konnte, war, wie ich dieses Erlebnis verarbeitete. Zumindest konnte ich es versuchen.

Aber auch Wochen später hatte sich meine Psyche immer noch nicht wieder stabilisiert. Ich schreckte jede Nacht aus extrem realistischen Alpträumen hoch – von Jaguarangriffen oder Bootsunfällen. Sie waren so greifbar, so schmerzhaft echt. Einmal weckte ich das ganze Camp mit einem Schrei auf. Aber statt sich zu beschweren, kletterte immer jemand aus seiner Hängematte, umarmte mich tröstend und kümmerte sich um mich. Früher hatte meine Hängematte manchmal am Rand des Lagers, so nah wie möglich am Dschungel gehangen. Aber jetzt sorgte das Team dafür, dass meine Hängematte sich in der Mitte des Lagers befand und die anderen um mich herum schliefen. Abends wurden ein paar zusätzliche Holzscheite aufs Feuer gelegt, damit es nachts länger brannte. Ich wusste diese Fürsorge extrem zu schätzen. Nur dank meiner Teamkollegen, dank ihres Humors und ihrer Umsicht schaffte ich es, die Nachwirkungen des Schlangenzwischenfalls einigermaßen wegzustecken. Ich bin von Natur aus eine Kummerkastentante und genieße diese Rolle auch, aber ironischerweise ist es mir schon immer schwergefallen, über meine eigenen Probleme zu reden. Ich glaube, das Mutigste, was ich im Dschungel getan habe, war, zuzugeben, wenn ich Hilfe brauchte, und mir zu erlauben, sie auch anzunehmen. Dadurch wurde der Dschungel irgendwann ein bisschen weniger furchteinflößend und verwandelte sich in einen Ort, an dem ich gerne schlief, den ich liebte und den ich schließlich nur mit schwerem Herzen verließ.

Entgegen Cemcis Rat dachte ich an jenem Tag an die Schlange und tue das bis heute fast jeden Tag. Wenn ich ehrlich bin, jagt mir der Gedanke an sie immer noch kalte Schauer über den Rücken. Aber ich bin dankbar dafür. Für mich repräsentiert die Schlange heute die Zerbrechlichkeit des Lebens und die Launen des Schicksals, von denen es abhängt. Der Fluss formte mich, die Expedition lehrte mich Demut und das Team fing mich auf. Aber es war die Schlange, die mir das Gefühl gab, wirklich lebendig zu sein. Und in diesem Moment konnte ich mir nichts Besseres wünschen.

WACHSTUM

(Substantiv): der Prozess körperlicher, mentaler oder spiritueller Entwicklung

Man kann aus allem etwas lernen, wenn man bereit ist, zuzuhören. Zuhören ermöglicht es, die Nuancen des Lebens zu hören. Wir sind alle Produkte der Welt, in die wir hineingeboren wurden; es gibt keine perfekte Art zu sein oder zu denken, daher ist es in vielerlei Hinsicht hilfreich, die Gedanken und Meinungen anderer Menschen zu berücksichtigen. Dies gilt insbesondere dann, wenn sie den eigenen Vorstellungen widersprechen. Wirkliches Zuhören erfordert Demut: die Fähigkeit zu akzeptieren, dass wir möglicherweise einige unserer eigenen Ansichten und Handlungen überdenken müssen und anderen nicht unsere vorgefassten Meinungen aufzwingen sollten. Anstatt mit zunehmendem Alter unsere Ansichten zu verfestigen, sollten wir vielleicht darüber nachdenken, sie zu differenzieren und zu verfeinern. Man kann bis zum Himmel wachsen, wenn man sich dem Leben mit offenem Herzen und einem offenen Geist nähert.

Ich habe festgestellt, dass ich die schärfste Kritik an mir selbst übe, wenn ich mich als statische Einheit betrachte: als jemanden, der perfekt sein sollte oder ständig auf dieselbe Art denkt, handelt oder lebt. Diese Starrheit hilft uns nicht weiter; wir sind Wesen, die sich weiterentwickeln sollten. Wir richten viel Aufmerksamkeit auf die Entwicklungsschritte von Kindern – die ersten Schritte und ersten Worte werden gefeiert. Als Erwachsene neigen wir jedoch dazu, unsere eigenen Durchbrüche, Entwicklungen und Erkenntnisse weniger hoch zu schätzen, als wir sollten. Sich einen gesünderen Lebensstil anzugewöhnen, die eigenen Fehler zu verstehen und zu überwinden, anzuerkennen, warum du dich in einer Beziehung in einer bestimmten Art und Weise verhältst oder warum du auf bestimmte Trigger reagierst, ist etwas, das du würdigen solltest. Wir wachsen und entwickeln uns weiter. Sei also nachsichtig mit dir selbst. Wenn du lernst, dann wächst du; du bist nicht perfekt, und das sollst du auch gar nicht sein müssen.

. . .

Tag 22 der Expedition
Standort: auf dem Weg in die Acarai Mountains
Status: abwechselnd einen Weg durch den Dschungel
freischlagend

Laura spannte einen Bogen und zog den Pfeil in Richtung Kinn. Nigel und ich sahen zu und lachten, als er von der Sehne sprang und zwischen ihren Füßen landete.

»Du hast mir alles erklärt, nur nicht, wie es geht«, witzelte Laura, als die Bogensehne zum x-ten Mal gegen ihre Hand schnellte. Sie hatte noch keinen einzigen Pfeil abgefeuert und ihr Arm bekam allmählich die Farbe einer Himbeere.

Mir erging es nicht viel besser. Auch mein Handgelenk hatte rote Flecken, die Anfänge eines Blutergusses zeigten sich, und mein Zeigefinger hatte einige Schnittwunden. Kichernd nahm

Nigel seine Tätigkeit als Trainer wieder auf, beobachtete unsere Fehlschläge und leitete uns an.

In den letzten Tagen waren wir im schmerzhaft langsamen Tempo von vier Kilometern pro Tag weitergewandert. Dass wir so langsam vorwärtskamen, hatte auch zur Folge, dass unsere Vorräte knapp wurden. Die Portion Haferbrei, die es zum Frühstück gab, war nur noch halb so groß wie früher. Nach ein paar Abenden, an denen wir uns nur von Reis ernährt hatten, wurde sogar das ein paar Tage alte gebratene Schwein allmählich verlockender. Als ich Laura ein Stück zum Frühstück essen sah, spürte ich, wie mir mein Körper eine eindeutige Botschaft schickte. Ein Hunger, den ich nur als urzeitlich beschreiben kann, erwachte in mir. »Kann ich auch was haben?«, hörte ich mich auf einmal fragen, bevor ich das Fleisch mit einer Gier vom Knochen riss, die mich ziemlich schockierte.

»Holla! Für eine, die gesagt hat, dass sie das Schwein ekelhaft findet, haust du aber ganz schön rein«, kommentierte Laura trocken, als ich das restliche Fleisch verschlang.

Wir machten uns gerade für einen neuen Tagesmarsch bereit, und weil es körperlich sehr anstrengend war, hatten wir beschlossen, abwechselnd den Weg in die Acarai Mountains freizuschlagen. Während die eine Hälfte des Teams den Weg bahnte, sollte sich die andere ausruhen und Energie tanken. Zum Glück war ich gerade mit Ausruhen an der Reihe, was erklärte, warum ich noch nicht vollständig angezogen war. Ich hatte eigentlich vorgehabt, den größten Teil des Morgens in der Hängematte zu verbringen, und trug immer noch meine Pyjamahose. Aber dann beschloss ich doch, an Nigels spontanem Bogenschießunterricht teilzunehmen.

Lauras Bogenschießkünste würden sich heute nicht mehr verbessern, da ihre Stunde abgebrochen wurde. Sie wirkte nicht sonderlich enttäuscht, als sie Nigel seinen Bogen zurückgab und ihn gegen ihre Machete tauschte. Zusammen mit Jackson und Cemci zog sie los, um uns einen Pfad durch den Dschungel zu bahnen. Wir anderen würden in ein paar Stunden zu ihnen stoßen. Ness, Nereus und Aaron chillten in ihren Hängematten und ich nahm wieder mein Training mit Nigel auf und visierte das Ziel an.

»Die Menge buhte, als Pip ihren Schuss versemmelte«, neckte Nigel, als mein Pfeil durch den Bogen rutschte und vor meinen Füßen landete.

Geschah mir recht, weil ich Laura ausgelacht hatte.

»Als ich sechs Jahre alt war, habe ich mit einem Freund um die Wette auf ein Blatt gezielt und so das Schießen gelernt. Sollen wir das auch versuchen?« Nigel hob ein großes Blatt auf und spießte es auf einen kleinen Zweig.

Sei offen dafür, Neues auszuprobieren – auch wenn du es nicht auf Anhieb beherrschst

Also machten wir das, ich mit der rechten, Nigel mit der linken Hand. Ich legte den Pfeil an, legte einen Finger über und zwei unter die Bogensehne und zog den Pfeil zurück. Ich blickte am Schaft entlang, kniff die Augen zusammen, versuchte mir vorzustellen, wie die Pfeilspitze das Blatt durchbohrte, und ließ los. Mist.

»Du hast nur drei Chancen. Konzentrier dich beim nächsten Mal besser«, stachelte mich Neil an, als sein Pfeil mitten durch das Blatt schnellte.

Endlich, nach einer Stunde Training, machte es Ping! Mein Pfeil traf das anvisierte Ziel. Ich war überglücklich. Möglicherweise fand sogar eine etwas übertriebene Siegesfeier mit Gesang und ein paar Tanzschritten statt, wie man sie von Betrunkenen an einem Freitagabend kennt. Ich hörte Ness in ihrer Hängematte kichern.

Es versteht sich von selbst, dass ich das Wettschießen trotzdem verlor. Meine nicht vorhandene Zielsicherheit bedeutete, dass ich zwei Pfeile weit ins Abseits geschossen hatte. Wir wagten uns tiefer in den Dschungel, um sie zu suchen. Einen fanden wir in einem Rankendickicht und einen anderen in einem knisternden Laubhaufen. Auf dem Weg zurück ins Lager sagte Nigel, der Wald rieche heute irgendwie anders.

»Früchte«, sagte er und drehte den Kopf nach links und rechts, um die Quelle des Geruchs auszumachen. »Riechst du sie auch?«

Zum ersten Mal konnte ich das wirklich: Meine Sinneswahrnehmung war eindeutig besser geworden. Wir beschlossen, un-serer Nase zu folgen, stapften über abgebrochene Äste und tote Stämme und fanden schließlich einige gelbe Pflaumen auf dem Boden. Nigel hob ein paar auf, aber als er das tat, krochen Maden und Würmer daraus hervor.

Wenn du etwas nicht ganz verstehst, frag jemanden, der sich auskennt

»Die essen wir lieber nicht«, sagte er. Nach kurzer Suche entdeckten wir einige frisch aussehende Früchte, an denen sich offenbar noch niemand gütlich getan hatte.

Nigel riss ein Palmblatt von einer Pflanze neben uns ab und nahm es zu einem umgestürzten Baumstamm mit. Er schlüpfte aus einem Flip-Flop, legte ihn auf den Stamm und setzte sich darauf. Ich schaute zu, wie er begann, die glänzenden, dicken, aber flexiblen Blattwedel zu einem engmaschigen Korb zu flechten, leuchtendes Grün mit Grün zu verweben. Es war ein geradezu hypnotisierender Anblick.

»Ich zeige dir, wie das geht, wenn ich fertig bin«, sagte er.

Ich erwachte schnell aus meiner Trance, als ich realisierte, dass ich gerade in meinen Pyjamahosen ohne Unterlage auf einem Baumstamm saß. Ich begann, unruhig hin und her zu rutschen, und wollte gerne aufbrechen. Ich beruhigte mich mit einer Statistik, die Laura mir heute Morgen gezeigt hatte: 90 Prozent aller Skorpionstiche waren an den Händen zu finden, also war mein Hintern wahrscheinlich in Sicherheit.

Ich fragte Nigel, ob wir vor einem Jaguarangriff Angst haben müssten. Immerhin hatten wir uns von der Gruppe entfernt.

»Die Rufe der Vögel warnen vor so etwas. Du musst nur auf sie achtgeben«, sagte er.

Ich hätte beinahe vorgeschlagen, den Korb zu vergessen und die Pflaumen einfach in mein Bandana einzuschlagen, aber ich beherrschte mich. Aussprüche wie »Einen Moment noch« oder »Gleich« hatten im Dschungel keine Bedeutung. Dinge waren fertig, wenn sie fertig waren. Vielleicht waren die zehn Minuten, die es dauerte, einen Blattkorb zu flechten, sehr gut investierte Zeit. Zumindest bewahrte es mich vor Pflaumensaft und Maden in meinem Tuch. Ich sagte Nigel, er sei ein sehr geduldiger Mann und ein guter Lehrer. Er fragte mich, was das Wort Geduld bedeute. Etwas, worin ich noch besser werden sollte, dachte ich, während ich es ihm erklärte.

Schließlich war der Korb fertig und ein wahres Kunstwerk. Wir füllten ihn mit Pflaumen. Ich sage wir; ich steuerte ganze fünf bei, die ich wieder und wieder mit der Pfeilspitze umgedreht und nach Skorpionen abgesucht hatte (im Boden hatte ich auch herumgestochert), bevor ich sie aufhob. Nigel fragte mich, warum ich ein paar schimmelige in den Korb gelegt hatte. So viel zu meinem Beitrag.

Als wir zurückkamen, schliefen im Lager alle. Ich nahm den leeren Eimer, in dem wir Acaisaft gemacht hatten, drehte ihn um und setzte mich darauf. Auf dem knisternden Feuer kochte *Sei bereit, dir neue Ideen und Methoden anzuhören und sie auszuprobieren* Nigel die Pflaumen und warf den wunderschön gearbeiteten Korb achtlos zurück in den Dschungel. Wir fischten die Pflaumen aus dem Wasser und ließen sie abkühlen. Als sie lauwarm waren, bot Nigel mir eine an. Sie schmeckte köstlich, und das Leckerste war nicht die gelbe Frucht selbst, sondern die Schale. Gekocht ließ sie sich leicht ablösen und war wunderbar süß.

»Ich schaue dir manchmal dabei zu, wie du in dein Handy tippst, du Meisterin der Schreibkunst. Ich bewundere das«, sagte Nigel, während wir die Pflaumenschalen aßen.

Ich sagte ihm, dass von allen Fähigkeiten das Schreiben wahrscheinlich die sei, die mir im Dschungel am wenigsten nutze. Obwohl Worte andererseits zu meinem ganz persönlichen Survival-Werkzeugsatz gehörten.

»Du bringst mir damit etwas bei«, sagte er und weckte in mir die Hoffnung, dass ich doch etwas zum Team beizutragen hatte. »Ich höre dir gerne beim Sprechen zu und lerne die Wörter, die du verwendest.«

Nigel schwieg eine Zeit lang. Das Schweigen war kameradschaftlich und entspannt, aber durch das Vogelgeschrei und Insektengesumme um uns herum alles andere als lautlos. Ich genoss die Stimmung sehr und hatte nicht das Bedürfnis zu sprechen.

»Weinst du viel?«, waren Nigels nächste Worte.

»Ja, wenn ich das Gefühl habe, es ist nötig«, antwortete ich. »Weinen hilft mir dabei, Dinge zu verarbeiten und negative Gefühle wegzuwaschen.«

»Ich empfinde viel, aber ich weine nicht gern«, vertraute er mir an. »Wenn du die Berge erklimmst,

Man hat nie ausgelernt. Wer das begreift, kann weiter wachsen

darfst du nur nach oben blicken. Atme tief durch und blick nicht zurück. Wenn du es doch tust, dann wirst du weinen.« Er verstummte kurz. »Ich vermisse meine Ma. Sie ist eine ganz tolle Mama, weißt du?«

Ich wusste, was er meinte. Wir alle vermissten etwas.

»Ich finde, du bist eine gute Freundin«, sagte er. Mir wurde warm ums Herz. »Es macht mir sehr viel Spaß, mit dir Blödsinn zu machen und dir Bogenschießen beizubringen. Ich bin dein Lehrer, und du bist meine Lehrerin. Das finde ich toll.«

Ich lächelte. »Ich auch, Nigel.«

Das schlafende Lager begann zu erwachen, und Ness kroch aus ihrer Hängematte und kam zu uns.

»Haben wir auf dem Garmin schon eine Nachricht bekommen? Müssten wir nicht bald los?«, fragte sie. Das Schneideteam sollte uns eine Nachricht senden, wenn sie weit genug gekommen waren. So lautete zumindest der Plan, aber es waren bereits Stunden vergangen, und wir hatten immer noch nichts gehört. Allmählich machten wir uns Sorgen.

»Wir sollten versuchen, sie zu finden«, sagte Aaron und begann, seine Hängematte einzupacken und sich für den Weitermarsch fertig zu machen. Wir anderen folgten seinem Beispiel.

Wir suchten die Vegetation nach von den anderen zertretenen Pflanzen ab, und ich realisierte, wie viel besser meine Überlebensfähigkeiten geworden waren. Beim Frühstück hatte Cemci davon gesprochen, wie viele Vorteile es mit sich brachte, wenn verschiedene Kulturen ihr Wissen miteinander teilten. Er erklärte, wie die Waiwai einem deutschen Team vor einigen Jahren dabei geholfen hatten, einen Dokumentarfilm über die Quelle des Essequibo zu drehen. Er habe die Hoffnung gehabt, der Film würde mehr Gäste in das Gebiet locken, aber das war nicht der Fall gewesen.

»Die Weißen haben die Technik, können sich aber nicht bewegen«, sagte er. »Die Indigenen können sich hier bewegen, brauchen aber mehr technische Fertigkeiten.«

Cemci war definitiv ein Technikfan. In den vergangenen Wochen hatte er unbedingt unser GPS in den Griff bekommen wollen, weil es sich von seinem in einigen Features unterschied. Er redete auch sehr gern über das neueste iPhone und die Kosten von Telefonverträgen in Großbritannien.

»Wir brauchen mehr Technik«, fuhr er fort. »Ich möchte gern mehr darüber lernen, zum Beispiel über die verschiedenen GPS-Modelle.«

Was mich betraf, hatte Cemci recht: Ich wusste nicht, wie man sich bewegt. Vorwärtszukommen war für mich jeden Tag aufs Neue ein Kampf. Ich musste alle Instinkte meines Körpers niederringen, nur um weiterzulaufen. Um mich abzulenken, versuchte ich, mich besser mit der Flora und Fauna vertraut zu machen. Auf der Reise hatten Jackson und Cemci uns immer wieder Dinge gezeigt, um herauszufinden, welche wir bereits kannten. Was uns neu war, erklärten sie uns. So viele Bäume, Blumen, Beeren und Tiere hatten ihre ganz eigene Geschichte oder einen einzigartigen Nutzen.

»Ich gebe all mein Wissen an dich weiter«, hatte Jackson gesagt. »Wenn ich es weiß, dann sage ich es dir.«

Ich hielt nach der Sorte dicker, verdrehter Ranke Ausschau, die er am Tag zuvor aufgehackt hatte. Wir hielten sie hoch, sodass die kühle Flüssigkeit im Inneren in unsere Münder rinnen konnte. Sie war köstlich süß und klar – eine möglicherweise lebensrettende Wasserquelle, falls wir je in Not geraten sollten. Wenn aus einer aufgeschnittenen Ranke aber ein dicker, milchiger Saft quoll, war das ein Zeichen dafür, dass sie höchstwahrscheinlich giftig war. Ich musste mir nur merken, welche welche waren und wie sie genau aussahen …

»Ich liebe es, in die Wildnis zu gehen und auf diese Art zu lernen«, sagte Ness, blieb kurz stehen und betastete einen Baum mit besonders knorriger Rinde. »Dadurch, dass ich Dinge anfasse, schmecke oder rieche. So lerne ich am besten. Schade, dass wir das zu Hause so selten machen.« Ich wusste genau, was sie meinte, aber leider hatten wir keine Zeit, länger stehen zu bleiben, da wir unbedingt das Schneideteam finden wollten.

Nach zweieinhalb Stunden hatten wir sie endlich eingeholt. Wie sich herausstellte, ging es ihnen gut. Sie waren gut vorangekommen und hatten uns nach ein paar Stunden Schneidearbeit eine Nachricht geschickt, die aber noch nicht eingetroffen war. Wahrscheinlich war das Blätterdach hier zu dicht. So wichtig diese potenziell lebensrettende Technik auch sein mochte: Die extrem verzögerte Übertragung erinnerte uns daran, dass wir uns auch auf uns selbst verlassen können mussten, falls irgendetwas schiefgehen sollte. Wir mussten wachsam bleiben. Ich war völlig fertig von dem Marsch – und hatte noch nicht einmal einen Pfad durch den Dschungel geschlagen. Was das Team geleistet hatte, war wirklich bewundernswert. Ich sagte Cemci, dass ich ihn für unglaublich stark und fit hielte.

»Ich habe nicht besonders viel Kraft«, sagte er ohne jede Arroganz. »Ich weiß einfach nur, wie es geht.«

Wenn jemand bereit ist, dir etwas beizubringen, nimm es dankbar an

Als wir eine kurze Verschnaufpause einlegten, schnitt Jackson diagonal in die Rinde des hohen, weiß-grau gesprenkelten Baumes, neben dem wir standen. Roter, klebriger Saft floss aus der Wunde und Jackson rieb ihn in die kleinen Schnitte an seinen Händen. Anscheinend hatte der Saft medizinische Eigenschaften und diente nach dem Trocknen als eine Art zweite Haut.

Danach machte uns Cemci auf eine dicke Ranke aufmerksam. Aus den Geschichten unserer Teamkollegen ließ sich schließen, dass das Trinken des Saftes ein angenehmes Schwindelgefühl verursachte. Die Bewohner von Masakenari tranken im Dorf grundsätzlich keinen Alkohol, aber es klang so, als wäre das Gefühl einem leichten Schwips nicht unähnlich.

»Ihr habt Glück, dass ihr die seht«, sagte Cemci. »Es ist sogar für uns nicht leicht, diese Pflanze zu finden. Ich habe von ein paar

Bergleuten gehört, dass man in Brasilien inzwischen versucht, sie zu sammeln, weil der Saft angeblich hilft, HIV zu heilen. Man kann auch Fische damit vergiften.«

Cemci erzählte uns, seines Wissens nach sei diese Eigenschaft entdeckt worden, weil zwei Männer mit HIV in den Dschungel gekommen waren, um sich umzubringen. Nachdem sie von dem Saft der Schlingpflanze getrunken und es überlebt hatten, waren sie wieder nach Hause gegangen und hatten anschließend ein negatives Testergebnis erhalten.

Obwohl ich die Richtigkeit der Geschichte nicht bestätigen kann, stammen Schätzungen nach etwa 25 Prozent aller heutzutage verwendeten Medikamente von den 80 000 Pflanzenarten, die im Amazonas-Biom beheimatet sind, ebenso wie 70 Prozent aller Pflanzen mit krebsbekämpfenden Eigenschaften. Ich dachte an ein Gespräch mit Cemcis Frau Deli zurück, das ich im Dorf geführt hatte. Sie hatte den Dschungel als »Supermarkt der Natur« bezeichnet. Tatsächlich ist er auch die Hausapotheke der Welt – und es gibt noch so viel zu entdecken.

Seit Jahrhunderten werden aus Pilzen der gemäßigten Klimazonen Antibiotika und Statine hergestellt, damit sind die medizinischen Möglichkeiten, die die im Amazonasgebiet heimischen Tier- und Pflanzenarten bieten, zu Recht aufregend. Das Gift der Amazonas-Skorpione wird inzwischen auch wegen seiner schmerzstillenden, antiviralen, antifungalen und antibakteriellen Eigenschaften erforscht. Da bis heute noch nicht einmal fünf Prozent der Eigenschaften von Pflanzenarten des Amazonasgebiets erforscht worden und so viele giftige Tiere und Pilze im Dschungel beheimatet sind, ist er wahrscheinlich nicht nur die Lunge unseres Planeten, sondern könnte uns allen auch dabei helfen, länger auf ihm zu leben. Natürlich nur, falls wir ihn nicht vorher zerstören.

»Ich habe noch nie Alkohol getrunken«, sagte Cemci, als wir uns die dicke Ranke ansahen, »aber wenn man den Saft hier trinkt, fühlt man sich wie nach der Einnahme von Malariatabletten. Man fängt an zu schielen.«

Ein interessanter Vergleich, vor allem wenn man bedenkt, dass eines der ersten Antimalariamittel aus dem Dschungel stammt: Chinin wird aus der bitteren Rinde des Chinarindenbaums hergestellt. Es wird seit Jahrhunderten benutzt – seit im 17. Jahrhundert in Peru seine heilende Wirkung entdeckt wurde. Mit gesüßtem Wasser vermischt wurde es als Tonic bekannt, die britischen Kolonialherren fügten später Gin hinzu. So brachte der Regenwald nicht nur eine lebensrettende Droge hervor, sondern auch den Gin Tonic.

»Möchtest du es versuchen?«, fragte Nereus mit amüsierter Miene.

»Klar, aber vielleicht nach dem Wandern, sonst kann ich gar keine gerade Linie mehr laufen«, antwortete ich.

Alle kicherten, aber ich hatte das todernst gemeint. Jetzt war ich an der Reihe und musste einen Weg durch den Dschungel bahnen. Ich glaubte nicht, dass eine wahrnehmungsverändernde Rebe meinem Machetenkönnen zuträglich sein würde. Nicht zuletzt, weil mich die morgendliche Wanderung schon völlig fertig gemacht hatte. Mir kam es vor, als hätten wir 45 Grad steile Abhänge hinauf- und hinuntersteigen müssen. Außerdem war ich hungrig, ja fast heißhungrig. Aber es war abgemacht, dass Jackson und ich nun den Pfad für den nächsten Tag freischlagen würden. Die anderen blieben zurück und bereiteten das Lager für die Nacht vor.

»Ich fühl mich, als müsste ich eine Prüfung ablegen«, stöhnte ich, als wir uns auf den Weg machten.

»Hast du dir selbst ausgesucht«, rief Nigel und winkte uns fröhlich nach.

Ich würde gerne sagen, dass ich wie eine knallharte Actionbraut aussah, als ich mich durch den Dschungel hackte, aber in Wirklichkeit bot ich einen selten bescheuerten Anblick. Weil ich stark abgenommen hatte, waren meine Hosen jetzt viel zu groß und mit einem Gürtel zusammengezurrt. Wenn es bergab ging, streckte ich den Arm mit der Machete weit nach vorne, weil ich Angst hatte, dass ich ausrutschen, das Ding fallen lassen und auf der Klinge landen könnte. Ungeschicklichkeit und scharfe Klingen waren nicht unbedingt die ideale Kombination. Ich erinnerte mich an Eds weise Worte vor der Abreise darüber, dass die meisten Unfälle im Dschungel selbst verschuldet seien. Während sich unser kleines Zwei-Personen-Team über Hügelkämme hackte, klopfte ich mir selbst auf die Schulter. Seit jenem ersten Training mit Ed war ich weit gekommen. Ich war zwar nicht die schärfste Machete unserer Gruppe, aber definitiv auch nicht mehr so stumpf wie früher. Ganz allmählich wurde ich besser.

Höre auch auf die Lektionen von Mutter Natur

So müde ich auch war, es war ein anstrengender, aber magischer Nachmittag. Wir waren über drei Hügelkämme gewandert und hatten einen Weg freigeschnitten, den wir alle am nächsten Tag benutzen konnten. Das Licht war unglaublich angenehm, und eine einladende, satte Wärme durchdrang das Blätterdach. Sonnenstrahlen fielen durch die Baumlücken und verliehen dem Wald eine mystische Farbe. Wir blieben stehen und schauten zum Blätterdach auf, dessen unglaublich intensives Grün von der langsam sinkenden Sonne erleuchtet wurde.

»Ihr seid die ersten Ausländer, die diesen primären Regenwald betreten. Mit den Deutschen sind wir eine andere Strecke gegangen«, sagte Jackson, als wir die wundervolle Umgebung bestaunten, in der wir uns befanden. Alles war perfekt, allerdings nur einen Moment lang. Über unseren Köpfen hörten wir ein Geräusch, fast wie Hundegebell. Jackson ahmte den Ruf nach und langsam wurde der Klang lauter.

»Klammeraffen«, sagte er, als sich Affen über ihm zu sammeln begannen. »Es werden langsam immer mehr. Ich glaube, da oben sind jetzt ungefähr sechs«, schätzte Jackson.

Die Klammeraffen werden wegen ihrer wichtigen Rolle im Regenwald oft als Ökosystem-Ingenieure bezeichnet. Das liegt vor allem an ihrem Stuhlgang. Als echte Gewohnheitstiere gehen sie morgens und abends auf die Toilette und legen dabei die Samen der Früchte, die sie essen, täglich an derselben vorhersehbaren Stelle ab. Eine Dschungellatrine ist nicht jedermanns erste Wahl für Frühstück oder Abendessen, aber ihre Exkremente ziehen zahlreiche Insekten und andere Tiere an, welche die Samen verzehren und dann noch weiter im Wald verteilen. Geteilter Samen ist verteilter Samen. Oder so ähnlich.

Es gibt jedoch ein kleines Problem mit diesem System: uns Menschen. Viehzucht, Bergbau, Holzwirtschaft, Ackerbau und Straßenbau haben die Entwaldung ihres Lebensraums verursacht, und die Art gilt inzwischen als bedroht. In vielerlei Hinsicht war es ein großes Glück, dass wir so viele sehen durften.

Der atemberaubend magische Anblick wurde bald durch ein gellendes Kreischen beendet.

»Beweg dich!«, rief Jackson, als auf einmal große Äste auf uns herabregneten. Wir wurden buchstäblich beschossen. Die Affen im Blätterdach markierten ihr Territorium, rüttelten mit ihren überlangen Gliedmaßen an den Bäumen über uns und warfen Äste auf uns herab. Ein großes Holzstück pfiff an meinem Ohr vorbei und verfehlte mich nur um Millimeter. Eine ziemlich unsubtile Lektion von oben: Respektiert unser Zuhause. Ich verstand vollkommen, warum sie uns vertreiben wollten. Wir trödelten nicht länger und zogen uns hastig zurück.

»Puh, da hatten wir noch mal Glück«, keuchte ich, als wir in Sicherheit zu sein schienen. Schweiß lief mir übers Gesicht.

Ich musste daran denken, wie Laura mich fragte, ob ich an der Expedition teilnehmen wolle. Naiv, wie ich war, hatte ich gedacht, ich würde den Großteil des Tages einfach in einem Kajak sitzen. Unter Beschuss durch hügeligen Dschungel zu rennen war nicht ganz das Gleiche.

Als die Wirkung des Adrenalins langsam nachließ, gingen wir in langsamerem Tempo zurück zum Lager – was jetzt viel einfacher war, da wir nun einem Pfad folgen konnten. Wo nötig, verbreiterten wir ihn noch an einigen Stellen. Ich hatte an diesem Tag mehr über die Welt gelernt als in vielen Jahren zu Hause. In einer Umgebung zu leben, in der ein guter Ratschlag möglicherweise den Unterschied zwischen Leben und Tod bedeuten kann, zwingt einen definitiv dazu, aufmerksam zuzuhören. Aber es war unglaublich bereichernd, der Welt mit Wissensdurst und Lernwillen zu begegnen. Der Landschaft und den Gesprächen um mich herum mit voller Aufmerksamkeit zu lauschen hatte mir einen ganz neuen Blick auf die Welt ermöglicht. Und mich begreifen lassen, dass wir nicht so streng mit uns sein sollten. Es wird immer irgendetwas geben, das wir nicht wissen. Es wird immer jemanden geben, der mehr weiß oder mehr kann als wir. Wenn wir immer nur nach Perfektion streben und uns ständig mit anderen vergleichen, dann werden wir wahrscheinlich immer nur enttäuscht werden. Wir können uns aber mit unserem früheren Selbst vergleichen – daraus könnten wir etwas lernen und uns weiterentwickeln. Ich hob meine Machete und schnitt die Ranke vor mir sauber durch. Langsam, aber sicher wurde ich besser. Ich wuchs.

STORYTELLING

(Substantiv): das Erzählen oder Aufschreiben
von Geschichten

Warst du schon mal unfreundlich zu dir selbst? Hast dich nicht
um etwas beworben, weil du dich für nicht gut genug hieltest?
Hast du erst gar nicht versucht, etwas zu bewirken, weil du glaub-
test, du hättest nichts Sinnstiftendes beizutragen? Wenn du auf
mindestens eine dieser Fragen mit »Ja« geantwortet hast, dann
gehe ich schwer davon aus, dass du deine eigene Entwicklung zu
sehr einschränkst, ein dich selbst limitierendes Narrativ verfasst.
Wieder einmal fand ich einige Antworten darauf, wie sich dies
verändern lässt, in der Natur.

Vor dieser Expedition war mir nicht klar gewesen, dass der
Regenwald aus vielen Schichten besteht. Auf dem dunklen Waldboden leben die Zersetzer. Darüber liegt die Unterschicht. Da sie
sehr feucht ist und wegen des Blätterdachs darüber nur wenig
Licht bekommt, haben die Pflanzen dort große Blätter, mit denen
sie so viel Sonnenlicht absorbieren wie möglich. Darüber spannt
sich das sonnige Blätterdach, in dem die meisten Tierarten des
Regenwalds leben. Ganz oben befindet sich das Oberholz, die
Heimat der riesigen Bäume, die den Rest der Vegetation über-

ragen. Wenn man einen vertikalen Abschnitt des Dschungels betrachtet, lassen sich unterschiedliche Geschichten verfassen, je nachdem, welche Schicht man betrachtet. Dasselbe gilt auch für uns; es gibt viele verschiedene Interpretationsmöglichkeiten für uns selbst und die Ereignisse, die unser Leben geformt haben. Je nachdem, welches Narrativ wir anwenden.

Geschichten haben enorme Macht darüber, wie wir über Dinge denken. Wir können uns einreden, dass wir nutzlos, nicht liebenswert oder vom Pech verfolgt sind, und weil wir aktiv nach den Beweisen dafür suchen, finden wir auch genug Hinweise, die diese Behauptungen untermauern. Das ist das emotionale Äquivalent dazu, zu lange auf den Waldboden zu starren und diesen dunkleren Narrativen zu erlauben, sich in unserem Kopf einzunisten. Wenn wir uns ständig nur diese negativen Geschichten erzählen, ist es unwahrscheinlich, dass wir uns das Sonnenlicht schenken, das wir alle brauchen, um zu wachsen. Wenn du dir das nächste Mal Vorhaltungen machst, lohnt sich die Frage nach dem Warum. Woher stammt dieser Gedanke? Nützt er dir? Schränkt er dich ein? Wäre es vielleicht sinnvoll, wenn du dich selbst und das, was du kannst, einmal aus einer anderen Perspektive betrachtest? Ich wette, wenn du einen Freund oder eine Freundin fragst, ob du wirklich so nutzlos bist, wie du glaubst, wirst du hören, dass du in Wirklichkeit verdammt großartig bist. Wir können die Vergangenheit nicht ändern, aber wir können versuchen, die Bedeutung zu verschieben, die sie für unsere Zukunft hat. Jedes Leben besteht aus Höhen und Tiefen und aus Ereignissen, die wir nicht kontrollieren können, aber wir können uns aussuchen, wie wir sie definieren und was sie für uns bedeuten. Schließlich schreiben wir unsere eigene Geschichte.

· · ·

Tag 23 der Expedition
Standort: Acarai Mountains, Guyana
Status: fast an der Quelle

Die gute Nachricht war, dass wir die Quelle beinahe erreicht hatten. Die schlechte Nachricht war, dass uns, weil der Fußmarsch viel länger dauerte, als wir geschätzt und geplant hatten, die Essensvorräte gefährlich knapp wurden. Erschreckenderweise – zumindest für Frühstücksfans wie mich – waren uns Haferflocken und Zimt komplett ausgegangen, und Reis und *farine* wurden rationiert.

»Ich habe eine Idee«, sagte Cemci, verließ das Lager und wanderte in den Dschungel. Ein paar Minuten später kam er mit zwei dornenbedeckten Schösslingen und einer großen, harten, kugelförmigen Schale zurück, die einer Kokosnuss recht ähnlich sah. Er reichte mir einen Schössling.

»Als Rückenkratzer«, sagte er.

Ich untersuchte das dornige Gebilde und schlug mir dann versuchsweise ein paar Mal auf den Rücken. Es fühlte sich überraschend gut an und linderte den Juckreiz der Moskitostiche.

Ich sah, dass Nereus sich bemühte, sein Grinsen zu verbergen, und realisierte, dass dies wahrscheinlich nicht der eigentliche Verwendungszweck der Pflanze war. Aber ich kann sie dafür trotzdem wärmstens empfehlen! Was als Witz begann, stellte sich tatsächlich als ziemlich nützliches Werkzeug für mich heraus.

Cemci öffnete die Schale mit der Machete und legte die Paranüsse im Inneren frei.

»Lecker! Ich liebe Paranüsse«, sagte ich, als er mir welche anbot.

»Das sind aber Guyana-Nüsse«, witzelte Jackson.

Cemci hielt den Schössling hoch und rieb dann die Nüsse an den Dornen, bis sie zu einem krümeligen Mus zerbröselt waren.

Mein Rückenkratzer war also eine natürliche Küchenreibe! Ich folgte seinem Beispiel und zerrieb die Nüsse über einem Palmblatt. Cemci nahm mein Häuflein auf und schüttete die Krümel über der Feuerstelle in einen Topf mit Wasser. Dann fügte er etwas *farine* hinzu und binnen einer Viertelstunde entstand eine köstliche, dicke Suppe. Dank der Dschungelküche und ihrer Utensilien kamen wir unerwartet zu einem überraschend schmackhaften Frühstück.

Während wir aßen, untersuchte ich die dornige Wurzel und dachte über ihre faszinierende Vorgeschichte nach. Sie stammte von einer sogenannten Wanderpalme, einem Baum mit ein bis zwei Meter langen Stelzwurzeln, dank derer seine Basis aussieht wie eine künstliche Baumhöhle, in der Kinder spielen können. Wissenschaftler haben über die Behauptung diskutiert (und sie weitgehend verworfen), dass diese zwanzig Meter hohen Bäume, wenn das Blätterdach zu dicht oder der Boden zu nährstoffarm wird, auf ihren Stelzwurzeln durch den Wald ›wandern‹ und sich an einem geeigneten Platz wieder ansiedeln. Die alten Wurzeln, die der Baum nicht mehr braucht, sterben ab. In vielerlei Hinsicht lieferte uns der ›Wanderbaum‹ unser Tagesmotto: Jede Situation kann auf die unterschiedlichste Weise erzählt werden, abhängig von unserem Standpunkt. Wenn deine derzeitige Position dir nicht länger nützt – oder den Menschen, die dir wichtig sind –, ist es vielleicht am besten, sich auf die Suche nach Orten zu machen, die besser für dich sind und an denen du neue Wurzeln schlagen kannst.

Die Paranüsse waren gerieben, unsere Rücken gekratzt und das Frühstück beendet. Es war an der Zeit aufzubrechen.

Stelle dein eigenes Narrativ in Frage – es ist nicht immer richtig

»Was habt ihr vor, wenn ihr an der Quelle seid?«, fragte Nigel, als wir wieder bergauf stapften.

»Dann drehe ich wieder um«, antwortete ich trocken und justierte meine straff sitzenden Packsackgurte.

Es war eine sehr erhellende Frage. Global gesehen ist es vielleicht gar nicht so wichtig, genau zu bestimmen, wo etwas wie ein Fluss herkommt oder wie oder warum er entspringt. Wichtiger ist vielleicht, dass es ihn überhaupt gibt. Aber für mich war die Quelle zu finden und diesen Fund zu dokumentieren in etwa so, wie den Anfang einer Geschichte zu verstehen. Der Ursprung hilft, die Reise des Flusses zu erklären, und verdeutlicht die Verbundenheit zwischen Wildnis und Menschheit.

»Für mich repräsentiert die Quelle nicht nur ein Abenteuer, sondern einen Anfang«, sagte ich, während wir weiterliefen. »Die Geschichte darüber, wie etwas so Kleines so lebendig und gewaltig werden kann, von so essenzieller Bedeutung für so viele Menschen. Die Macht und Kraft der kleinen Dinge.«

Für Laura war diese Reise eine Herzensangelegenheit, für die sie monatelang gearbeitet hatte und für die sie sich sogar eine Zeit lang von ihrem Baby trennte. Das Erreichen der Quelle war der Anfang ihres Traumes. Für unsere Guides war es bezahlte Arbeit und die Gelegenheit, ihr unter Naturschutz stehendes Heimatgebiet genauer zu erforschen.

Ich fand es faszinierend, dass es selbst in unserem kleinen Team so viele unterschiedliche Narrative und Vorgeschichten zu dieser Expedition gab. Diese Perspektiven zu analysieren, ließ mich auch meine eigene in Frage stellen. Wenn ich ganz ehrlich war, dann hatte ich tunlichst nicht erwähnt, dass auch mein Ego – und der Wunsch, zu beweisen, dass ich zu einer so extremen Tour fähig war – in meiner Motivation, die Quelle zu finden, eine nicht unwesentliche Rolle spielten. Wenn ich genau überlegte und mir nichts vormachte, war mein Handeln manchmal von mangelndem Selbstbewusstsein bestimmt.

Oberflächlich betrachtet wirkt das vielleicht erst einmal widersinnig. Ich bin in so vieler Hinsicht privilegiert. Ich habe eine wundervolle Familie, tolle Freunde und von außen betrachtet keine großen Probleme. Als Kind bin ich oft umgezogen und ich weiß noch, dass es mir immer große Angst machte, neue Freunde finden zu müssen. Wie so viele von uns versuchte ich immer, die lebendigste, interessanteste und lustigste Version meiner selbst zu sein. Es funktionierte und war in vielerlei Hinsicht eine extrem positive Erfahrung, die

Konzentriere dich auf die beste Version deiner selbst

mir heute hilft, mich leicht an ungewohnte Umgebungen anzupassen, schnell neue Leute kennenzulernen und unangenehme Situationen gut zu bewältigen. Aber im Lauf der Jahre ist mir klar geworden, dass mein Ego dadurch ein sehr kontraproduktives Narrativ entwickelt hatte – dass die schüchterne, linkische und introvertierte Seite meiner Persönlichkeit weniger wertvoll und weniger liebenswert sein könnte und dass ich, zeigte ich sie, nicht auf dieselbe Weise akzeptiert werden würde.

Ich schätze, auch in deinem Kopf entstehen gelegentlich eher schädliche Geschichten. Wir alle sind Persönlichkeiten mit vielen Facetten, und vielleicht ist der Schlüssel dazu, wirklich authentisch zu sein, sie alle zu akzeptieren und anzunehmen. Ich verstehe inzwischen, dass die pessimistischen Geschichten, die sich mein Gehirn manchmal ausdenkt, mir nichts nützen, egal ob sie nun wahr sein mögen oder nicht. Statt mich zu sehr von ihnen vereinnahmen zu lassen, finde ich es sinnvoller, mich mehr auf hilfreiche und aufbauende Erzählungen zu konzentrieren.

Es kommt zwar selten vor, aber ich glaube, jeder hat in seinem Leben mindestens einen Moment erlebt, der aus einem Film stammen könnte. Meine Standbild-würdige Szene hatte sich ein paar

Tage zuvor ereignet, als wir auf einem schmalen, umgestürzten Baumstamm von steilem Ufer zu steilem Ufer wechselten. Das Dschungeläquivalent zu Seiltanz. Nur war ich obendrein noch voll beladen, und von meinen Zähnen baumelte eine Schweinekeule, die in ein Palmblatt gewickelt war, um das Tragen zu erleichtern.

Wir waren einem Pfad durch den Dschungel gefolgt, den Cemci und Jackson an diesem Morgen geschlagen hatten, und befanden uns wieder am Fluss. Obwohl das Wasser seicht war, waren die Uferböschungen unglaublich steil. Es hätte ewig gedauert, auf die andere Seite zu gelangen, wenn da nicht ein dünner – aber solider –, zehn Meter langer Baum gewesen wäre, der über dem Wasser lag und von Ufer zu Ufer reichte. Mit langen Bambusrohren – zugeschnitten und an strategischen Punkten in das Flussbett gerammt –, hatten Cemci und Jackson es geschafft, aus ihm eine fantastische Brücke zu bauen. Das einzige Problem war, dass wir uns ernsthaft verletzen könnten, wenn wir ausrutschen und abstürzen würden. Ich beobachtete, wie meine Teamkollegen hinüberbalancierten. Dann war ich an der Reihe. Ich war die Letzte, die auf die andere Seite gelangen musste. Ich blickte nach unten. Ein Schuh passte bequem auf den Stamm, für zwei nebeneinander war der Platz schon mehr als knapp. Setz einen Fuß vor den anderen, dachte ich. Konzentrier dich auf den Stamm, nicht auf den Sturz. Du kannst das. Ich fühlte mich bemerkenswert ruhig und tapfer und schaffte es ohne das geringste Schwanken hinüber. Du kannst einpacken, Indiana Jones. Ich glaube fest daran, dass ich noch niemals zuvor derart cool ausgesehen habe.

Ich habe versucht, mir dieses spezielle Bild für die Tage zu bewahren, an denen ich mich überfordert fühle. Wenn sich negative Gedanken in mein Gehirn bohren und dort einnisten. Wenn ich solche Angst davor habe, beurteilt zu werden, dass ich mich wie ein Igel zu einer Kugel zusammenrollen will. Wenn ich mich zu lange mit diesen zerstörerischen Narrativen aufgehalten hätte, wäre dieses Buch nicht geschrieben worden. Die Vorstellung, dass alle, die es lesen würden, vernichtende Kritiken schreiben würden, ließ den Fluss meiner Worte beinahe versiegen, wie ein Damm, den ich selbst gebaut hatte. Doch genau wie in dem Moment, als ich mit einer Schweinshaxe zwischen den Zähnen über diesen Baumstamm balanciert war und mich viel mutiger fühlte als sonst, wurde mir beim Anblick der leeren Seiten vor mir bewusst, dass eine andere Erzählung möglich war. Was wäre, wenn? Was wäre, wenn ich die Worte doch

Überprüfe, wie du über dich selbst sprichst – vor allem, falls du dich dadurch selbst einschränkst

zu Papier brächte? Was wäre, wenn eine Leserin sich doch darin wiederfände? Was wäre, wenn sie nur einen einzigen Menschen inspirieren würden? Was wäre, wenn diese eine Person durch diese Zeilen das Gefühl bekäme, dass sie mehr kann, als sie bisher für möglich gehalten hat? Auch heute stelle ich mir noch hin und wieder diese extrem mutige Version meiner selbst vor. Denn sie repräsentiert die Aspekte meiner Geschichte, auf die ich mich zu konzentrieren versuche.

Während der Expedition genoss ich es zu beobachten, welche Narrative meine Teamkollegen über sich selbst einsetzten, insbesondere in unangenehmen Situationen. Die Narrative, die wir annehmen, haben eine erstaunliche Macht darüber, wie wir über uns selbst denken. Es faszinierte mich, wie Ness damit umging, dass sie sich hundeelend fühlte. Als Cemci und Laura ein paar Tage zuvor unseren Pfad geschlagen hatten, waren sie auf zwei große Eier gestoßen, die sie stundenlang vorsichtig zum Lager zurückgetragen hatten. Leider vertrug Ness das Eiergericht überhaupt nicht, obwohl sie nur eine sehr kleine Portion gegessen hatte. »Bis kurz nach dem Ei ging es mir hervorragend«, sagte sie, als wir am nächsten Morgen frühstückten. »Aber ich glaube, es wird allmählich besser. Ich habe abwechselnd geschwitzt und gefröstelt, aber mir geht's bestimmt bald wieder gut. Ich konnte mich nicht mehr konzentrieren und mir war schwindelig, aber ich glaube, es ist schon beinahe aus meinem System raus.«

Ich fand ihre Wortwahl faszinierend, die Sprache, die sie gewählt hatte, um ihre Geschichte zu erzählen. »Es wird allmählich besser.« »Es ist aus dem System raus.« – Ness hatte ihr Krankheitsgefühl nicht verinnerlicht. Es definierte sie nicht. Wenn sie über sich selbst sprach, dann in positiven und zuversichtlichen Worten: »Ich habe geschwitzt« und »Mir geht's bestimmt bald wieder gut«. Das mag ein subtiler Unterschied sein, aber ich glaube, er ist sehr wichtig. Alle im Team hatten nur noch wenig Energie, aber sie nutzten eigene Narrative, um sich selbst dazu zu ermutigen, auch weiter einen Fuß vor den anderen zu setzen.

An einem anderen Punkt der Expedition war mir aufgefallen, dass Nigel eine ähnliche Technik anwendete. Wie ich gesehen hatte, schleppte er zwei riesige Taschen. Ich hatte am Tag zuvor versucht, seinen Packsack anzuheben, er war unglaublich schwer. Überhaupt, zwei zu tragen war schon beeindruckend genug – und dann noch Berghänge hinauf. Ich bot ihm an, ihm einen oder zumindest einen Teil seiner Last abzunehmen.

Nigel erklärte, der neue Packsack sei der seines Großvaters. Ich streckte die Hand aus, um ihn zu übernehmen. Doch er schob sie zu mir zurück.

»Ich bin stark. Sei du ruhig du«, sagte er.

Nigel war wirklich stark. Er sagte sich das aber auch selbst. Auf diese Weise bestimmte er eigenständig über den Aufbau seiner Identität. Entsprechend prangt bei mir zu Hause über meinem Schreibtisch ein Bild mit dem Satz: »Ich bin Autorin.« Psychologisch hilft mir das mehr, als zu sagen: »Ich schreibe.« Auch, weil es Tage gibt, an denen die Worte ausbleiben – an denen sie ohne Ankündigung in den Urlaub abgehauen sind. Wenn ich sage, »Ich schreibe«, muss ich auch sagen, dass es eine Menge Tage gibt, an denen ich nicht schreibe. Zu sagen »Ich bin Autorin« spricht etwas Tieferes an. Es gibt weniger Ausstiegsklauseln. Dieser Satz ist Teil meiner Grundüberzeugungen über mich selbst und die Identitätskonstruktion, die ich in die Welt hinaustrage. Wenn wir uns selbst definieren und wählen, wie wir unsere eigene Geschichte schreiben, entwickeln wir uns in die Richtung des Menschen, der wir werden wollen.

»Du wärst ein guter Toshao«, sagte ich zu Nigel, während wir weiter den Berg hinaufstapften.

»Ich möchte kein Toshao sein. Ich will Freiheit«, antwortete er. »Außerdem denke ich gerade nur an die Berge.«

Ich versuchte, an alles andere außer Berge zu denken. Meine Beinmuskeln brannten wie Feuer. Ich war dankbar, als Cemci einige Paranüsse aus seiner Tasche holte und mir eine anbot.

»Sie sind eine gute Ölquelle«, sagte Cemci und kaute. »Die Isolierten sind sehr stark. Sie leben von diesen Nüssen und Stärkemehl.«

Die Kombination aus ein paar Wochen nahezu autarkem Leben und Cemcis Erwähnung isolierter Völker erinnerte mich daran, wie wichtig es ist, nicht nur unsere individuellen Narrative in Frage zu stellen, sondern auch die unserer Gesellschaft im Allgemeinen. Die kollektiven Überzeugungen von uns als Gemeinschaften tragen dazu bei, das zu gestalten, was im Leben wichtig ist und was wir wertschätzen sollten. So wie wir uns selbst Geschichten schreiben können, die uns nicht dienlich

Die Geschichten, die wir uns selbst erzählen, können die Gesellschaft beeinflussen – also lasst uns mehr positive schreiben

sind, können wir auch Narrative schreiben oder festsetzen, die den Gesellschaften und der Welt, in der wir leben, nicht helfen.

Ich betrachtete die Paranuss, die mir Cemci angeboten hatte, und dachte daran, dass es weltweit schätzungsweise mehr als 100 isolierte indigene Gemeinschaften gibt, von denen die Hälfte im Amazonas-Regenwald lebt. Viele dieser Völker verschwanden nach dem Kautschukboom im Amazonasgebiet (1879–1912) ins Innere des Dschungels. Kein Wunder. Mitte des 19. Jahrhunderts wuchs der Bedarf an Kautschuk, nachdem der Amerikaner Charles Goodyear entdeckt hatte, dass aus Kautschukbäumen gewonnener Gummi zahlreiche Verwendungszwecke hat. Die Erfindung der Gummireifen durch den Schotten John Dunlop im Jahr 1888 und die Massenproduktion des Automobils durch Henry Ford erhöhten die Nachfrage weiter. Das lange Zeit vorherrschende Narrativ besagte, dass diese Entdeckung großartig für die Wirtschaft und die Erschließung des gesamten Gebiets war.

Wovon wir in Europa weniger hören, sind die Verbrechen gegen die Menschlichkeit, die der Kautschukboom befeuerte. Europäische Kautschukhändler setzten abgelegen lebende indigene Gemeinschaften nicht nur Krankheiten aus, sondern versklavten, folterten und ermordeten sie. Einer der brutalsten Fälle betraf die Peruvian Amazon Rubber Company, die von den peruanischen Arana-Brüdern geführt wurde. Das Unternehmen wurde über die Londoner Börse finanziert und hatte einen britischen Aufsichtsrat.

Berichten zufolge soll diese Firma unvorstellbare Gräueltaten gegen indigene Männer, Frauen und Kinder verübt haben. Es gibt Hinweise darauf, dass Menschen ausgepeitscht, dem Tod überlassen, zur Belustigung erschossen, gegen Bäume geschleudert und bei lebendigem Leib verbrannt wurden. Fast 30 000 Indigene wurden getötet. Es war eine schreckliche und beschämende Zeit. Der Journalist W. E. Hardenburg schrieb 1912 ein Buch namens »The Putumayo: The Devil's Paradise«, in dem er die Verbrechen der Kautschukhändler am Putumayo dokumentierte. Dieser Nebenfluss des Amazonas bildet einen Teil der kolumbianischen Grenze zu Ecuador und Peru. Wie der Herausgeber des Buches im Vorwort formulierte, waren diese Gräueltaten »die vielleicht entsetzlichste Seite in der gesamten Handelsgeschichte«. Der damalige Premierminister Herbert Asquith berief sogar einen Ausschuss ein, der diese weit verbreiteten Menschenrechtsverletzungen untersuchen sollte. Und das Ergebnis? Die Briten, die in Großbritannien an den Aufsichtsratssitzungen teilgenommen und Schecks zur Finanzierung des Unternehmens

Denke immer daran, dass du zwar deine Vergangenheit nicht mehr verändern kannst, wohl aber die Narrative deiner Zukunft

gegengezeichnet hatten, mussten sich nun kollektiv ihrer moralischen Verantwortung stellen. Der Fall machte deutlich, wie vernetzt die Menschheit ist. Deshalb bedeuten unsere gesellschaftlichen Narrative und unsere Entscheidungen darüber, was wir wertschätzen und in unseren Fokus nehmen, so viel. Auch Jahrhunderte nach dem Kautschukboom sind indigene Völker und ihre Lebensräume immer noch von Abholzung bedroht – eine weitere Geschichte, die erzählt und geteilt werden muss, um positive Veränderungen in Gang zu setzen.

Zum Glück gab mir Cemcis Paranuss genug Energie für ein paar weitere Wanderstunden.

»Der Stoff, aus dem Alpträume sind«, sagte Ness, als wir kurz vor einem umgestürzten Baum stehen blieben.

Auf der einen Seite befand sich ein riesiges Spinnennetz – eigentlich ist Spinnenhöhle eine bessere Beschreibung –, das über einen großen Busch gespannt war. Es muss ungefähr drei Meter breit und einen Meter tief gewesen sein. Es war dick und gruselig und sah fast so aus, als hätte jemand ein Bettlaken über das Laub geworfen. Angesichts der Größe des Netzes fragte ich mich, ob es der größten Spinne der Welt gehören könnte: der Goliath-Vogel-spinne. Ihre Beine sind bis zu 30 cm lang und ihre Reißzähne sind so stark, dass sie menschliche Haut durchbohren können – und sie ist im Regenwald von Guyana zu Hause. Das einzig Gute daran, hier vielleicht gleich mit eigenen Augen ein Wesen zu sehen, das einem Harry-Potter-Roman entsprungen sein könnte, war, dass die Spinne für Menschen nicht tödlich ist. Ich hätte mir jedoch keine Sorgen machen müssen, da diese Vogelspinne wohl ausschließlich von Nagetieren verlassene Höhlen bewohnt; in gewisser Hinsicht eine Erleichterung, obwohl ich bis heute nicht weiß, welches Un-tier das größte Spinnennetz, das ich je gesehen habe, hinterlassen hatte. Während ich mich auf das Spinnennetz konzentrierte, hatte ich es leider völlig versäumt, auf die andere Seite des Baumstamms zu schauen, die sich als Heimat eines Nestes aggressiver – und jetzt aufgescheuchter – Wespen entpuppte.

»Lauft!«, ertönte der alarmierende Befehl von der Spitze der Gruppe.

Mit einem Mal gelang es mir, mehr Energie freizusetzen, als ich den ganzen Tag gehabt hatte, und wir rannten in Windeseile den Weg zurück, den wir gekommen waren. Wir entschieden, dass es am sichersten sei, zum Lager zurückzugehen und eine andere Route zu wählen, was enorm frustrierend war.

So ist das eben mit Geschichten – man weiß nie genau, wie sie ausgehen werden. Wer kann schon ahnen, ob die Wendungen gut oder schlecht sind? Dem Triumph geht oft ein Fehlschlag voraus, wie bei der klassischen Heldenreise. Bei dieser Gelegenheit zu-mindest sollte sich unser langer Umweg letztlich auszahlen.

Wir spürten unseren heutigen Lagerplatz schon, bevor wir ihn sahen. Die drückende Hitze ließ nach, erfrischende Kühle hauchte uns neues Leben ein. Wir erreichten unser hoffentlich letztes Lager vor dem finalen Vorstoß zur Quelle. Vor uns lag ein Bach. Ein plätschernder, schnell fließender Wasserlauf, der in der Nachmittagssonne glitzerte. Wunderschöne Felsenpools schimmerten in der Farbe der umstehenden Bäume, die im Wind schwankten. Unberührt und magisch war es hier, einer der schönsten Orte, die ich jemals gesehen hatte.

Es ist erstaunlich, wie ein ausgiebiges Bad den Stress und den Schmutz des Tages wegwaschen kann – sowohl im wörtlichen als auch im übertragenen Sinn. Das Wasser war so klar, dass wir uns darin sicher fühlten, und wir Ladys ließen uns treiben, blickten in die sich im Wind wiegenden Baumwipfel über uns und genossen die Kälte, die über unsere nackten Körper strömte. Es war herrlich. Als wir zurück ins Lager kamen, gingen die Männer los, um sich zu waschen. Ness, Laura und ich schmunzelten, als wir sie im Felsenpool herumalbern hörten. Schließlich mussten wir ziemlich kichern, als jemand laut Nigels Liegestütze mitzählte.

Wir waren sauber, hatten etwas Fisch fürs Abendessen ergattert und freuten uns auf die Nachtruhe. Unsere Stimmung war ausgezeichnet. Am folgenden Tag würden wir unsere eigentliche Expedition beginnen: Wir würden die Quelle erreichen. Aber wie meist bei den besten Geschichten, die das Leben schreibt, kam es nicht ganz so wie erwartet.

GEHEIMNIS

(Substantiv): alles, was geheim gehalten wird,
unerklärt oder unbekannt bleibt

Im Zeitalter von Google, dem sofortigen Zugriff auf Informationen, der Satelliten, die Bilder aus dem gesamten Sonnensystem
ausstrahlen, sind Geheimnisse zu etwas geworden, das Demut in
uns weckt. Technologie gibt uns in vielerlei Hinsicht das Gefühl,
dass wir Dinge kontrollieren können, die über uns selbst hinausgehen. Es ist zwar durchaus von Vorteil, Herr über sich und die
eigenen Entscheidungen zu sein, aber alles kontrollieren zu wollen – von unserer Umgebung über die Menschen um uns herum
bis hin zu dem, was andere über uns denken – ist verdammt er-
müdend. Wieder einmal bietet uns hier die Natur eine Lösung:
Nimm die Mysterien des Lebens dankbar an. Wir wissen noch
nicht, welchen Farbton der heutige Sonnenuntergang haben und
welche Form die leuchtenden Wolken annehmen werden, wenn
sein Licht über den Himmel gestreut wird. Darin liegt Glück, es
ist aufregend und etwas, auf das man sich freuen kann.

Es gibt so vieles, was wir als Spezies noch lernen müssen.
Wenn wir ein Date mit der Natur hätten, dann wäre es, wage ich
zu behaupten, ein verdammt interessantes. Sie ist faszinierend,

betörend und manchmal unglaublich frustrierend. Sie wäre gleichzeitig bezaubernd und irgendwie gefährlich, mit verborgenen Krallen in den Samtpfoten; eine Frau mit Geheimnissen, die man nie ergründen wird. Eine Erinnerung daran, dass wir diesen Planeten nicht unter Kontrolle haben, auch wenn wir das glauben mögen. Das ist aufregend. Geheimnisse beschäftigen uns anhaltend – wo das Wasser entspringt und wohin es fließt; die Beere, die essbar sein mag oder auch nicht; das Feuer, das zwischen Nutzen und Zerstörung hin und her flackert. Hier und da ein kleines Geheimnis, etwas Rätselhaftes, hat der Menschheit geholfen zu wachsen, und es erinnert uns gleichzeitig daran, dass wir noch einen weiten Weg vor uns haben.

. . .

Tag 24 der Expedition
Standort: Acarai Mountains, Guyana
Status: Ankunft an der Quelle

Schon beim Aufwachen fühlte es sich an, als liege ein sehr bedeutsamer Tag vor uns, wir fühlten uns wie Kinder am Weihnachtsmorgen. Ich sprang aus der Hängematte. Jackson hatte sich dem Anlass entsprechend sogar rasiert. Da wir so nah an der Quelle waren, ließen wir die Trockensäcke im Camp. Es war erstaunlich, welchen Unterschied das für unsere Geschwindigkeit und unsere Stimmung machte. Es war so erfrischend, mit leichtem Gepäck zu reisen. Wir hatten überschlagen, dass es vom Basislager bis zu dem Ort, an dem wir die Quelle vermuteten, etwa 16 Kilometer Luftlinie waren. Wenn wir richtig lagen, waren es jetzt noch etwa fünf Kilometer.

An dieser Stelle möchte ich offen zugeben, dass ich das nutzloseste Mitglied des Teams war, wenn es ums Navigieren ging. Ich kann eine Karte lesen (wenn ich sie zuerst ausgerichtet habe), aber meine Stärke ist es nicht. Als jemand, der mit räumlicher Wahrnehmung zu kämpfen hat, betrachte ich den blauen Punkt auf meinem Telefon als persönlichen Erzfeind, der sich willkürlich in irgendwelche Richtungen verschiebt, während ich versuche, mein

Geheimnisse zwingen uns dazu, Fragen zu stellen, und Neugier kann uns dabei helfen, zu wachsen

Gerät so zu drehen, dass ich die Londoner Straßenkarte lesen kann. Mir wurde (schon recht häufig) erklärt, dass man GPS auf einem Handy völlig anders benutzt. Aber nenn mich altmodisch: Ich mag es, auf einer Karte nach Straßennamen zu suchen und mir dabei einen Begriff davon zu machen, wo ich gerade bin, anstatt auf mein Handy zu starren und darauf zu warten, dass der nervige blaue Kreis mich nach vorne zieht wie eine Wünschelrute auf der Suche nach Wasseradern. In unserem bestimmten Fall suchten wir aber tatsächlich nach Wasser.

Es war nicht einfach gewesen, herauszufinden, wo unsere Expedition ernsthaft beginnen würde, da Flüsse viele Quellen haben können. Wo der Amazonas beginnt, ist beispielsweise ein Thema, über das Wissenschaftler seit Jahrhunderten debattieren. Zurzeit wird davon ausgegangen, dass es vermutlich drei Quellflussgebiete gibt und nicht eine einzelne Quelle. Ebenso kontrovers wurde über die Quellen des Nils, des Jangtse und sogar der Themse diskutiert. Wie schnell der Fluss fließt, seine Höhenlage, wie weit sich sein Wassereinzugsgebiet erstreckt und wie weit der Nebenfluss vom Flussende entfernt ist, all das muss bei der Definition einer Quelle berücksichtigt werden.

Auch die Lage der Essequiboquelle war nicht ganz klar. 1969 führte eine britische Expedition, bekannt als Operation El Dorado, die Geologen Dr. Jevan P. Berrangé und Dr. Richard L. Johnson nach Guyana, um mit Hilfe von Luftbildern die ersten topografischen Karten des Gebiets zu erstellen. Mit Außenborderkanus fuhren sie die großen östlichen Nebenflüsse – Kuyuwini, Kassikaityu, Kamoa, Sipu und Chodikar – hinauf. Sie wollten überprüfen, ob sie die Luftaufnahmen im Hinblick auf die physikalischen Eigenschaften und die Geologie des Gebiets richtig interpretiert hatten. Der Chodikar hatte den größten Wasserfluss und galt als Quelle des Essequibo.

Im Jahr 2013 hatten dann die Waiwai – darunter auch Jackson und Nereus – eine guyanisch-deutsche Expedition geführt, welche die Quelle finden wollte. Dieses Team vermutete die Quelle am Sipu River und stützte sich dabei unter anderem auf Satellitenbilder. Auch eine Drohne kam zum Einsatz. Da Ness, Laura und ich weder Geologen noch Topografen oder Kartografen sind, waren wir etwas anders vorgegangen und hatten die Waiwai gefragt, wo ihrer Meinung nach die Quelle des Flusses liege, *Finde den Zauber im Geheimnis* den sie als ihre Heimat betrachteten. Und so fanden auch wir uns auf dem Sipu River wieder – folgten aber einer anderen Route in größerer Höhenlage.

In gewisser Weise war es enorm frustrierend, keine eindeutige Antwort auf »Wo genau liegt die Quelle?« zu haben, da wir so viel Mühe, Anstrengung und emotionale Energie in diese Expedition gesteckt hatten. Aber andererseits mochte ich den Zauber, das Geheimnis dieses Flusses. Jahreszeiten ändern sich, Wasser verebbt und strömt und Flüsse können ihren Lauf ändern. In einer Welt, in der wir so viel sofort zur Hand haben, lässt uns die Natur immer noch rätseln. Der Essequibo ließ uns ordentlich schuften, bevor er sich uns offenbarte. Obwohl wir kein Gewicht auf dem Rücken trugen, brauchten wir für diese letzten fünf Kilometer vier Stunden. Während wir zu dem Punkt hinaufstiegen, an dem wir die

Quelle vermuteten, mussten wir kraxeln, uns buchstäblich zwischen Stämmen hindurchquetschen, uns an Schlingpflanzen festklammern und unter und über Felsen, Bäume und allerhand Blattwerk rutschen. Ich bin mir ziemlich sicher, dass alle kleinen Tierchen des Dschungels nach diesen Stunden in unseren Haaren wohnten. Wir waren dem Dschungel so nahe, wie wir es uns niemals hätten vorstellen können. Ich nahm mir vor, mich zu Hause sofort in der offenen Sprechstunde der Londoner Tropenklinik vorzustellen.

Als ich als Letzte zum Team aufschloss, waren alle versammelt. Orangefarbene Blätter sprenkelten den Boden. Cemci und Jackson saßen auf Felsbrocken, Ersterer hatte eine Landkarte nachlässig auf seinen Beinen ausgebreitet. Ich folgte ihrem Blick zu einem winzigen Rinnsal, das am Fuß einer großen Felsplatte aus dem Berg sickerte. Hoch in den Acarai Mountains an der Grenze zu Brasilien hatten wir einen Quellfluss des mächtigen Essequibo gefunden. Laura, die noch einmal sicherstellen wollte, dass es weiter oben kein Wasser mehr gab, ging noch ein paar Meter weiter den Berg hinauf und schloss dann, dass dies die Quelle sein musste, auch wenn sie anfangs daran gezweifelt hatte. Jetzt begann sie zu strahlen. Sie und Ness trugen die Koordinaten ein.

$$N1°24'52.43$$
$$W59°16'51.07$$

Die monatelange Arbeit, die Zusammenstellung des Teams, die Organisation der Logistik, des Trainings und der Sponsoren begannen sich für unsere Expeditionsleiterin endlich auszuzahlen.

Alle waren begeistert. Wir hatten unser Ziel erreicht. Mehr als 500 Menschen sind bislang im Weltraum gewesen. Wie viele haben im Lauf der Menschheitsgeschichte wohl diesen Ort betreten?

»Wir sind durch unberührten Wald gekommen, da war vor uns noch keiner. Auch hier war noch niemand«, sagte Jackson. »Vom Gipfel aus sieht das hier aus wie ein Talkessel.«

Wir stellten uns zusammen und machten abwechselnd seriöse und völlig alberne Gruppenbilder, bevor wir dem Wasser die Schlucht hinab folgten. An einem schönen Platz machten wir Mittagspause. Bis gerade eben war die Quelle, nach der wir gesucht hatten, für uns ein Geheimnis gewesen. Wie sie aussah und wo genau sie lag, konnte uns auch Google nicht verraten. Wir hatten nicht gewusst, wie sich das klare, kalte Wasser an unseren Fingern anfühlen würde. Wir wussten nur, dass es eine Quelle des Lebens war.

Die größten Überraschungen hält die Natur bereit

Cemci war begeistert. »Zum ersten Mal haben die Waiwai einen Trek zur Quelle gefuhrt. Wenn früher Ausländer kamen, haben sie uns immer gesagt, welche Koordinaten wir verwenden sollen. Dies ist das erste Mal, dass wir unsere eigenen Koordinaten verwenden. Ich bin so froh, dass wir hier sind«, strahlte er und schwenkte sein GPS-Gerät und seine Karte. »Und die Quelle lag auch gar nicht so hoch, wie ich dachte. Eigentlich liegt sie ziemlich flach«, fügte er hinzu.

»Das nennst du flach?«, rief ich empört. »Das war verdammt hügelig!«

Er kicherte.

»Auf der Karte sah es so aus, als würde die Quelle in einem Palmensumpf liegen«, sagte Jackson. »Ich habe mich gefreut, dass es nicht so ist. Das Dorf hat uns wegen unserer Fähigkeiten für diese Expedition ausgewählt. Ich habe schon früher Trails nach Surinam und Brasilien geschlagen. Wenn ich jetzt zu den Waiwai zurückkehre, werde ich ihnen erklären, wie die Quelle aussah, und kann ihnen den Standort auf der Karte zeigen.« Er hielt kurz inne.

»Nur eine Sache wundert mich. Ihr habt gar keine Flagge aufgestellt. Ich dachte, das macht ihr bestimmt.«

Stumm aßen wir einen Bissen von unserem eher langweiligen Mittagessen, das aus Reis bestand. Wir betrachteten das winzige Rinnsal, das an unseren Füßen vorbeigluckerte, und füllten gelegentlich unsere Wasserflaschen, indem wir sie auf den Boden legten. Ich dachte über Jacksons Kommentar über das Aufstellen von Flaggen nach. Ich bin froh, dass wir das nicht getan haben. Vom Anfang des 15. Jahrhunderts bis zum 18. Jahrhundert veranstalteten die europäischen Seefahrernationen (vor allem Portugal und Spanien, später dann die Niederlande, Großbritannien und Frankreich) einen Wettlauf um die Eroberung und Kolonisierung von Land, das ihnen zuvor unbekannt gewesen war. Sie stellten Flaggen auf, um diese Länder für die Königinnen und Könige der Länder, die ihre Expeditionen finanzierten, zu beanspruchen. Diese Phase der Geschichte wird manchmal als das Zeitalter der Entdeckungen bezeichnet. Aus ihr erklärt sich auch, warum Spanisch in weiten Teilen Süd- und Mittelamerikas die vorherrschende Sprache ist: Christoph Kolumbus landete unerwartet in der Region, als er versuchte, eine westliche Seeroute nach Asien zu finden.

Es ist bezeichnend, dass die Entdecker und Soldaten, die an diesen Expeditionen teilnahmen, im spanischen und portugiesischen Reich als *conquistadores* (von *conquistar*, erobern) bekannt waren. Die Sprache, die im Zusammenhang mit Erkundung oder Entdeckung oft verwendet wird, fasziniert mich, da es so oft eine Sprache der Arroganz ist. So wie Menschen und Nationen kontrolliert und überfallen wurden, werden Berge, Flüsse und Ozeane häufig als bezwungen, erobert oder gezähmt bezeichnet. Es wird jedoch wenig darüber gesprochen, wie schnell die Natur die Flagge nach unserer Abreise zurückerobern wird. Wenn dies ein

Kampf ist, wird sie jedes Mal gewinnen. Das Aufstellen von Flaggen hat eine lange historische Verbindung mit Expeditionen und Entdeckungsreisen, aber es ist eine Praxis, die am besten in der Vergangenheit bleiben sollte. Es gab nur eine Sache, die ich an jenem Tag bezwingen wollte, und zwar das Mittagessen – egal, wie langweilig es war.

Als wir Reis mit einer Reisbeilage in uns hineinschaufelten, fuhr Jackson fort: »Ich habe mir heute den Bart abrasiert, weil es mir wichtig war, ein Foto mit euch zu machen. Ich freue mich sehr darüber, dass nicht irgendein Mann, sondern ihr Ladys die Quelle erreicht habt. Man sieht viel zu selten Frauen auf solchen Expeditionen. Ihr seid alle sehr, sehr stark – viel stärker als ich. Das deutsche Team hat kein einziges Mal dabei geholfen, den Pfad zu schlagen, aber ihr habt es uns gleichgetan und habt ...« Er drehte mir sein lächelndes Gesicht zu, »... es zumindest versucht.«

»Ich kann es immer noch nicht fassen, dass wir es endlich hierher geschafft haben«, sagte Ness. »Das war ein Riesenteil unserer Expedition, ihr Herz und ihre Seele. Die gute Gemeinschaft, die Tierwelt, die Menschen – geradezu überirdisch gut. Es hat uns Blut, Schweiß und Tränen gekostet, an diese Quelle zu gelangen, und dann ist es nur so ein winziges Rinnsal. Die Vorstellung, dass es da unten im Tal zu einem gigantischen Monster werden wird, ist der helle Wahnsinn. Wie viel Leben diese paar Tropfen Wasser schenken werden. Wirklich erstaunlich. Ich fand es toll, diese Gruppenfotos zu machen. Ihr habt so hart gearbeitet, viel härter als wir. Das war wirklich unheimlich schön.«

»Glaubt ihr, ihr hättet es auch alleine geschafft?«, fragte Jackson.

»Keine Chance«, antworteten Laura, Ness und ich.

»Wie werden die Leute darüber denken? Wer wird von der Quelle erfahren?«, fragte Jackson.

»Bald werden es alle erfahren«, antwortete Ness. »Diese Informationen werden durch uns online gehen. Ich finde es toll, dass wir der Welt sagen können, wo diese Quelle liegt. Das ist sehr befriedigend.«

»Das ist es, was Erkundung bedeutet«, sagte Ness.

Jetzt mussten wir nur noch die Kleinigkeit durchstehen, durch den gebirgigen Dschungel zurückzuwandern und dann 1014 Kilometer auf dem Essequibo mit seinen Stromschnellen und Wasserfällen zu paddeln. Unsere Reise zur Quelle war zwar vorbei, aber die eigentliche Expedition hatte gerade erst begonnen.

»Komisch, dass die Expedition jetzt erst beginnt, wo wir schon seit beinahe einem Monat im Dschungel sind«, sagte Laura, als wir unseren Weg zurückverfolgten und den Abstieg Richtung Basislager begannen.

»Ich glaube, heute Nacht träumen wir etwas Schönes«, erwiderte Cemci.

Wir ahnten nicht, dass Mutter Natur noch ein paar weitere Geheimnisse in petto hatte.

Unversehrt nach Hause zurückzukehren oder auch nur unser Nachtlager zu erreichen war alles andere als selbstverständlich.

WIDERSTANDSKRAFT

(Substantiv): die Fähigkeit, sich schnell von
Schwierigkeiten zu erholen; Belastbarkeit

Wenn du alt genug bist, um dieses Buch zu lesen, hat dir das Leben wahrscheinlich bereits einige unangenehme Dinge vor die Füße geworfen. Und deshalb bist du wahrscheinlich bereits jetzt schon viel zäher, als du selbst glaubst. Abgesehen von extremen Glückspilzen mussten die meisten von uns Dinge ertragen, die wir lieber vermieden hätten, und lernen, mit solchen schwierigen Situationen umzugehen, bedeutet Widerstandskraft entwickeln.

Ich glaube ja, dass Bäume uns einiges darüber beibringen können, wie man Stürmen standhält. Manche, wie zum Beispiel die Eiche, sind stoisch und stark und halten einfach aus, was Mutter Natur über sie hereinbrechen lässt. Andere, etwa Palmen, biegen und beugen sich im Wind. Manchmal wird der Druck vielleicht zu groß und zwingt einen Baum, in eine andere Richtung weiterzuwachsen. Im schlimmsten Fall brechen einige Äste ab. Aber mit der Zeit bekommt der Baum fast immer neue, frische Triebe. Im Leben wird es immer schlechtes Wetter und Rückschläge geben, aber wir müssen Wege finden, uns daran anzupassen und fest verwurzelt zu bleiben, wenn dies geschieht. So wie unterschiedliche

Bäume unterschiedliche Methoden haben, um mit widrigem Wetter zurechtzukommen, hängen auch die Werkzeuge, die wir nutzen, um schwierige Zeiten zu überstehen, vom Einzelnen ab. Humor, Stoizismus und Perspektivwechsel sind zum Beispiel die Methoden, auf die ich am häufigsten zurückgreife.

Wenn mir jemand sagt: »Du bist ganz schön zäh«, dann empfinde ich das als großes Kompliment. Ich mag zähe Leute. Wenn ihnen das Leben eins auswischt, dann sind sie diejenigen, die immer wieder aufstehen. Sie überleben und machen ihren Weg. Meistens können sie über sich selbst lachen und gleichzeitig gut zu sich sein. Ich glaube, mit etwas Übung können wir alle dieses kleine bisschen zäher werden. Es hilft, wenn wir akzeptieren, dass die interessantesten Reisen im Leben diejenigen sind, auf denen es zu einigen unerwarteten Wendungen kommt; niemand lebt ein perfektes Leben, auch wenn es manchmal so aussieht. Irgendwas ist immer, und irgendwas geht immer schief. Man wird im Leben an vielen Dingen scheitern. Wenn du also auf die Nase fällst – und das wirst du, garantiert – und mit dem Gesicht im Schlamm landet, dann schau nach oben. Nimm dir ein Beispiel an der Widerstandskraft der Bäume und vergiss nicht, dass das Sonnenlicht immer noch da ist, auch wenn du es gerade nicht sehen kannst.

· · ·

Tag 24 der Expedition
Standort: Acarai Mountains, Guyana
Status: verirrt im Dschungel

Es war amtlich: Wir hatten uns tief in den Acarai Mountains verirrt, und der Großteil unserer Ausrüstung befand sich im Lager. Was als kurzer Ausflug zur Quelle und zurück geplant gewesen war, wurde von Minute zu Minute bedrohlicher, da wir erschöpft waren und es allmählich dunkel wurde.

»Ich weiß, dass wir den Pfad passiert haben, aber ich weiß nicht, wo«, sagte Cemci.

Wir schauten uns alle um – wir sahen Schlingpflanzen und gigantische Bäume, aber keinen der kleinen Machetenschnitte, die uns verraten hätten, dass wir schon einmal hier gewesen waren. Trotz allem waren alle Teammitglieder bemerkenswert entspannt. Wie Ness es ausdrückte, machten Cemci und Jackson solche Touren ja schon seit einer Ewigkeit.

> *Kontrolliere, was du kontrollieren kannst, und akzeptiere, was du nicht kontrollieren kannst*

»Wir haben einen Kompass und ein GPS«, sagte Jackson, der uns ganz offensichtlich zu verstehen geben wollte, dass wir nicht für immer im Dschungel verloren waren. »Und selbst wenn das nicht der Fall wäre«, fügte Cemci hinzu, »müssten wir einfach irgendwo schlafen und uns dann einen neuen Pfad freischlagen.«

Die Nacht ohne Hängematte, Moskitonetz, warme Kleidung oder Essen zu verbringen, war nicht meine Idealvorstellung von Wildcampen, wenn ich ehrlich bin. Wir hatten aber ein noch dringlicheres Problem: Erschöpfung.

Nigel fragte mich irgendwann, ob es mir gut gehe, da ich nur noch schwankend gehen konnte. Ich war so müde, dass ich zweimal hinfiel. Wir hatten unsere Flaschen zwar an der Quelle wieder aufgefüllt, aber sonst hatten wir auf dem Weg zum Lager kein Wasser gefunden, und ich hatte an diesem Tag so stark geschwitzt, dass ich kein einziges Mal gepinkelt hatte.

Jackson, der hinter mir lief, versuchte mich mit ein paar selbst gedichteten Liedern bei Laune zu halten. Er hat eine schöne Singstimme, und seine Texte halfen mir wirklich, ein bisschen besser in Schwung zu kommen. Ich versuchte, in gerader Linie zu laufen, indem ich mich darauf konzentrierte, in Aarons Fußstapfen zu treten, der vor mir ging. Jacksons Texte trugen uns vorwärts: Zeilen wie »Check deine Stiefel« (als sich mein Schnürsenkel gelöst hatte), »Lauf gerade auf dem Weg, ich bin immer hinter dir« (als meine Schritte immer mechanischer wurden), »Wo findest du den besten Dschungel? In Guyana, in Guyana« (als wir einen – in Jacksons Worten – »verdammten 45-Grad-Hang« hinabstolperten) und »Pass auf, wo du hintrittst, Baby« (als ich mich zum x-ten Mal an diesem Tag mit dem Fuß in einer Schlingpflanze verhedderte).

»Ich schwöre, der Dschungel will mich nicht gehen lassen«, seufzte ich.

Die meiste Zeit des Tages hielt ich einen Stock in der einen Hand und hatte mein Bandana um die andere gewickelt, für die Gelegenheiten, bei denen ich mich unweigerlich zu lange auf den faulenden Baumstämmen abstützte, über die wir klettern mussten. Ich blieb sehr oft mit dem Fuß stecken und betete, dass er in einem Stück wieder freikommen würde. Ich war aber nicht die Einzige, der es schlecht ging; wir waren alle völlig fertig.

Wenn dir alles zu viel wird, halte inne, ruh dich aus und bewerte die Lage dann neu

Irgendwann sagte Laura, ihr sei ziemlich schwindelig und sie sehe nur noch in Schwarz-Weiß. Ihre Augen waren weit aufgerissen und starr; sie wirkte völlig ausgelaugt. Sie beschrieb das Gefühl als einem Alkoholrausch ähnlich. Wir hielten an, um ihr eine Verschnaufpause zu gönnen, und fütterten sie mit Paranüssen und dem restlichen Wasser.

»Ich habe keine Angst, weil wir uns verlaufen haben, aber mein Blutzucker ist niedrig und meine Schärfentiefe ist nicht in Ordnung. Meine Augen sind das Einzige, was mir ein bisschen Sorgen macht«, sagte sie.

Schlagartig wurde uns bewusst, dass wir unbedingt ins Camp zurückkehren mussten, falls mit ihr wirklich etwas nicht in Ordnung sein sollte. Seltsamerweise riss mich Lauras schlechter Zustand aus meiner Lethargie, und mein Körper schien sich auf einmal im Überlebensmodus zu befinden. Da ich kaum gepinkelt, getrunken oder gegessen hatte, vermute ich, dass es auch so war. Ness ging vor Laura und ich hinter ihr. Zu zweit kümmerten wir uns darum, dass sie sicher den steilen, rutschigen Hang hinunterkam.

Glücklicherweise fanden wir eine knappe Stunde später unser Camp. Ich war noch nie in meinem Leben so dankbar gewesen, eine Hängematte zu sehen. Leider hatten Klammeraffen einige Planen in Stücke gerissen und ihren Kot auf den zerfetzten Überresten verteilt. Aber wir waren so erleichtert, dass uns selbst dieser Schlag keinen Dämpfer mehr versetzen konnte.

Weil wir das Erreichen der Quelle feiern wollten und nur noch ein paar Tage Fußmarsch vom Basislager entfernt waren, öffneten wir zwei unserer gefriergetrockneten Firepot-Notmahlzeiten (jeweils eine Portion) und teilten sie unter uns neunen auf. Das Abendessen war so eindimensional geworden, dass es mir sowohl wegen seiner Langweiligkeit als auch wegen des schlechten Nährwerts zum Hals heraushing. Mal etwas anderes zu bekommen als Reis, *farine* und Fisch, war geradezu unglaublich. Unsere ›Snacks‹ (wenn man sie so nennen kann) waren inzwischen getrocknete Sojaschnetzel, die wir entweder mit Knoblauchpulver oder Kräutersalz bestreuten. Sozusagen Dschungel-Popcorn.

»Ich wünschte, die Dinger gäb's auch mit Schokoladengeschmack«, hatte Ness vor einigen Tagen geseufzt, als sie sich ein besonders trockenes Stück in den Mund schob. Ich checkte noch einmal die Zutatenliste auf der Rückseite: »Entfettetes Sojamehl und Karamellfarbstoff«.

»Egal, mir schmeckt's«, antwortete Laura und legte den Kopf in den Nacken. Mit einer theatralischen Bewegung warf sie den Sojabrocken in die Luft, lehnte sich zurück und versuchte, ihn mit dem Mund aufzufangen.

In diesem Moment sahen wir den zu einer Gabel angespitzten Stock, der auf dem Packsack hinter ihr lag und direkt auf ihren Schädel wies. Wir hatten damit das Feuer angemacht, aber jetzt sah es so aus, als würde er gleich eine Laura mit weit aufgerissenem Mund aufspießen. Nicht der beste Grabspruch, wenn wir ehrlich sind: »Sie liebte Soja mit Glutamat so sehr, dass sie sich dafür aufspießte.« Glücklicherweise verpasste sie den Spieß um einige Millimeter.

Du kannst mehr, als du glaubst

Es ist ja oft so, dass einem das Schicksal gerade dann, wenn man am Ende seiner Kräfte ist, noch eine Schippe Mist obendrauf packt. Es stellte sich heraus, dass wir unsere Feiertags-›Wir haben die Quelle erreicht‹-Chili-con-Carne-mit-Reis-Trockenmahlzeit ein bisschen zu früh aufgemacht hatten. Der folgende Tag sollte der körperlich anstrengendste (und schweißtreibendste) meines gesamten bisherigen Lebens werden.

Ich hatte geradezu schockierend miserabel geschlafen. Den ganzen Tag durch den Dschungel zu rutschen und mich zwischen unzähligen Pflanzen durchzuquetschen hatte dafür gesorgt, dass es mich am ganzen Körper juckte wie verrückt. Mein Oberkörper und die Rückseiten meiner Beine waren von winzigen, roten Punkten übersät und brannten wie Feuer. Ich kratzte mich den größten Teil der Nacht, sowohl bewusst als auch unwillkürlich.

Nereus entfernte gerade einen acht Zentimeter langen schwarzen Skorpion, der das blaue T-Shirt, das über Nereus' Hängematte hing, zu seinem neuen Zuhause erkoren hatte.

»Das ist der Größte, den wir bisher gesehen haben«, sagte Laura, als das Tier im Feuer landete.

Die Stimmung im Lager war definitiv niedergeschlagener als üblich. Mir fiel auf, dass viele, wohlwissend, dass wir essen mussten, ihr Frühstück aus *farine* und Paranüssen kaum hinunterbekamen.

In vielerlei Hinsicht war es psychologisch viel schwieriger, unsere Schritte zurückzuverfolgen und genau zu wissen, was vor uns lag. Es war unheimlich, durch unsere alten Lager zu laufen. Sie fühlten sich an wie Geisterstädte und der Dschungel schien bereits alle Beweise dafür zu vernichten, dass wir jemals dort gewesen waren – eine Erinnerung daran, dass wir nur zu Gast waren und keine bleibenden Spuren hinterlassen würden. Wir kamen an dem von den Jungs »Schweinehügel« getauften Platz vorbei. Alles, was vom Pekari übrig war, war der Schädel. In nur einer Woche hatte sich der Wald zurückgeholt, was er hervorgebracht hatte.

Nachdem wir ein paar Stunden ununterbrochen bergauf und bergab marschiert waren, legten wir eine Rast ein. Ich fragte Ness und Laura, wie viele Abhänge wir bereits hinter uns hätten. Wir schätzten, dass wir heute ungefähr acht Hügel überquert hatten, fünf davon extrem steil, drei mit etwas sanfterer Steigung. Wir fragten Jackson, ob wir richtig lägen – aber das brachte nicht viel. »Ich laufe einfach und achte nicht auf so etwas«, sagte er.

Wir kamen uns vor wie in einer Sauna. Der Schweiß quoll uns aus allen Poren, und einmal dachte ich: »Ich mache nie wieder eine Reise, auf der ich mich körperlich anstrengen muss.« Meine Beine brannten, jeder Schritt war ein mentaler Kampf. Es fiel mir zunehmend schwerer, mich aufrecht zu halten.

Wenn es hart auf hart kommt, hilft nur noch Humor

Ich fragte alle, wie sie sich fühlten. Die Frage war unnötig, wir sahen allesamt völlig fertig aus. Wir waren schweißgebadet, unsere Kleidung war durchnässt. Gesichter voller Verzweiflung und Erschöpfung blickten mich an. Aaron starrte auf seine Wasserflasche. Jackson und Cemci reckten müde die Faust. Was ein Zeichen der Stärke hätte sein sollen, wirkte mehr wie müder Protest.

Ness sagte ihnen auf den Kopf zu, dass auch sie am Ende seien. »Ich kann und will nicht einmal mehr reden, so durch bin ich. Völlig geschafft. Ende Gelände. Kannst du mich zum Lager teleportieren?«, sagte sie.

»Ich gehe, so schnell ich kann. Mehr ist nicht drin«, kapitulierte Jackson schließlich.

»Naja, ich bin so fit, ich könnte auf einen Rodeobullen steigen«, sagte Laura.

Man sah mit einem Blick, dass das ganz sicher nicht der Fall war. Schweiß sickerte durch ihr geblümtes Hemd und machte es teilweise fast transparent. Ihr Witz entlockte uns allen jedoch ein Lächeln. Humor hatte dem Team schon oft geholfen, weiter einen Schritt vor den anderen zu setzen. Seien es Jacksons Lieder, Lauras Witze oder allgemeines Geplänkel, alles half uns dabei, in Bewegung zu bleiben. Als Team versuchten wir, uns auf die kleinen Siege zu konzentrieren. In meinem Fall war es die winzige, knallgelbe Urinpfütze, die ich ein paar Stunden zuvor produziert hatte – ein echter Fortschritt gegenüber dem vollkommen pipifreien Vortag.

Ness bekam irgendwann einen Lachkrampf, als ich es wie auch immer schaffte, das Amazonas-Gegenstück einer Klette an mich zu heften. Ich war so müde, dass mir das Ding völlig egal war. Ich hatte gehofft, es würde von alleine abfallen. Dem war allerdings nicht so.

»Oh Pip, ich laufe wirklich gerne hinter dir«, keuchte Ness. »Wir pfeifen auf dem letzten Loch, klettern einen steilen Abhang runter, und du hast einen Zweig an deinem Schritt befestigt. Er macht einen Höllenlärm, lässt dich bei jedem Schritt stolpern und schliddert einfach hinter dir den Berg runter. Zum Totlachen.«

Sie lachte so sehr, dass sie mich ansteckte, ich das Gleichgewicht verlor und mir – erstaunlich, wenn man die Umstände bedenkt – beinahe in die Hose machte. Ich informierte Ness über diesen perfekten Beweis dafür, dass ich auf keinen Fall dehydriert war, und das gab ihr vollends den Rest.

Es waren diese Momente der Heiterkeit, diese kleinen Lichtblicke, die uns durchhalten ließen. Sie stärkten uns mental und halfen uns weiterzugehen. Manchmal war uns alles so hoffnungslos erschienen, dass es schwer gewesen war, an unserer *Irgendwo scheint immer die Sonne* Situation irgendetwas Positives oder Erheiterndes zu finden. Aber gelang es nur einer von uns, reichte es, um die Stimmung von uns allen zu heben. Wenn man die Dinge mit Humor angeht (egal wie schwarz er auch sein mag), wirken auch schwierige Situationen auf einmal weniger einschüchternd.

Der Weg zurück zum Basislager zog sich scheinbar endlos hin. Wir durchquerten die unterschiedlichsten Terrains – von Sümpfen, in die wir bis zu Knöchel, Wade oder Knie einsanken, wenn wir nicht aufpassten, bis hin zu steilen Hängen. Manchmal spazierten wir einfach nur entspannt durch Wald. Einmal passierten wir eine Lücke im Blätterdach und wurden von einem winzigen Fleckchen Sonnenschein begrüßt. Echtes, wärmendes Sonnenlicht. Das war so ein Schock, dass ich mich einen Moment lang am liebsten wie ein Vampir versteckt hätte.

»Ich hatte fast vergessen, dass es die Sonne gibt«, sagte Laura, streckte die Arme aus und ließ sie von der Sonne streicheln.

Wir waren so mit unseren persönlichen Kämpfen beschäftigt, dass wir zeitweise vergessen hatten, dass die Sonne existierte. Aber tief in unserem Inneren wussten wir, dass sie irgendwo sein musste.

Worte waren in dieser Zeit mein Sonnenlicht gewesen. In den schwierigsten Momenten dachte ich oft an meine Lieblingsgedichte, an Zeilen, die mich besonders tief berührt hatten. Auf meinem Marsch die Hügel hinauf und hinunter wurde ich von Dichtern der Gegenwart und der Vergangenheit begleitet. Philip Larkins Gedanken über steten Neubeginn in seinem Gedicht »The Trees« und Lang Leavs Zeile »Sie wird nicht nur auf Berge steigen, sie wird sie auch versetzen« halfen mir bei den steilen Aufstiegen besonders. Ob mit Worten, Humor oder Gesprächen: Alle Teammitglieder hatten sich irgendwie abgelenkt und sich gegenseitig geholfen, trotz aller Schmerzen weiterzumachen.

Endlich, nach neun Tagen Gewaltmarsch, sahen wir es: das Basislager.

»Das ist wie nach Hause zu kommen«, sagte Laura. »Morgen müssen wir nicht laufen. Das war's. Ab jetzt paddeln wir nur noch ...«

Wir alle sprangen sofort voll bekleidet ins Wasser – allerdings nicht, bevor ich nicht noch einmal über meine Füße gestolpert war und mich auf die Nase gelegt hatte. Der Dschungel hatte mich an meine Grenzen gebracht. Ich kam mir vor, als hätte ich die gesamte Bandbreite aller menschlichen Gefühle durchlebt. Ich war völlig fertig.

Auch Nigel war nachdenklich. Seltsamerweise machte uns alle das Wissen, dass wir das Basislager bald verlassen würden, etwas melancholisch. Wie Laura gesagt hatte, fühlte es sich ein bisschen wie ein Zuhause an. Um die Stimmung zu heben und unsere Rückkehr zu feiern, gab ich Nigel mein Handy, damit er sich Musik aussuchen konnte. Er liebt Musik, vor allem rhythmische, was ein Glück war, da meine Playlists hauptsächlich Tanzmusik enthalten. Ich versprach, ihm die Lieder und Interpreten aufzuschreiben. Alle tanzten, die Stirnlampen auf Stroboskoplicht gestellt. Wir müssen total bescheuert ausgesehen haben, mit unseren verfilzten Haaren, den schmutzigen, stinkenden Kleidern, den von Stichen übersäten Armen und Beinen. Hemmungs- und sorglos tanzend. Das tat unseren Seelen gut – und machte uns hungrig.

Gut, dass unser heutiges Abendessen ein Festmahl war, eine gefriergetrocknete, extragroße Portion Orzo-Nudeln mit Bolognese. Diesmal ließen wir uns nicht lumpen – jeder bekam eine Packung à 940 Kalorien. Aber das half kaum gegen unseren Hunger. Also öffneten wir weitere Packungen. Wir hatten an diesem Tag schätzungsweise 6000 Kalorien verbraucht.

Ein stützendes Netzwerk kann dir helfen, mehr zu ertragen, als du denkst

Als wir unsere Tupperbehälter im Fluss wuschen, wanderten meine Gedanken zu den kommenden Tagen. Da wir nun die Quelle lokalisiert hatten, konnte der Paddelteil der Expedition ernsthaft beginnen. Zuerst würden wir mit den Einbaumkanus zurück nach Masakenari fahren. Dies würde der letzte Abschnitt sein, in dem wir als Team paddeln würden, bevor Ness, Laura und ich unsere eigenen Boote steuern würden. In Masakenari würden wir uns auch von den Menschen verabschieden müssen, die uns durch den Dschungel begleitet hatten. Unsere Flussführer Ant und Romel würden an ihre Stelle treten. Ich fragte Jackson, ob ihm die Expedition gefallen hätte.

»Ja. Ihr Ladys seid phänomenal«, sagte er freundlich. »Das ist meine zweite Expedition. Bei meiner ersten Tour ist das Team nicht so zusammengewachsen wie wir.«

»Mit das Größte war unsere gemeinsame Reise, die Freundschaften, die sich zwischen uns auf dem Weg zur Quelle entwickelt haben. Das ist einer der Augenblicke im Leben, die einen innehalten und alles neu bewerten lassen. Wir werden bis an unser Lebensende miteinander verbunden sein«, sagte Ness.

Später am Abend ritzte Nigel folgende Worte in den proviso-
rischen Tisch, den unsere Führer aus Baumstämmen gebaut hatten: »Vielleicht wirst du fortgehen.«

»Für immer im Dschungel meiner Gedanken«, ritzte ich im
Gegenzug.

Er lächelte. Ness umarmte ihn weinend.

Nigel gab mir mein Handy zurück. »Ich habe jede Minute genossen«, sagte er dabei.

Als die Musik verstummt war und das Team sich bettfertig
machte (zu für uns ungewohnt später Stunde, um 21 Uhr statt wie
sonst um 19.30 Uhr), hörten wir dicht neben uns ein furchterregen-
des, nasales Grunzen.

»Das klingt wie ein Tier«, rief Laura, die Augen weit aufgerissen.

Etwas schlich durch den Dschungel und erzeugte dabei kna-
ckende Geräusche, und es kam immer näher. Ich erstarrte voller
Panik. Würden wir jetzt etwa so kurz vor dem Ende der ersten
Etappe noch einem Pekari zum Opfer fallen? Auf welchen Baum
sollten wir dann klettern? Ich schaute Jackson an. Der schüttelte
nur lächelnd den Kopf.

»Das ist ein Hoatzin«, sagte er. »Der Nationalvogel von Guyana. Die töten wir nicht.«

Genau wie ich ist der Hoatzin ein tollpatschiger, stinkender
Vogel, der dafür bekannt ist, wie ungeschickt er durch das Unter-
holz stolpert, von Ast zu Ast hüpft. Er sucht sich eine Richtung aus
und hofft dann das Beste. Der Hoatzin ist völlig harmlos und sieht
ein bisschen aus wie ein Fasan, mit einem federlosen, blauen Gesicht, roten Augen und einem hohen Kamm. Er hat zwei Mägen,
wie eine Kuh. Wenn sie voll gefressen sind, stützen sich die Hoat-
zins auf einem gummiartigen Wulst an ihrem Brustbein ab, der als
eine Art natürliches Stativ fungiert. Sie fliegen nur selten, und

wenn, dann bieten sie wegen ihrer großen Flügel, plumpen Körper, langen Hälse und kleinen Köpfe keinen besonders schönen Anblick. Aber dennoch gelangen sie dorthin, wo sie hin müssen, und sind zum Sinnbild einer Nation geworden. Auch unsere Reise war ein wenig holprig gewesen, nicht alles war nach Plan verlaufen. Aber trotz mancher Rückschläge hatten wir wie der Hoatzin nicht aufgegeben und letztendlich unser Ziel erreicht.

Als ich an jenem Abend in der Hängematte lag, betrachtete ich die Bäume, die unser Lager umgaben. Kaum zu glauben, dass diese Region etwa 1,7 Milliarden Jahre alt war. Wie viele Jahrtausende hatten die riesigen Bäume, die ich gerade betrachtete, der unerbittlichen Zeit schon standgehalten? Wir konnten nur hoffen, dass wir die kommenden Monate auf dem Fluss genauso gut überstehen würden. Denn eins war sicher: Der Dschungel war noch lange nicht mit uns fertig.

NEBENFLÜSSE DES
ESSEQUIBO

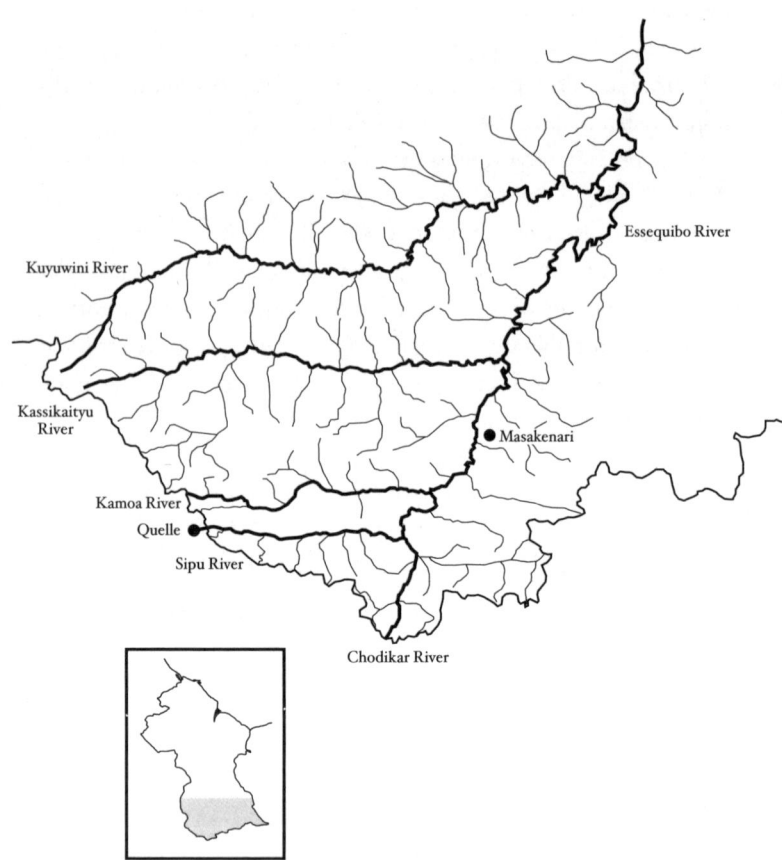

Essequibo River

Kuyuwini River

Kassikaityu
River

Kamoa River

Quelle

Sipu River

Masakenari

Chodikar River

TEIL II

AUF DEM FLUSS

FREUNDLICHKEIT

(Substantiv): Güte, Großzügigkeit, Rücksichtnahme

Schaut man sich die Nachrichten an, ist es verständlich, wenn man zu glauben beginnt, die Welt sei in einem erbärmlich schlechten Zustand. In vielerlei Hinsicht ist das tatsächlich der Fall. Aber was die Massenmedien oft übersehen, ist die Freundlichkeit, zu der wir alle fähig sind. Die Geschichten über Großzügigkeit. Die inhärente Güte, die in der Menschheit existiert.

Vor vielen Jahren arbeitete ich als Nachrichtenreporterin in Hongkong. Ich liebte den Schlagabtausch, das aufregende Gefühl, nie genau zu wissen, welche Story der Tag bringen würde. Aber etwas fehlte mir: die positiven Geschichten. Natürlich machen Ereignisse nur deshalb Schlagzeilen, weil sie in gewisser Weise außergewöhnlich sind, sodass Freundlichkeit in der Regel nie den Vorrang vor Katastrophen und menschlichem Leid erhält. Aber in uns schlummern so viele Geschichten über Großzügigkeit.

Du hast sicher schon einmal von dem Konzept der »Sprachen der Liebe« gehört, der Idee, dass Menschen Liebe unterschiedlich ausdrücken und empfangen. Für einige bedeutet dies, dass sie hilfsbereit sind und zum Beispiel dafür sorgen, dass das Haus aufgeräumt und geputzt wird, dass Hausarbeiten erledigt werden und dir das Frühstück ans Bett gebracht wird. Andere drücken ihre Zuneigung durch körperliche Berührungen aus, die Umarmenden und Küssenden dieser Welt. Vielleicht identifizierst du dich ja mit denen, die gerne Geschenke machen, oder denen, die ihre Liebe durch Worte der Anerkennung ausdrücken, also beispielsweise durch kurze Notizen oder SMS. Vielleicht drückt sich für dich das Gefühl, geliebt zu werden, auch darin aus, dass dir jemand aufmerksam zuhört oder seine Zeit gern mit dir verbringt. Jeder von uns hat seine ganz eigene Sprachkombination, und die Menschen in deinem Umfeld sprechen nicht unbedingt die gleiche Sprache der Liebe wie du. Betrachte das, was um dich herum passiert, noch einmal, und beurteile die Handlungen deiner Mitmenschen unter diesem Aspekt. Wenn Freundlichkeit gelebte Liebe ist, hast du dann einen Ausdruck dieser Liebe übersehen?

Auf unserer Reise den Essequibo hinunter erlebten wir sehr viel offensichtliche Freundlichkeit und Großzügigkeit. Das reichte von geteilten Mahlzeiten über angebotene Hilfe bis hin zu gastfreundlicher Unterbringung. Aber es waren die subtileren Gesten, die mich besonders faszinierten. Die täglichen Interaktionen, bei denen jede und jeder von uns die Chance hatte, freundlich zu sein, wenn wir es wollten. Wie wir dies ausdrückten, war bei uns allen unterschiedlich. Aber wenn ich nach diesen Bezeugungen der Freundlichkeit und Liebe Ausschau hielt, waren sie immer da, selbst unter den seltsamsten Umständen. Wenn du also wieder einmal an der Welt verzweifelst, erinnere dich an die Zeiten, in denen Menschen gut zu dir waren. Gib diese Freundlichkeit weiter und erinnere diejenigen unter uns, die es vergessen haben, daran, dass es viele Gründe gibt, zu lächeln. Nicht alles in der Welt liegt im Argen. Freundlichkeit existiert immer noch.

$$\cdot \ \cdot \ \cdot$$

Tag 31 der Expedition
Standort: Essequibo River, südlich von Masakenari
Status: Rückkehr nach Masakenari

Als ich mich aufs Einschlafen vorbereitete, hatte ich wirklich nicht erwartet, Jackson – nur mit Unterhose und Gummistiefeln bekleidet – mit einer Axt in der Hand an mir vorbeisausen zu sehen. Wir waren vor drei Tagen aus den Acarai Mountains in das Basislager zurückgekehrt und paddelten seitdem ohne größere Zwischenfälle den Fluss hinunter. Aber als ich gerade in meine Pyjamahose geschlüpft war, brach im Dschungel ein Tumult los. Lautstarke Befehle auf Waiwai schallten zum Lager zurück. Im Schein meiner Stirnlampe sah ich Jackson in der Nacht verschwinden. Er murmelte etwas Unflätiges von Hindernissen.

Außer Cemci und Jackson waren alle unsere Führer auf dem Wasser und jagten Kaimane. Wir würden in zwei Tagen im Waiwai-Dorf Masakenari ankommen, und Nereus, Aaron und Nigel wollten in der mondhellen Nacht vorauspaddeln und Nahrung für die Dorfbewohner jagen. Weiter flussabwärts würden sie dann für uns ein Lager vorbereiten, und morgen Abend sollten wir zu ihnen stoßen. Den Geräuschen nach waren sie jedoch nicht sehr weit gekommen. Ihr Einbaum war bereits durch einen umgestürzten Baumstamm blockiert worden, der zerlegt werden musste. Zumindest erklärte das, warum der halb bekleidete Jackson sich mit einer Axt zu ihnen aufgemacht hatte, obwohl er eigentlich schon auf dem Weg ins Bett gewesen war.

Ich kann nicht sagen, dass ich mich auf die kommenden Tage übermäßig freute. Da unsere Wanderetappe doppelt so lange gedauert hatte wie ursprünglich geplant, liefen wir jetzt endgültig Gefahr, hinter unseren Zeitplan zurückzufallen. Folglich hatten wir zwei ziemlich happige Paddeltage eingeplant, um nach Masakenari zu gelangen. Die Nachricht, dass wir uns am folgenden Morgen wahrscheinlich durch noch mehr Hindernisse hacken mussten, wurde auch von Ness nicht gerade begrüßt, der alles wehzutun schien. Ihre Symptome – Kopfweh, Fieber, Schmerzen – wiesen eine bemerkenswerte Ähnlichkeit mit Denguefieber auf. Wir hofften, dass sie nur an Erschöpfung litt und dass es ihr nach einer Nacht mit genug Schlaf wieder besser gehen würde.

Freundlichkeit hat viele Gesichter

Leider ging es Ness am nächsten Morgen nicht besser. Diejenigen von uns, die im Lager geblieben waren, hatten ihre Plätze im Einbaum eingenommen und paddelten angestrengt, um die anderen einzuholen. Auch Ness versuchte offensichtlich, ihren Teil beizutragen, aber trotz aller Bemühungen bewegte sich ihr Paddel kaum durchs Wasser. Sie war auf den Trockensäcken in der Mitte des Bootes zusammengesackt und nur noch ein müder Abklatsch ihres üblichen Rambo-Ichs. Laura bestand darauf, dass Ness sich ausruhte.

»Ness dazu zu bringen, die Arbeit niederzulegen, ist ungefähr so einfach, wie eine Nonne dazu zu bringen, Sex zu haben«, stellte sie trocken fest. Zum Glück gab Ness schließlich nach.

Ich saß im Heck des Kanus und wurde nachdenklich. Kurz starrte ich ausdruckslos aufs Wasser. Jackson bemerkte es.

»Keine Sorge«, sagte er. »Du siehst Charlie bald wieder.«

Seine Intuition war richtig, und seine Worte waren freundlich: Ich hatte tatsächlich daran gedacht, wie sehr ich Charlie vermisste.

»Du siehst deine Frau auch bald wieder. Ihr wart drei Wochen getrennt – das ist eine lange Zeit«, erwiderte ich.

»Ich freue mich auf sie, aber auf einer Expedition sind drei Wochen gar nichts. Bisher war ich immer drei bis sechs Monate weg – und das ist wirklich eine lange Zeit.«

Das rückte die Dinge für mich wieder ins rechte Licht. Seine Worte trösteten mich sehr. Bald würde ich Charlie wiedersehen, denn der Plan war, dass er, Ed und der kleine Ran in ein paar Wochen zu uns stoßen würden. Dann würde sich auch Jon, ein Kameramann, uns anschließen.

Jacksons Blick wanderte zum Ufer. Dann packte er blitzschnell eine lange Bambusstange, mit der wir das Kanu abstießen, wenn wir an einem Hindernis festsaßen. Er hob sie über den Kopf und schlug dann mit voller Kraft ins Wasser.

Klatsch.

Als sich das Wasser wieder beruhigte, sahen wir einen Kaiman. Tot. Durch einen einzigen Schlag auf den Schädel erlegt. Jackson zog das blutige Reptil ins Boot. Mit seiner Machete durchtrennte er sofort die Wirbelsäule an Hals, Rücken und Schwanz. Er hatte das Tier in unglaublichem Tempo getötet. Und auf eine sehr humane Weise.

Nach einer Weile tauchten auf einer Seite des Bootes plötzlich rote Pfützen im Wasser auf. Das geschah alle paar Meter, und ich begriff nicht, warum, bis ich sah, wie Laura eifrig die Mischung aus Flusswasser und Blut hinausschöpfte, die sich auf dem Boden des Einbaums angesammelt hatte.

Beim Anblick des Blutes drehte sich mir der Magen um. Mein Frühstück aus Reis, Salz und Gewürzen drohte, mir wieder hochzukommen. Es wurde nicht besser, als ich hinunter auf meine Füße blickte. Die dünn besohlten Schuhe, die ich zum Paddeln trug, hatten sich mit der dickflüssigen, roten Suppe vollgesogen, die aus dem Kadaver des Kaimans sickerte. Gelinde gesagt, war das nicht gerade ideal. Nicht zuletzt, weil meine Füße die Anfangssymptome von Fußbrand zeigten.

Fußbrand heißt umgangssprachlich auch Grabenfuß, weil die Krankheit unter den Soldaten, die während des Ersten Weltkriegs viel Zeit in Schützengräben verbrachten, weit verbreitet war. Da ihre Füße konstant feucht waren, begannen irgendwann Haut und Gewebe, sich aufzulösen. Das konnte zu Amputationen und schlimmstenfalls, wenn der Wundbrand nicht rechtzeitig erkannt wurde, zum Tod durch Sepsis führen. Deshalb hatte uns Ed während des Dschungeltrainings eingebläut, unsere Füße jeden Abend mit Talkumpuder einzureiben, um sie über Nacht auszutrocknen. Leider hatte das konstante Wandern in nassen Socken und Dschungelstiefeln trotzdem dafür gesorgt, dass meine Füße immer schrumpeliger und fleckiger wurden und inzwischen ununterbrochen juckten. Es fühlte sich an, als hätten sich Läuse unter meiner Haut eingenistet und feierten dort eine lebhafte Tanzparty. Hoffentlich verschlechterte sich der Zustand meiner Füße durch das Blutbad, das sie gerade nahmen, nicht noch mehr. Ich schaute auf und fragte Jackson, ob es ihm anfangs schwergefallen sei, Tiere zu töten.

»Ich weiß nicht mehr, welches Tier ich als erstes getötet habe. Ich habe viele getötet«, erwiderte er. »Die Waiwai haben 2006 eine Regel eingeführt: Schießt nur das, was auch gegessen wird. Davor haben die Leute eine Menge Fleisch verschwendet.«

Vormittags versuchte ich noch, mich mit meinen Bootskameraden zu unterhalten, aber das ständige Paddeln führte dazu, dass sowohl mein Körper als auch mein Verstand allmählich ermatteten. Ich musste etwas essen. Ich spürte, dass ich vor Hunger allmählich reizbar wurde. Meine Arme bewegten zwar mein Paddel, schienen aber irgendwie nicht mit mir verbunden zu sein. Ness ging es immer noch schlecht, sie lag schon den ganzen Tag im Boot. Wir alle brauchten dringend eine Pause und Schlaf. Sogar der Kaiman sah gar nicht gut aus. Der berüchtigte Räuber des Amazonasbeckens erinnerte inzwischen eher an ein Plüschtier, und alle Anzeichen dafür, dass er vor Kurzem noch gelebt hatte, waren inzwischen verschwunden. Sein Kopf war zur Seite gesackt, und seine kleinen Klauen schienen sich um seinen Körper zu schlingen. Jedes Mal, wenn ich ihn ansah, wurde ich schrecklich traurig.

Zur Mittagszeit hatten wir die anderen leider immer noch nicht eingeholt. Normalerweise hätten wir jetzt angehalten und kräftig gegessen und wären danach gestärkt weitergefahren. Aber da wir nicht wussten, wie weit Nereus, Aaron und Nigel schon gepaddelt waren, konnten wir uns den Luxus anzuhalten heute nicht erlauben. Wir mussten unsere Mahlzeit aus *farine*, Soja und Aimara im Boot zu uns nehmen. Ich fand es psychisch anstrengend, nicht

Kleine Gesten – große Wirkung

zu wissen, wie lange wir heute noch paddeln mussten. Und wir wussten außerdem, dass die Anstrengungen des Tages nach unserer Ankunft im Lager noch lange nicht vorbei sein würden. Wir mussten unsere Hängematten aufhängen, Brennholz fürs Feuer sammeln, Essen auftreiben und vorbereiten ...

Als wir um 17.30 Uhr überlegten, dass es wahrscheinlich am sichersten wäre, jetzt ein Lager aufzubauen und morgen früh zu versuchen, die anderen einzuholen, sahen wir in der Ferne eine Flamme. Ein Feuer brannte, und vom Ufer aus winkten uns freundliche Gestalten zu. Aaron, Nigel und Nereus liefen uns entgegen, zogen unser Kanu an Land und halfen uns, die Taschen auszuladen. Sie hatten bereits das gesamte Lager aufgebaut. Unser letztes gemeinsames Camp fühlte sich wie ein einladendes Zuhause an.

Das Willkommen, das sie uns bereitet hatten, zeugte vom urmenschlichen Bedürfnis, umsorgt zu werden und sich um andere zu kümmern. Ich dachte an Charlie und wie schön es ist, wenn einer von uns zum anderen nach Hause kommt, wo eine liebevolle Umarmung wartet und das Abendessen auf dem Herd steht.

Anscheinend waren die anderen um acht Uhr früh am Lagerplatz angekommen und hatten den Tag mit Angeln verbracht. Auf dem Feuer – das eher einem selbst gebauten Grill ähnelte, auf dem Holzlatten lagen – wartete ein wahres Festmahl aus Kaiman und Fisch. Es sah aus wie eine Art ›All You Can Eat‹-Buffet. Ich wusste, dass nicht das ganze Essen für uns war. Sie hatten es für das Dorf vorbereitet, das wir am nächsten Abend erreichen würden. Was ich allerdings nicht erwartet hatte, waren die acht lebendigen Kaimane neben dem Feuer. Ihre Füße und Schnauzen waren mit Schlingpflanzen gefesselt.

Unser Kaiman bekam den Ehrenplatz direkt über dem Feuer. Seine großen, toten Augen starrten uns direkt an, seine Krallen baumelten lässig herab und seine Zähne ragten aus seiner Schnauze hervor.

»Kleine Kaimane schmecken besser«, sagte Jackson und zeigte auf die verschiedenen Stücke Kaimanfleisch, die bereits über dem Feuer brutzelten. »Außer den Eingeweiden essen wir alles, von Kopf bis Fuß, von Quelle zu Mündung …«, witzelte er.

Jackson nahm ein Stück und riss mir ein kleines Eckchen zum Probieren ab. Vorsichtig steckte ich es in den Mund. Ich betrachtete die Essensauswahl auf dem Grill und entschied mich für ein Abendessen, das aus einem kleinen Stückchen Fisch und mit Wasser angerührtem Spinat-Dal bestand, das Laura und ich uns teilten. Wahrscheinlich hätte ich etwas mehr essen sollen, weil wir heute nur so wenig zu uns genommen hatten, aber in dieser Hitze hatte ich nur wenig Appetit. Ich war viel durstiger als hungrig.

»Hört auf mit dem bösen Blick«, sagte Laura zu den lebenden Kaimanen, die sich schlecht gelaunt neben uns wälzten. Ich wirkte offenbar ebenfalls sichtbar nervös.

»Wovor hast du Angst, Pip?«, fragte Cemci, der sah, wie ich die Tiere beäugte.

Ich fragte, warum sie nicht alle Kaimane direkt getötet hatten. Die Antwort lautete, lebendig bleibe das Fleisch frischer. Da ein einziger Kaiman für etwa 25 Personen ausreicht, konnten sie mit den Tieren, die sie gefangen hatten, fast das ganze Dorf verköstigen.

»Dies ist ein Naturschutzgebiet, und wir betreiben sehr nachhaltige Landwirtschaft«, erklärte Cemci uns. Seit 2017 war die Kanashen Amerindian Protected Area Guyanas größtes Naturschutzgebiet und das erste, das sich im Besitz der indigenen Bevölkerung befand.

Ich wusste, dass er recht hatte. Wenn indigene Gemeinschaften ihr Land besitzen und selbst verwalten, entwickeln sich die Lebensräume besser und die Abholzung wird drastisch reduziert. Deshalb gilt es als wichtiger Schritt hin zu mehr Umweltschutz, indigenen Gemeinschaften offiziell die Rechte an ihrem Land zu überschreiben. Das hielt die Kaimane allerdings nicht davon ab, uns böse anzustarren.

Das Gespräch wendete sich der nächsten Etappe unserer Reise zu. Nach unserer Abreise aus Masakenari würden wir als nächste Siedlung am Lauf des Essequibo Apoteri erreichen. Interessanterweise ist das Dorf sehr eng mit der britischen Kolonialvergangenheit verbunden. Bookers – Stifter des berühmten Booker-Preises – gehörte zu den größten internationalen Konzernen der Welt und beherrschte 75 Prozent des Zuckerhandels von Guyana. Die Firma handelte auch mit Kautschuk, und Apoteri wurde um 1970 herum einer ihrer Stützpunkte. Die Nachfrage nach Kautschuk stieg, und aus der gesamten Region kamen Arbeiter auf Jobsuche ins Dorf. Eine neue, national angebundene Landebahn wurde gebaut und die Infrastruktur durch Krankenhäuser, Wohnsiedlungen und Wasserspeicher bereichert. 1988 wechselte die Kautschukindustrie jedoch den Standort, und die Bevölkerung des Dorfes schrumpfte. Fischfang, Jagd und Ackerbau wurden zur Hauteinnahmequelle derjenigen, die blieben.

»Wenn ihr in Apoteri ankommt, schlaft bloß nicht zu nahe am Fluss«, warnte uns Cemci. »Ein Freund von uns hat auf einem Felsen am Ufer geschlafen. Mitten in der Nacht hat ein Kaiman seine Hängematte ins Wasser gerissen.«

Was du tust, kann jemandem den Tag retten

Das sind ja schöne Aussichten, dachte ich ...

Abgesehen von den gefangenen Kaimanen hatten wir alle einen wunderschönen Abend. Die Kanus schimmerten im Mondschein, und das warme, flackernde Leuchten des Lagerfeuers ließ Schatten über unsere Gesichter huschen und tanzen.

Dann begann der Gesang. Die melodischen, erhebenden Hymnen, die in Waiwai gesungen wurden, bildeten die akustische Begleitung der tanzenden Flammen. Das letzte Lied war für uns bestimmt. »Auf Wiedersehen, Brüder und Schwestern, bis wir uns im Himmel begegnen«, übersetzte Jackson den Text. Es war wunderschön. Obwohl ich die Worte nicht verstand, klatschten wir alle im Rhythmus mit, und die sich herumwälzenden Kaimane fügten dem Ganzen eine ganz eigene musikalische Note hinzu.

Am nächsten Morgen weckte Nereus uns alle um 5.19 Uhr, indem er aus voller Kehle sang. Seine Stimme vibrierte vor Aufregung und Entschlossenheit. Unsere Begleiter hatten uns sicher zur Quelle gebracht und Nahrung für das Dorf erjagt. Nun konnten sie im Triumph zurückkehren. Unser letzter gemeinsamer Tag sollte der längste Flusstag der Expedition werden. Wenn wir in unserem üblichen Tempo paddelten, würden wir bis Masakenari mehrere Tage benötigen. Damit würden wir hinter unseren Zeitplan zurückfallen. Stattdessen entschieden wir, einfach weiterzupaddeln, bis wir das Dorf erreichten. Wir würden Morgendämmerung, Abenddämmerung und den Einbruch der Nacht auf dem Fluss erleben. In der Dunkelheit würde uns das Mondlicht den Weg weisen. Jetzt, da ich mich etwas besser an die Umgebung gewöhnt hatte, und dank meines Vertrauens in unser Team und unsere Fähigkeiten freute ich mich sehr darauf, bei Nacht durch den Dschungel zu paddeln. Wie Nereus harrte ich erwartungsvoll der Dinge, die da kommen sollten. Nachdem wir das Lager abgebaut und die Kanus beladen hatten, stiegen wir zum letzten Mal in die Einbäume. Es war gleichzeitig ein Ende und ein Anfang. Wenn Ness, Laura und ich das nächste Mal unsere Paddel in den Essequibo tauchten, dann von unseren aufblasbaren Einer-Kajaks aus.

Die immer noch gefesselten Kaimane schienen sich in ihr Schicksal ergeben zu haben. Sie lagen jetzt still auf dem Boden der Kanus, vier in jedem Boot. Ich hoffte, sie würden die ganze Reise lang so ruhig bleiben, da ich keine Lust hatte, ihretwegen zu kentern. Schon gar nicht bei Nacht. Unser Training im River Dee hatte nicht abgedeckt, was zu tun wäre, wenn sich lebendige Tiere im Boot befänden.

Zum Glück verlief der Tag reibungslos. Die Kanus kenterten nicht, Ness fühlte sich besser, und wir alle fühlten uns durch Erinnerungen, Gelächter und ein gemeinsames Ziel vereint. Wir waren nur ein paar Wochen fort gewesen, aber es war, als würden wir uns schon viel länger kennen. Als die Hitze des Tages der sich allmählich ausbreitenden Kühle des Abends wich, hatte unser Paddeln fast schon zeremoniellen Charakter gewonnen. Obwohl wir zwölf Stunden am Stück unterwegs waren, war jeder Schlag eine Art Anerkennung für alles, was ihm vorausgegangen war, und das, was noch kommen sollte. Obwohl wir schon den ganzen Tag paddelten, steckten unsere Schläge voller Energie. Wir kamen unserem Ziel näher, es war nur noch wenige Kilometer entfernt. Die Windungen des Flusses wurden unseren Guides immer vertrauter. Es würde nicht mehr lange dauern, bis wir in die breite Kurve fuhren, hinter der Masakenari lag. Wir paddelten im Gleichklang; eintauchen, anziehen, loslassen. Eintauchen, anziehen, loslassen. Wir glitten über den Fluss und wurden immer schneller. Die sanfte Brise streichelte unsere Haare, die wie Fahnen im Wind flatterten. Wir waren nur ein kleiner Moment im endlosen Lauf der Zeit, aber es war ein großartiger Moment.

Die idyllische Szenerie wurde durch die Musik, die gerade zur Motivation lief, ein wenig ruiniert. Aus Lauras kleinem, tragbarem Lautsprecher dröhnte »The Logical Song« von Scooter. Das ist High-Energy-Happy-Hardcore-Musik, die eher zu einem wilden Rave als zum wilden Dschungel passt. Aber der Text darüber, dass das Leben magisch ist, wirkte irgendwie passend. Ich muss immer noch lächeln, wenn ich daran denke, wie Nereus im Bug eines Kanus saß und voller Lebensfreude drauflospaddelte. So breit hatte ich ihn noch nie zuvor grinsen sehen.

Während wir unter dem erleuchteten Himmel über das mondbeschienene Wasser flogen und auf das Dorf zuschossen, wurde mir bewusst, dass in diesem Standbild, diesem Freeze Frame meines Lebens alles (mit Ausnahme der Kaimane im Boot) perfekt war. Wir waren zwar den ganzen Tag gepaddelt, aber wir fühlten uns ungeheuer lebendig. Wir spürten mit jeder Faser unseres Wesens, dass wir lebten. Der Dschungel begann, mich allmählich zu einer erwachsenen Frau zu machen.

Wir kamen kurz nach Mitternacht an und schlichen uns durch das Dorf, um die Schlafenden nicht zu stören. Unsere Guides eilten zu ihren Familien zurück, und Ness, Laura und ich gingen in unsere alten Zimmer im Gästehaus, wo der Rest unserer Ausrüstung für die nächste Etappe der Reise auf uns wartete.

Am nächsten Morgen suchten wir das Dorfbüro auf, um ins Internet zu gehen. Ich sprach eine ganze Stunde lang mit Charlie. Es war wundervoll, sich endlich mit ihm austauschen zu können, und es wärmte mir das Herz, seine Stimme zu hören. Aber dennoch fiel es mir irgendwie schwer, mich mit dem WLAN zu verbinden.

Der Dschungel war für mich sowohl Flucht als auch Erwachen gewesen. Die technologische Welt ist so hektisch und so unmittelbar; es war so schön gewesen – erstaunlich normal und menschlich –, sich nicht täglich in soziale Medien, E-Mails und Anwendungen einzuloggen. Das Internet erlaubt mir, zu tun, was ich liebe, aber meine Zeit im Dschungel hatte mich begreifen lassen, dass wir es kontrollieren sollten, statt uns von ihm kontrollieren zu lassen.

Später kamen Cemcis Frau Deli und ihre Schwiegertochter und brachten uns ein paar Bananen vorbei. Als wir zusammensaßen und uns unterhielten, zeigte uns Laura ein sehr süßes Video, das sie gerade erhalten hatte. Ran versuchte darauf, Mama zu sagen. Als Deli das Video sah, sagte sie, vielleicht sollten wir die Paddelei vergessen. In ein paar Tagen würde ein Flugzeug eintreffen und vielleicht sollte Laura an Bord gehen. Ich glaube nicht, dass sie scherzte.

Es war schon verlockend, länger als die zwei geplanten Nächte im Dorf zu bleiben. Meinen Füßen ging es gar nicht gut, sie schuppten sich und waren von roten, offenen Stellen bedeckt. Der Fußbrand wurde schlimmer. Durch das Dorf zu laufen war eine Qual für mich – und ging extrem langsam. Ich hatte das Gefühl, auf Nadeln zu laufen. Als wir uns im Bach waschen gingen, humpelte ich richtig. Laura und Ness nannten mich scherzhaft eine alte Oma.

»Du siehst aus, als bräuchtest du einen Rollator. So etwas habe ich noch nie gesehen«, sagte Ness.

»Ich schon«, sagte Laura. »Aber die Dame war 89 und ist kurz darauf verstorben.«

Auch kleine Freundlichkeiten bleiben nicht unbemerkt

Nereus kam zu uns zum Abendessen. Er brachte eine riesige Tüte Mangos als Geschenk mit. Die Mangos im Dorf waren noch grün gewesen, als wir uns auf den Weg machten, aber jetzt hatten sie sich in prächtige goldene Kugeln verwandelt. Da wir ja wochenlang nicht viel Obst und Gemüse gegessen hatten, waren es die besten Mangos, die ich je gekostet habe.

Die anderen Teammitglieder aus dem Dorf aßen bei ihren Familien. Es fühlte sich merkwürdig an, nicht von ihnen umringt zu sein und ihrem Dankgebet zu lauschen. Nereus saß neben mir auf einer der Holzbänke, die zu beiden Seiten des Tisches standen. Der Strom war zwar ausgeschaltet, doch das Licht von Ness' Taschenlampe erleuchtete das hölzerne Gasthaus mit schönem, orangerotem Licht und schuf heimelige Wärme.

»Ich werde jede Nacht dafür beten, dass ihr in Sicherheit seid. Ich hoffe, ich sehe euch wieder, auf der Erde oder im Himmel«, sagte Nereus. Dann verkündete er zum ersten Mal: »Ich werde euch vermissen.«

Nereus war auf unserer Reise der starke, schweigsame Typ gewesen. Seine so aufrichtigen und herzlichen Worte zu hören war unglaublich berührend. Wir umarmten ihn fest, und dann begannen Ness und ich zu weinen. Nereus weinte ebenfalls. Manchmal wirken Menschen nicht durch das, was sie sagen, sondern durch ihre bloße Präsenz. Nereus verkörperte das – er war ein wunderbar freundlicher Mann.

In den letzten Tagen war ich häufig in Tränen ausgebrochen – die kleinste Freundlichkeit, ein Lächeln oder eine Geste reichte aus, um mich zum Heulen zu bringen. Ness ging es genauso. Laura wirkte stoischer, wahrscheinlich teilweise auch, weil sie in Gedanken bei Ran war und sich darauf freute, ihn bald zu sehen. Für sie machte ihr Baby einen Großteil der Motivation aus, wieder aufs Wasser zu gehen.

Ich ging in dieser Nacht nicht sofort zu Bett. Ich saß auf der Treppe zum Gästehaus und schaute zum Mond hinauf, der rund und voll dort oben hing und das Dorf mit seinem Licht erleuchtete. Der Dschungel spielte seine Melodie, während die Sterne über uns glitzerten. Ich dachte über die herzlichen Worte von Nereus nach, über die Freundlichkeit, die wir auf dieser Reise erfahren hatten. In der Abendkühle bekam ich Gänsehaut, und doch war ich von Kopf bis Fuß mit Wärme erfüllt. Für mich sind Worte die beste Art, meine Liebe und mich selbst auszudrücken. Ich begann zu schreiben ...

Unter dem Vollmond
nahm sie Abschied.
»Ich werde für dich beten«, sagte er,
»Nacht für Nacht.«
Und als die Tränen flossen
und die Wolken aufrissen
unter den fernen Sternen und
dem majestätischen Ball der Hoffnung,
fragte sie sich, ob es vielleicht,
nur vielleicht,
ja doch etwas gibt, das es wert ist,
angebetet zu werden.

LANGSAMKEIT

(Substantiv): Bewegung oder Handeln mit niedriger
Geschwindigkeit

Langsamkeit wird unterschätzt. Eine gemütliche, entspannte Rei
se ist meine liebste Art, unterwegs zu sein. Ehrlicherweise liegt
dies teilweise daran, dass mein Körper es ablehnt, sich schnell
über Distanzen fortzubewegen, die größer sind als 100 Meter. Anstatt dagegen anzukämpfen, habe ich das akzeptiert und große
Freude an der Langsamkeit gefunden. Lange Spaziergänge ermöglichen es, in die Landschaft einzutauchen – tief in sie einzudrin-
gen, anstatt nur hindurchzurasen. Oder Bootsfahrten auf einem
Fluss, wo man stundenlang die sich stets verändernden Bewegungen des Wassers beobachten kann. Die besten Radtouren werden
von zahlreichen Boxenstopps unterbrochen, bei denen man die
Aussicht genießt, während die Tasse Tee neben einem auf Trink-
temperatur abkühlt. Ich bin Stammspielerin im Langsamkeits-
verein. Vielleicht gehörst du ja auch zu meinen Leuten oder kennst
zumindest jemanden, auf den das zutrifft. Mitglieder erkennt man
daran, dass sie entspannt durch Flughäfen schlendern – diese
Schlaumeier, die mit ausreichend Zeit zum Einchecken eingetrof-

fen sind. Meistens nippen sie an einem Kaffee und wirken völlig unbekümmert. Sie schauen über den Rand ihrer Tasse und beißen von ihrem Gebäckstück ab, während sie die beobachten, die in letzter Minute zum Check-in-Schalter hasten. Wenn es irgendwie möglich ist, gehöre ich auch gerne zu den gelassenen Croissant-Essern dieser Welt.

Charlie aber war, als ich ihn kennenlernte, das absolute Gegenteil. Stammspieler im Team Schnell. Für ihn war ein Tag erst dann gut, wenn er mit Terminen so vollgestopft war, dass er durch ganz London hetzen musste, da zwischen den einzelnen Treffen nur wenige Minuten Puffer eingebaut waren. Wenn wir verreisten, wollte er natürlich in allerletzter Minute am Flughafen aufschlagen, weil er das Gefühl haben wollte, seine Zeit bestmöglich genutzt zu haben. Immer wenn ich bei solchen Aktionen mitmachte (Beziehungen bestehen schließlich aus Kompromissen), rannten wir am Ende vollgepumpt mit Adrenalin zu unseren Sitzen im Flieger. Triumphierend, aber total gestresst.

Unsere Rückreise aus Malaysia hätte Charlie alleine wahrscheinlich in der Hälfte der Zeit geschafft (wir brauchten 13 Monate), aber das hätte ich körperlich schlichtweg nicht gepackt. Aber wie er selbst zugibt, war diese Reise nicht zuletzt wegen des gemächlicheren Tempos ein unvergessliches und intensives Erlebnis geworden. Anstatt Gespräche abzubrechen, vertieften wir uns in sie. Wir nahmen großherzige Angebote der Gastlichkeit und Freundschaft an.

Es freut mich, verkünden zu dürfen, dass Charlie seit unserer Fahrradtour zum Team Langsam gewechselt ist. Aber obwohl ich mich seit Jahren voll und ganz den Segnungen der Langsamkeit verschrieben habe, muss ich mich hin und wieder doch bewusst daran erinnern. Im Lauf der Jahre war mir Langsamkeit mal mehr und mal weniger wichtig, aber ich fühle mich stets besser, wenn ich meine Geschwindigkeit drossele. Gelegentlich planen Charlie und ich immer noch ziemlich knapp, aber meistens lassen wir es etwas langsamer angehen, vor allem bei der wichtigsten Mahlzeit des Tages – dem Frühstück. Wenn du jemand bist, der gerne mit Lichtgeschwindigkeit durchs Leben saust, dann nur zu – aber ich fordere dich dazu heraus, mal eine Stunde lang herauszufinden, was passiert, wenn du einmal innehältst und eine Weile lang gar nichts tust. Atme durch. Sieh dich um. Starre an die Wand und schau, was passiert. In gewisser Weise war unsere Kajaktour eine extreme Version dieses Experiments, denn weil wir auf dieser Etappe sehr viel weniger Menschen um uns hatten – und 1014 Kilometer paddeln mussten –, bot uns das sehr viel Zeit, um einfach nur dazusitzen und nachzudenken.

An dieser Stelle muss ich dich warnen: Langsamer werden ist nicht immer angenehm, zumindest war es bei mir nicht immer so. So wie es sich seltsam anfühlt, wenn auf dem Rummelplatz ein Fahrgeschäft auf einmal stehen bleibt, so kann es sich auch zunächst seltsam anfühlen, das eigene Tempo zu reduzieren. Das an dir vorbeiwirbelnde Leben, das dich bisher von dir selbst abgelenkt hat, wird plötzlich aus der Gleichung entfernt, und das legt vielleicht Dinge frei, die du noch nicht vollständig verarbeitet hast. Du könntest die Gelegenheit nutzen, um genau das zu tun. Aber trotz alledem habe ich festgestellt, dass das Verharren ein Element von Klarheit, Kreativität und Bewusstheit mit sich bringt. Vielleicht bedeutet langsamer zu werden und weniger zu tun letztendlich sogar, dass du mehr erreichst und es dir dabei besser geht.

· · ·

Tag 36 der Expedition
Standort: auf dem Essequibo, zwischen Masakenari und Apoteri
Status: unsere neuen Teamkollegen kennenlernen

»Da.« Romel zeigte mit seinem Paddel auf den Baum über uns.

»Ich sehe immer noch nichts«, antwortete ich.

Seit fünf Minuten versuchte Romel geduldig, mir einen wunderschönen Grünen Leguan zu zeigen. Aber sosehr ich mich auch bemühte, so angestrengt ich alle Bäume in der Umgebung scannte, das Blätterdach über uns sorgte dafür, dass ich nur noch verschwommenes Grün sah. Ich sah nur üppig grüne Blätter. Romel hatte sogar in seinem Kajak gestanden und sein leuchtend orangefarbenes Paddel in Richtung Leguan geschwenkt, aber ich sah ihn immer noch nicht. Es war ungeheuer frustrierend, vor allem, wenn man bedenkt, dass ein durchschnittlicher Grüner Leguan ungefähr zwei Meter lang werden kann. Romel aber schien völlig ungerührt ob meiner Unfähigkeit, etwas für ihn so Offensichtliches zu entdecken. Ich dankte ihm für seine Geduld und gab auf.

Nach unserer Zeit tief im Dschungel war es eine ziemliche Umstellung, wieder auf dem Wasser zu sein. Auf der Wanderung zur Quelle waren wir fast dazu gezwungen gewesen, uns auf die Landschaft einzulassen, weil sie so allgegenwärtig gewesen war. Unter dem Blätterdach hatte auch immer eine gewisse Anspannung geherrscht – wir mussten konstant wachsam sein. Jetzt hingegen hatte uns die Sonne auf dem offenen Fluss mit ihren Strahlen dazu verführt. Wir fühlten uns von ihrer Wärme umhüllt, und das verlieh uns ein trügerisches Gefühl von Sicherheit. Auch der Fluss wirkte viel offener, irgendwie freier, und wurde von Regenwald gesäumt, der sich bis zum Horizont erstreckte.

Außerdem hatten wir die traditionellen und geselligeren Einbäume gegen aufblasbare Einer-Kajaks getauscht. Sie sollten uns bald sehr vertraut werden. Ein Zufluchtsort, an dem wir in den seichten Zonen abschalten, uns im Rhythmus des Paddelns verlieren und vor uns hin träumen konnten. Wenn wir uns mit den anderen unterhalten oder die Tiere im Blätterdach beobachten wollten, mussten wir entweder näher zu den anderen oder dichter ans Flussufer paddeln. Das verlieh uns ein trügerisches Gefühl der Kontrolle; das Gefühl, selbst

Beobachte, was dich einholt, wenn du langsamer wirst

entscheiden zu können, ob wir allein sein oder mit unserer Umwelt in Beziehung treten wollten. Die Frage war nur, ob wir, wenn wir miteinander redeten, mit den anderen interagierten oder uns von uns selbst ablenkten. Wir würden noch sehr lange Zeit haben, darüber nachzudenken ...

Nereus war mit einer ganzen Reihe von Dorfbewohnern am Fluss aufgetaucht, um uns nachzuwinken. Wir hatten aufblasbare Kajaks für unsere neuesten Teammitglieder, unsere Flussführer Ant und Romel, mitgebracht. Ness, Laura und ich luden unsere Packsäcke auf unsere Kajaks und befestigten sie mit einem Gurt und einer Edelstahlschnalle. Vom Flussufer aus beobachteten wir, wie Ant und Romel übten, die hellblauen Boote den Essequibo hinauf und hinunter zu manövrieren. Sie schafften es mühelos. Wir waren in guten Händen.

Dann kletterten wir in unsere eigenen bunten Kajaks. Einige filmten die Szene mit ihren Handys.

Während der Wanderung hatte ich Nigel gefragt, ob ihm ein passender Name für mein Boot einfiele.

»Also, wie heißt es?«, fragte ich, beugte mich im Kajak vor und überprüfte noch einmal, ob meine Packsäcke richtig gesichert waren.

Nigel warf mir ein freches Grinsen zu. »Faultier.«

»Und meines?«, rief Laura.

»Wayamoo – die Schildkröte.«

Na großartig. Das war ja vielversprechend. Nigel hatte offenbar sehr großes Vertrauen in unser Kajakkönnen. Lachen mussten wir trotzdem.

Cemci, Nigel und Jackson begleiteten uns einige Kilometer in einem der Einbäume. Dann hörten wir weiter vorne eine kleine Stromschnelle. Ich schaute zu, wie das Team den Einbaum an einigen Felsen befestigte und alle ausstiegen. Ant und Romel blieben in ihren Kajaks und hielten diskret Abstand, damit wir uns verabschieden konnten. Jackson watete ins Wasser und redete mit ihnen. Ness zufolge gab er ihnen die Anweisung, genauso gut auf uns aufzupassen, wie die anderen es getan hatten. Ich erreichte als Letzte den Treffpunkt, und Nigel half mir, mein Kajak auf die Felsen zu ziehen. Nachdem Jackson mit Ant und Romel gesprochen hatte, stapfte er langsam durchs Wasser und stellte sich mit unseren anderen Freunden vor uns auf, um sich zu verabschieden.

Jackson, eines der stärksten Teammitglieder, bis zur Hüfte im Wasser stehen zu sehen, einen traurigen Ausdruck in seinen sonst blitzenden Augen, war schrecklich. Er sah aus wie ein begossener Pudel. Ich warf Ness einen Seitenblick zu – sie war ebenfalls kurz davor, zusammenzubrechen –, ihre Augen standen bereits voller Tränen. Wir alle weinten an jenem Tag auf dem Fluss – sogar Laura war weich geworden. Nach einer letzten Umarmungsrunde ermahnte uns Jackson, dass wir die Traditionen nicht vergessen sollten, die wir auf unserer Expedition eingeführt hatten – unter anderem auch das Dankgebet. Wir versprachen es ihm.

Die Jungs blieben noch eine Weile auf dem Felsen stehen und winkten uns nach. Wir paddelten davon, bis wir in der Ferne nur noch eines unserer leuchtend orangefarbenen Kajakpaddel in der Luft schwingen sahen. Mit diesem speziellen Exemplar hatten wir unser Kanu von einem umgestürzten Baum abgestoßen. Dank einer unglücklichen Kombination aus Körpergewicht, einem schlecht gewählten Winkel und Druck war es leider zerbrochen.

Als wir hinter der Flussbiegung verschwanden, schlugen wir ein neues Kapitel unserer Reise auf, eines, in dem unsere mentalen Fähigkeiten genauso auf die Probe gestellt werden sollten wie unsere Körper.

»Im Dschungel war so viel los – Landkarten lesen, Gesang, den Pfad freihacken«, sagte Ness, als wir das alte Team allmählich hinter uns ließen. »Auf den ersten Blick wirkt Paddeln wirklich entspannend und schön, auf diesem ruhigen, spiegelglatten Wasser. Aber in mir brodelt es. Wir mussten gute Freunde zurücklassen, und damit muss ich erst mal klarkommen. Wie kann es sein, dass man so gute Freunde findet und sie dann höchstens ein oder zwei Mal im Leben wiedersehen kann? Ehrlich gesagt, fahre ich emotional immer noch Achterbahn.«

Ness hatte recht, wir würden viel Zeit zum Nachdenken haben. Es liegt in der Natur des Menschen, nach außen zu schauen, um nicht nach innen blicken zu müssen, aber mit den acht Stunden Kajakfahren täglich, die uns auf absehbare Zeit bevorstanden, würden wir uns alle daran gewöhnen müssen, uns ziemlich ausdauernd mit uns selbst zu beschäftigen. Wir würden jeden Tag spätestens um sechs Uhr oder früher aufstehen und bis kurz vor Sonnenuntergang paddeln, um noch genügend Zeit zu haben, unser Lager aufzuschlagen. Es würde Momente im Wildwasser oder beim Passieren von Wasserfällen geben, in denen wir unsere gedanklichen Achterbahnfahrten gegen greifbarere Fahrten tauschen müssten. Aber meist würde kein Weg daran vorbeiführen, den größten Teil des Tages allein mit unseren Gedanken zu verbringen.

Abgesehen von »Ich hab Hunger« (was ich ständig denke) und »Habe ich genug Sonnencreme aufgetragen?« war der Gedanke, der

mir immer wieder durch den Kopf ging, der, wie verflucht anstrengend es ist, einen Flusslauf hinabzupaddeln. Ich hatte mir vorgestellt, dass wir uns die meiste Zeit von der Strömung treiben lassen
würden. Aber da hatte ich mich ordentlich getäuscht.

Wir hatten uns extra dafür entschieden, die Expedition im
Februar und März durchzuführen, weil es in dieser Zeit in Guyana
relativ trocken ist und wir die Gefahr von steigenden Pegelständen
vermeiden wollten. Der Nachteil daran war, dass das Wasser beinahe stillzustehen schien. Statt gemütlich den Fluss hinunterzutreiben war jeder Paddelschlag harte Arbeit, vor allem nachmittags, wenn der Wind auffrischte. Dass ich den ganzen Tag
schwitzte, half weder gegen meinen Hunger noch gegen meine
Sorgen wegen der Sonnencreme.

»Dieser Fluss ist sehr langsam und trocken; es fühlt sich an, als
würde er flussaufwärts fließen«, scherzte Ant. Es fühlte sich definitiv so an.

Dann zeigte Ant auf den Baum direkt neben uns. Eine Boa lag
schlafend auf einem Zweig. Ihre wunderschöne, smaragdgrüne
Haut zierten weiße Markierungen. Er erzählte uns, dass viele Brasilianer diese Schlangen suchten, um sie als Haustiere zu verkaufen.

Dann entdeckte ich in der Nähe der Boa eine schöne, flauschig
aussehende rot-gelbe Blume. Ich hatte diese Art von Blume schon
am Tag zuvor im Dschungel gesehen, also fragte ich Ant danach.

»Sie heißt ›Bandana der Anakonda‹«, sagte er. »Viele Leute sagen, dass sich Anakondas in Menschen verwandeln können. In ihrer menschlichen Form stecken sich weibliche Anakondas diese
Blume ins Haar.«

Er fuhr fort, dass diese Blume auch sehr nützlich sei, um unglücklich verliebten Männern zu helfen.

»Wenn ein Mann sich in eine Frau verliebt, die nicht an ihm
interessiert ist, dann sollte er diese Blume betrachten und sich da-

ran erinnern, dass auch die Frau alt werden und ihre Zähne verlieren wird.« Frauen sollten diese Blumen allerdings besser nicht anlächeln, weil ihnen sonst die Zähne ausfallen könnten.

»Tja, dann bin ich geliefert, Ant. Gestern bin ich fünf Minuten lang in einem Busch herumgekrochen und habe lächelnd versucht, ein vernünftiges Foto von ihr zu machen.«

Dass Ant auf meine Erwiderung gar nicht reagierte, machte mich ein bisschen nervös, und ich verspürte das unerwartete Bedürfnis, mit der Zunge zu überprüfen, ob meine Zähne wirklich alle noch fest saßen. Dann drehte ich mich unauffällig zur Seite und klopfte sie kurz ab. Puh, alle noch da und genauso stabil wie immer. Jedenfalls noch. Mit strahlendem Lächeln blickte ich wieder zu Ant hinüber.

»Bist du manchmal gestresst?«, fragte ich, in dem Versuch, ihn besser kennenzulernen. Ich war neugierig, weil er ziemlich entspannt wirkte und ich mich fragte, ob das an seiner Persönlichkeit lag oder daran, dass wir uns auf dem Fluss befanden.

»Nein, nie«, antwortete er langsam und gemächlich. »Wenn ich gestresst bin, höre ich einfach auf zu arbeiten. Ich gehe nach Hause, gehe angeln oder spiele mit meinen Kindern – ich liebe sie über alles. Dann gehe ich wieder arbeiten. Eile mit Weile. Wer beim Waschen zu stark schrubbt, hat bald Löcher in den Kleidern oder einen Krampf in der Hand.«

Finde das Tempo, das am besten zu dir passt

»Finde ich auch«, sagte Romel, der auf meiner anderen Seite fuhr. »Nimm zum Beispiel das Paddeln. Du bist dein Motor. Wenn du eine Pause brauchst, dann mach eine Pause. Es gibt keinen Grund zur Hektik. Wenn du paddelst, kommst du vorwärts. Ich nehme mir sehr gern Zeit für Dinge, ob das nun die Zubereitung von *farine* oder die Küche ist, die ich gerade für meine Frau baue.«

Wir schwiegen eine Weile. Das rhythmische, entspannende Plätschern des Wassers an unseren Paddeln schien ihren Standpunkt zu unterstreichen. Achtsamkeit war wichtig.

Ant wies auf einen großen Felsen am Ufer, in den die Figuren eines Mannes, einer Schlange und eines Affen eingeritzt waren. Er erklärte, dass Indigene früher solche Zeichen hinterlassen hätten, um auf gute Jagdgründe hinzuweisen. Wir hatten keine Ahnung, wie alt sie waren, aber ihre Existenz betonte die Größe der Menschheit an sich und welch kleine Rolle uns darin zukam.

»Ich war einmal wegen einer Tourismuskonferenz in London und habe gesehen, wie alle dort durch die Gegend hasten«, sagte Ant, als wir wieder lospaddelten.

»Und wie fandest du das?«, fragte ich.

Seine Antwort? »Naja, es wollten eben alle rechtzeitig zur Arbeit kommen.«

Ich erzählte Ant und Romel von meinem Alltag zu Hause – dass mein Tag oft von Schreiben, Redaktion, E-Mails, Anrufen und sozialen Medien dominiert werde und dass ich, wenn mir alles zu viel sei und ich mich gestresst fühle, versuchte, in den Wald oder in die Natur zu flüchten. Ant dachte einen Moment lang nach.

»Ja. Du musst dir die Kraft der Natur in Erinnerung rufen. Viele Leute finden den Dschungel sehr gefährlich, aber eigentlich ist er ein sehr entspannender Ort.«

Da wir gerade über Mutter Erde sprachen, erklärte ich ihnen meine Theorie, dass Bäume ein wenig wie Menschen seien. Ich zeigte auf einen kahlen Baum, der beinahe wie ein einsamer Zweig über dem Blätterdach aufragte.

»Den dort drüben mag ich zum Beispiel«, sagte ich. »Je krummer, knorriger oder knotiger ein Baum ist, desto interessanter finde ich ihn.«

»Du siehst die Welt auf andere Art, aber ich verstehe, was du meinst«, schmunzelte Ant.

»Ich habe mal drei Jahre lang in Georgetown gelebt«, sagte Romel.

»Dort dreht sich jeden Tag alles nur um Geld. Du brauchst Geld für Essen, für Kleidung, für den Bus. Wenn man ein Motorrad hat, braucht man Geld für Benzin. Ich liebe den Dschungel, weil ich hier jagen kann, was ich will und wann ich will. Wenn ich Fisch brauche, gehe ich zum Fluss. Wenn ich Fleisch will, in den Dschungel. Ich genieße das Leben. Wenn ich aufwache, bereite ich alles fürs Essen vor, und wenn die *farine* fertig ist, kümmere ich mich um die Maniokpflanze.«

Wie aufs Stichwort spritzte das Wasser vor unseren Booten auf.

»Was war das?«, fragte ich.

»Ein Fisch«, sagte Ant und holte seine Angelschnur heraus.

Ich fragte, wie die Dorfbewohner der Waiwai-Gemeinde über die Subsistenzwirtschaft hinaus Geld verdienen. Mir wurde gesagt, dass Goldabbau, Rangertätigkeiten und gelegentliche Führungen wie für uns die Haupteinnahmequellen seien.

»Was passiert, wenn Menschen entweder zu krank oder zu alt sind, um zu jagen oder zu fischen?«, fragte ich, während wir darauf warteten, dass der Fisch anbiss.

»Die Regierung stellt eine Rente für ältere Menschen zur Verfügung, und manchmal bitten ältere Menschen die jungen Leute, Sachen für sie zu besorgen. Aber ich bringe meinem Großvater immer den überschüssigen Fisch mit, den ich fange«, sagte Romel. »Wir teilen.«

Nach ein paar Minuten, in denen wir vergeblich auf den Fisch warteten, fuhren wir weiter. Wir kamen heute viel langsamer voran als geplant. Ein paar Minuten später kam es zum totalen Halt. Ant hatte vor uns auf einem Ast eine grüne Anakonda gesehen. Wir drängten uns zusammen, um sie zu bestaunen. Die dicke, gedrungene Schlange, die ungefähr sechs Meter lang gewesen sein muss – ein kleineres Exemplar einer Gattung, die bis zu neun Meter lang werden kann –, hatte nicht vor, lange dort lie-

**Nimm dir Zeit
für Langsamkeit**

gen zu bleiben. Als Ness gerade ihre Kamera zückte, um sie zu filmen, ließ sich das Tier kurz entschlossen vom Stamm aus ins Wasser fallen – entweder hatten wir hier eine sehr kamerascheue Schönheit oder einen echten Ninja vor uns. Zum Glück war ihr keiner von uns im Weg und wir schauten zu, wie sie ins Wasser klatschte. Heute würde sie nicht mehr ins Rampenlicht treten.

Ich hatte mir zwar vorgenommen, möglichst wenig Hektik in mein Leben zu lassen, aber es schien mir doch angebracht, schnell gebührenden Abstand zwischen mich und die schwerste Schlange der Welt zu bringen, die dafür bekannt ist, dass sie im Wasser eine besonders exzellente Jägerin ist. Angesichts der Tatsache, dass Anakondas bis zu zehn Minuten lang untertauchen und die größten einen Menschen unzerkaut verschlingen können, war mir der Gedanke, dass eine unter unseren Booten umherschwimmen oder sich um unsere Paddel schlingen könnte, ein wenig unangenehm.

Während wir eilig weiterfuhren, fragte Ness Ant, wie er das Tier entdeckt habe. Ihr olivgrüner Körper war zwischen den Bäumen ziemlich gut getarnt gewesen.

»Ich halte immer nach interessanten Dingen Ausschau, wenn ich in den Dschungel gehe. Der Leguan ist zum Beispiel nur sehr schwer zu erkennen. Ich konzentriere meinen Blick auf die Blätter und versuche, kleine Bewegungen auszumachen. Alles, was sich bewegt, muss ein Tier oder ein Vogel sein«, erklärte er.

Ich suchte das Wasser nach Anzeichen von unerwarteten Bewegungen ab. Leider ist die Anakonda eine Meisterin der Tarnkunst. Ihre Augäpfel und Nasenlöcher befinden sich auf der Kopfoberseite, sodass sie ihre Beute von der Wasseroberfläche aus beobachten kann, während ihr langer Körper relativ weit unter Wasser bleibt.

Nachdem zehn Minuten später noch niemand zu Tode gewürgt worden war, entspannte ich mich wieder.

Wildtiere zu beobachten machte zwar Spaß, aber wenn wir die Expedition irgendwann mal zu Ende bringen wollten, mussten wir hin und wieder auch ein bisschen schneller paddeln. Ich spürte, dass es Laura allmählich zu langsam voranging und sie ungeduldig wurde. Sie hatte große Sehnsucht nach Ed und Ran, die wir nächste Woche, genau wie Charlie und unseren Kameramann Jon, treffen sollten. Wenn wir pünktlich beim Treffpunkt ankommen wollten, mussten wir in den kommenden Tagen eine gewisse Balance zwischen Eile und Gemächlichkeit finden. Aber im Moment versuchte ich, mich der Ruhe des Flusses zu ergeben, dem schimmernden, braunen Wasser des Essequibo, das nun, da die Sonne sich dem Horizont zuneigte, golden zu strahlen begann.

Was verpasst du, wenn du durch die Gegend hastest?

Ich musste lächeln, als ich beobachtete, wie Romel zum Ufer paddelte, um einen potenziellen Lagerplatz auszukundschaften. Sein Paddelstil war die lebendige Verkörperung seines Ausspruchs: »Wenn du paddelst, bewegst du dich.« Er paddelte extrem gekonnt, und seine Paddelschläge wirkten entspannt und lässig. Er wiegte die Schultern locker von Seite zu Seite, es sah aus, als würde er tanzen. Mit seiner Tarnjacke und seinem breitkrempigen Hut wirkte er wie eine Mischung aus Soldat und Fischer. Ein Mann, der sich nach seinen eigenen Regeln vorwärtsbewegte.

Ich hatte heute schon mehrfach beobachtet, wie Ant und er ihre Paddel ruhen ließen, sich in ihre Kajaks legten und zum Himmel hinaufblickten, während sie sich vom Wind über das ruhige

Wasser des Flusses treiben ließen. Als sie einen Platz für unser Lager ausgesucht hatten, blieb ich hinter den anderen zurück, die sich bereits auf den Weg zum Ufer gemacht hatten. Nach unserem Gespräch darüber, dass man sich für viele Dinge mehr Zeit nehmen sollte, versuchte ich, den Tag und die untergehende Sonne zu genießen, bevor es an der Zeit war, wie jeden Abend das Lager aufzubauen. Ich spürte den Drang, zu den anderen zu paddeln. Die Sorge, dass sie mich verurteilen würden, weil ich nicht mithalf, und Gedanken daran, wie viel zu tun und vorzubereiten war, machten sich in meinem Kopf breit. Ich schob sie beiseite, sagte mir, dass ich noch stundenlang mithelfen konnte, und gönnte mir ein paar Minuten, in denen ich mich in meinem Kajak auf den Rücken legte und mich ganz den Launen des Windes und des Flusses auslieferte. Meine Gedanken verloren sich in den über mich hinwegwandernden Wolken.

Als mein Kajak langsam zum Ufer driftete, schubste Laura es gutmütig wieder in die Mitte des Flusses, was ich als Erlaubnis verstand, mich noch eine Weile zu entspannen.

Als sich mein Blick von den Wolken zum Blätterdach senkte, ließ ich ihn auf den Zweigen über mir ruhen. Plötzlich sah ich eine Bewegung. Knapp fünf Meter vor dem Boot fiel etwas aus einem Baum. Ich sah vier fuchtelnde Gliedmaßen, einen plumpen Absturz, der mit einem saftigen Platschen endete. Eine Wasserfontäne spritzte auf, was den Frieden ein bisschen ruinierte. Wie in einem Daumenkino hatte sich die ganze absurde Szene abgespielt, während ich fassungslos zuschaute. Das Tier, das vor mir vom Himmel gefallen war, war ein Grüner Leguan.

INSTINKT

(Substantiv): die angeborene Art und Weise, wie Menschen oder Tiere von Natur aus reagieren oder sich verhalten, ohne darüber nachdenken oder es lernen zu müssen

Das mag jetzt ein bisschen banal klingen, aber wir sind alle Tiere. Tief in dir, ob du dir dessen nun bewusst bist oder nicht, ruht ein prächtiges, wildes Raubtier, das nur darauf wartet, den Kopf zu erheben und loszubrüllen. Wir haben uns zwar von der Natur entfernt, aber die Natur ist in uns geblieben. Die ungezähmten und wilden Aspekte unseres Selbst haben wir nur aus den Augen verloren. Oft und gerne betrachten wir uns als die Spitze der Nahrungskette, aber unser Aufenthalt im Dschungel war eine deutliche Erinnerung daran, dass die meisten Menschen, die man allein in einer fremden und potenziell feindlichen Umgebung aussetzt, ziemlich nutzlos sind. Dennoch hatte ich das Gefühl, als hätte ich eine ganz neue Superkraft in mir entdeckt, die ich zuvor noch nie richtig erforscht hatte – meine Sinne erwachten zum Leben. Ich registrierte jedes Rascheln. Jedes Knacken eines Zweiges. Ich spürte, wenn ich beobachtet wurde (meistens von Kaimanaugen). Wir waren weder an Kopfhörer angeschlossen, noch klebten wir an Bildschirmen fest. Hier wurden wir Teil unserer Umgebung. Wir wurden lebendiger.

Instinkte gehören zu den mächtigsten Gaben, über die wir Menschen verfügen, aber die meisten von uns ignorieren sie in unserer urbanisierten Umgebung völlig. Man sollte auf solche Momente achten, egal ob man nun das Gefühl hat, beobachtet zu werden, ob man die Energie seines Gegenübers spürt oder in einer Situation ein ungutes Gefühl bekommt. Als ich noch jünger war, habe ich oft in Situationen verharrt, die mir nicht geheuer waren, weil ich niemanden beleidigen wollte. Aber als ich begann, mehr – und alleine – zu reisen, lernte ich, meinen Instinkten mehr zu vertrauen. Wenn mir jetzt eine Situation nicht ganz geheuer ist, dann versuche ich, mich so schnell es geht zurückzuziehen – ohne das Bedürfnis, mich dafür rechtfertigen zu müssen.

Doch obwohl wir nicht mehr in die Natur eingebunden sind, feuert unser Kampf-oder-Flucht-Mechanismus immer noch, wenn wir uns bedroht fühlen. Mit Smartphones, allgegenwärtiger Konnektivität und der Möglichkeit, rund um die Uhr zu arbeiten, haben wir den Jaguar in gewisser Weise in unsere eigene Tasche gepackt. Jeder Piepton, jede Benachrichtigung, jede Vibration ist für uns ein Trigger. Im Dschungel kann man sich entspannen, wenn die Bedrohung verschwunden ist, aber die Technologie versetzt uns in einen konstanten Stresszustand. Tiere zittern, um ihre Ängste zu lösen, aber wir bombardieren uns tagein, tagaus mit niederschwelligen Bedrohungen – die gefürchtete To-do-Liste, das Gefühl, Leuten nicht schnell genug geantwortet zu haben, das ständige schlechte Gewissen, das einem sagt, man habe etwas Wichtiges noch nicht erledigt. Diese Art Stress scheint ein Überbleibsel unseres Überlebensinstinkts zu sein – extrem sinnlos, erschöpfend und kontraproduktiv, wenn man seinen Körper nicht tatsächlich auf eine Begegnung mit einem Jaguar oder einem Wildschwein vorbereiten muss.

Es ist kein Wunder, dass wir in solchen Stresszuständen oft Schwierigkeiten haben, auf unsere innere Stimme zu hören. Unser Bauchgefühl, eine Ahnung oder unsere Träume tun wir in unserer technisierten, urbanisierten Welt oft als esoterischen Hokuspokus ab. Aber das waren die Werkzeuge, die unsere Vorfahren am Leben hielten. Sie sind die kleinen Stupser, die uns darauf aufmerksam machen, dass wir – sowohl buchstäblich als auch im übertragenen Sinn – vom Weg abgekommen sind. Vielleicht sollten wir lernen, auf diese innere Stimme zu hören und einzuschätzen, wo die wirklichen Bedrohungen liegen. Ich wage mal zu vermuten, dass du dich vielleicht als Erstes dem Jaguar in deiner Tasche widmen solltest ...

. . .

Tag 38 der Expedition
Standort: Essequibo River
Status: verrückt vor Angst

»Er macht gerade Jagd auf euch«, sagte Ant, die Machete fest in der Hand, als er mit einer sehr hellen Taschenlampe einen mehr als zwei Meter langen Kaiman anleuchtete.

»Äh, Jagd auf uns?« Laura und ich lachten nervös.

Ant meinte es todernst. Ebenso wie der Kaiman, der entschlossen und unverrückbar am felsigen Ufer des Flusses stand. Das Licht der Taschenlampe beeindruckte ihn überhaupt nicht.

Laura und ich spülten am Ufer Geschirr. Plötzlich spürten wir, dass etwas nicht in Ordnung war. Laura nahm ihre Taschenlampe und ließ den Lichtstrahl über das Wasser schweifen. Aus der Mitte des Flusses leuchteten uns rote Augen entgegen. Diese Augen kamen mit hoher Geschwindigkeit genau auf uns zu, und im Lampenschein sahen wir einen beunruhigend langen, flachen, geschuppten Schwanz, der den Kaiman rasend schnell auf uns zu trieb. Laura und ich ließen das Geschirr fallen, alarmierten die anderen und rannten, so schnell wir konnten, die Uferböschung hinauf zu unserem Dschungelcamp. Jetzt, da wir auf höherem Terrain standen und vom Rest des Teams umgeben waren, entspannte ich mich wieder ein bisschen. Ich hatte Todesangst gehabt. Außerdem waren wir jetzt zu fünft, was meiner Einschätzung nach meine Chancen darauf, nicht als Kaiman-Abendessen zu enden, leicht erhöhte.

»Da ist er«, sagte Laura und lenkte Ants Taschenlampe dorthin, wo wir gerade noch abgewaschen hatten. Der Kaiman hatte inzwischen das Wasser verlasen und schaute zu uns hinauf. Da Kaimane eigentlich eher selten Menschen angreifen, verteidigte dieser vielleicht sein Revier, das vermutete zumindest Ant.

»Oder sie mögen Weiße«, grinste Romel. Ant und er begannen, Steine in Richtung des Reptils zu werfen. Nach ein paar Fehlwürfen musste eines der Geschosse sein Ziel getroffen haben, denn ohne Warnung bewegte sich der Kaiman auf einmal blitzschnell – so schnell, dass Ant ihn danach mit der Taschenlampe erst wieder im Wasser suchen musste. Kurz darauf stand er wieder an seinem Platz am Ufer.

Mehr Steine regneten auf ihn herab, bis der Kaiman schließlich ins Wasser zurückglitt. Es war mir extrem unangenehm, dass ein Tier nur deshalb gesteinigt worden war, weil ich Alarm geschlagen hatte. Aber ich wollte noch weniger, dass einer von uns als sein Betthupferl endete.

Instinkte gibt es aus gutem Grund

Instinkte sind komisch. Sie sind dazu da, uns auf Bedrohungen aufmerksam zu machen. Ant, der eine große Begabung dafür hatte, unter Einsatz seines gesamten Körpers Geschichten zu erzählen, berichtete uns, wie verängstigt seine Vorfahren gewesen waren, als sie zum ersten Mal ein Flugzeug sahen.

»Mein Urgroßvater und meine Urgroßmutter hörten über sich ein Flugzeug. Das Geräusch machte ihnen schreckliche Angst und sie sagten zueinander: ›Psst, ab ins Loch.‹«

Er machte eine sehr komische Armbewegung, mit der er darstellte, wie sie sich versteckt hatten. Wie sich herausstellte, handelte es sich bei dem »Loch« um eine Höhle in der Nähe.

»Sie hatten große Angst. Das Gleiche passierte, als Brasilianer ihnen eine Taschenlampe zeigten. Sie leuchteten ihnen in die Augen, und schwupps, saßen sie wieder im Loch.«

Ich sagte, wenn beim ersten Brüllaffengeschrei, das ich je gehört hätte, ein solches Loch in der Nähe gewesen wäre, säße ich wahrscheinlich heute noch drin.

Das Lachen war eine willkommene Erleichterung gewesen. In den frühen Morgenstunden war ich wieder einmal aus einem Albtraum aufgewacht. In letzter Zeit plagten sie mich Nacht für Nacht, und sie wurden immer lebhafter und situationsbezogener. In diesem speziellen Traum fiel mein Kajak schnell in sich zusammen – ein Loch im Boot ließ pfeifend die Luft entweichen. Realität und Traum verschmolzen, und ich hatte das Gefühl, ich würde ertrinken. Ich weckte mich und den Rest des Lagers mit einem lauten Schrei auf und war total panisch. Ich schaute auf die Uhr. Zwei Uhr nachts. Laura rief in der Dunkelheit meinen Namen und fragte, ob ich okay wäre, und Ness, die normalerweise jede Nacht einmal aus der Hängematte stieg, um pinkeln zu gehen, nutzte die Gelegenheit, um zu mir zu kommen und mich zu umarmen. Diese menschliche Wärme war genau das, was ich brauchte. Nach ihrer Umarmung fühlte ich mich stabiler, irgendwie geerdet. Nachdem alle sich vergewissert hatten, dass es mir gut ging, versuchten wir, wieder zu schlafen.

Höre auf deine Seele

Aber in Wahrheit ging es mir ganz und gar nicht gut. Ich war völlig verstört. Am besten lässt sich das Gefühl mit der Atmosphäre von Wohnungen oder Häusern beschreiben, die man besichtigt, um sie zu kaufen oder zu mieten. Manche laden einen geradezu ein, während andere kalt, abweisend und unheimlich wirken. Seit ungefähr einer Woche hatte sich die Energie der Landschaft, die uns umgab, verändert. Es mag verrückt klingen, aber es begann, als wir zwischen massiven, schwarzen Felsbrocken hindurchpaddelten, die den Fluss zu beiden Seiten säumten. Sie sahen beinahe aus wie von Menschen behauene Statuen. Aus der Nähe wirkten sie wie ein Tor in die Wildnis – die geheimnisvollen Windungen des Essequibo, die vor uns lagen. Die ersten Tage, die darauf folgten, waren allerdings zauberhaft gewesen. Wir kamen uns vor wie im Paradies. Nach einem anstrengenden Paddeltag schwammen und planschten wir in den klaren, seichten, geschützten Tümpeln, die sich an den Ufern gebildet hatten. Wir lagen zufrieden und entspannt auf großen, flachen Felsen, die von der Hitze des Tages aufgeheizt waren, bestaunten die Sonnenuntergänge und warteten auf die Sternschnuppen, die Nacht für Nacht über den Himmel sausten. Wenn es das Königreich der Feen geben sollte, dann muss es so aussehen. Aber dann änderte sich die Energie des Dschungels plötzlich und ohne jeden erkennbaren Grund. Sie fühlte sich negativ an. Gefährlich.

Das Gefühl, dass wir uns in Gefahr befanden, ohne dass ich den Grund dafür finden konnte, erschöpfte mich emotional und setzte mich unter Stress. Ich versuchte, mich zu beruhigen, und führte mir die sehr realen, wenn auch unwahrscheinlichen Bedrohungen, die es in dieser Gegend geben konnte, vor Augen. Ich erlebte gerade ein weiteres Paradox des Dschungels – er ist gleichzeitig einer der beruhigendsten und der gefährlichsten Orte, an denen ich je gewesen bin. Manchmal hatte ich mich völlig entspannt gefühlt – möglicherweise zu entspannt, da ich meine Machete wochenlang nicht mit aufs Klo und tagelang nicht mit ins Bett genommen hatte. Aber gleichzeitig hatte ich noch nirgendwo so viel Angst gehabt wie hier. Seit ein paar Nächten war ich ständig in höchster Alarmbereitschaft. Ich realisierte, dass das die Stressreaktion war, die ich auch vor Deadlines bei der Arbeit verspürte, aber in einer Umgebung, in der diese Reaktion zum ersten Mal in meinem Leben angemessen und richtig war. Unbekannte Geräusche, das Gefühl, von etwas beobachtet zu werden, und mein allgemeines Unbehagen reichten aus, um mich aus dem Schlaf zu reißen und in den Kampf-oder-Flucht-Modus zu versetzen. Es war, als hätten sich meine Sinne verfeinert. Ich war nicht die Einzige, der es so ging.

»Es fühlt sich an, als wären wir jetzt an einem ganz anderen Ort, in einer ganz anderen Welt ...«, sagte Laura, als ich am nächsten Morgen beim Frühstück mit den anderen die veränderte Atmosphäre besprach. Ich wusste, was sie meinte. Diese Welt fühlte sich beängstigend, uralt und jenseitig an – oder vielleicht, genauer gesagt, nur allzu diesseitig. Eine Erinnerung daran, wie flüchtig unsere Existenz in ihr war.

Vielleicht waren wir alle durcheinander, weil wir die Landschaft nicht kannten und unterbewusst in höchster Alarmbereitschaft waren. Es war eine sehr windige Nacht gewesen, und aus dem Dschungel hörten wir andauernd Knirschen und Knacken. Ich hatte ungefähr 30 Minuten damit verbracht, mit meiner Taschenlampe aus der Hängematte zu leuchten, um zu erkennen, ob in der Dunkelheit etwas lauerte. Ich sage leuchten, aber wenn du eine Taschenlampe aus einer Hängematte auf die Umgebung richtest, blendet dich der Strahl mit der Lichtreflexion des Moskitonetzes. Nicht gerade ideal, wenn man nach Bedrohungen Ausschau halten will. Du musst die Lampe entweder direkt gegen das Netz drücken, oder es besser noch (aber weitaus beängstigender) aufmachen, den Kopf aus dem Spalt stecken und direkt hinausleuchten. Es mag albern klingen, aber ich fühlte mich in meinem Netz sehr viel sicherer als draußen, obwohl mir klar war, dass es mir wahrscheinlich genauso viel Schutz vor Raubtieren bieten würde wie ein Zitronenbaiser.

»Ich habe so schlecht geschlafen«, sagte Ness. »Als wir ins Bett gingen, dachte ich, Laura will mir Angst einjagen, weil ich die Stimme einer alten Frau gehört habe, die mir sagte, ich soll vorsichtig sein. Manche Dinge sind so vage, dass man sich einreden kann, dass man sie nur geträumt hat, aber bei anderen Dingen ist man sich ganz sicher, dass man sie wirklich gehört hat. Versteht ihr, was ich meine? Da gibt es einen Unterschied. Deshalb habe ich Laura auch gefragt, ob sie etwas gesagt hat. Ich erinnere mich noch ganz genau an den exakten Tonfall der Stimme, und an das Gefühl ...« Sie verstummte einen Moment lang. »Es war ein langer Tag gestern. Vielleicht halluzinieren wir ja alle.«

Romel meldete sich zu Wort: »Meine Seele, eure Seele warnt euch, wenn etwas in der Nähe ist. Vielleicht war es ein Jaguar oder eine Anakonda – man sieht sie nicht, aber die Seele spürt sie, und das macht uns Angst, wisst ihr? Während der Nacht schläft die Seele nicht tief. Ich habe gespürt, dass du schreien wirst, bevor ich es gehört habe. Meine Seele hat mir gesagt, dass wir nicht allein sind.«

»Ich hatte die ganze Nacht das Gefühl, als seien wir in Gefahr«, fuhr er fort. »Die gefährlichsten Tiere in diesem Wald sind Jaguare, und wir befinden uns in ihrem Gebiet. Vielleicht campen wir ja gerade in ihrem Zuhause, wer weiß? Ich bin letzte Nacht aufgewacht und habe jemanden weinen gehört. Ich dachte, es wäre Laura.«

»Das war nicht ich«, stellte Laura klar. »Wir sind hier gerade mitten im ›Blair Witch Project‹. Wir alle haben Muffensausen. Als ich aufs Klo gegangen bin, habe ich auf einmal einen Schädel gesehen, der einen halben Meter über dem Boden schwebte, ich schwör's. Er sah fast aus wie diese mexikanischen Totentagsschädel. Könnte das eine Suggestion gewesen sein? Hat mein Gehirn mir das vorgegaukelt, damit ich ein bisschen wachsamer bin? Ich habe das Ding angestarrt und damit gerechnet, dass es sich gleich bewegt.«

»Moment mal, hast du gerade schweben gesagt?«, fragte Ness. »Ich glaube, du trinkst zu wenig Wasser.«

»Manchmal sagen dir die Geister der Tiere, wenn jemand im Sterben liegt«, informierte uns Ant. »Als ich im Bergbau gearbeitet habe, habe ich um Mitternacht den Schrei eines einzelnen Affen gehört, was ziemlich ungewöhnlich ist. Den Traditionen zufolge bedeutet das, dass im Lauf des nächsten Monats jemand sterben wird. Ein paar Tage später rief mich meine Frau an und sagte, ihre Schwester sei krank. Eine Woche später starb sie.«

Er verstummte und schaute Laura lange an. Sie hatte sich aus Versehen das Gesicht mit Ruß beschmiert, nachdem sie unseren großen, schwarzen Kochtopf aufgehoben hatte, um ihn zu spülen. Irgendwann in den letzten paar Tagen hatte der Topf offensichtlich in der Asche gestanden.

»Laura, was ist mit deinem Gesicht passiert?«

»Ich kann nichts dafür, ich bin so geboren«, kicherte sie und machte sich daran, auch uns mit Ruß einzureiben. »Das ist Kriegsbemalung. Kommt und holt mich, ihr Geister …«

Angesichts des ganzen Spuks freute ich mich noch mehr auf Charlies Ankunft. Erst wenn man von körperlicher Zuwendung abgeschnitten ist, merkt man, wie tröstlich sie sein kann. Ich sehnte mich nach einer Umarmung von Charlie, teils auch, weil es mir nicht sehr gut ging. Ich hatte das Gefühl, als hätte ich einen Stein im Magen, und musste ständig rülpsen.

Doch meine Begeisterung darüber, anderen Menschen zu begegnen, war auch etwas gedämpft. Teilweise wegen der Rülpserei, aber auch, weil ich mich allmählich fragte, ob die Isolation im Dschungel uns allen den Verstand geraubt hatte. (Wir erzählten später einigen Leuten flussabwärts von unseren Erlebnissen. Wie sich herausstellte, hatten in der Gegend, durch die wir gefahren waren, früher häufig ethnische Auseinandersetzungen stattgefunden. Wir können es nicht rational erklären, aber ich weiß, dass wir alle das Gefühl gehabt hatten, dass dort irgendetwas nicht in Ordnung war.)

Nach dem Mittagessen sahen wir Ant und Romel zum Flussufer eilen. Wir nahmen an, dass sie im Gebüsch etwas entdeckt hatten – und das hatten sie auch. Es war ein Schild. Etwas von Menschen Gemachtes in einem Gebiet zu sehen, das, wie wir wussten, unbewohnt war, brachte uns völlig aus dem Konzept. Gerade noch hatten wir gedacht, wir wären völlig allein in diesem Dschungel, und jetzt tauchten vor uns zwei weiße, handgeschriebene Schilder auf PVC-Platten auf. Darauf hieß es:

R. Ramnarine
Lic #: 4580
D.O.L: 11.09.08

Darunter stand auf beiden Schildern ein Name. Rick #21 und #20. Wir vermuteten, dass »D.O.L.« Date of Landing bedeutete und vielleicht etwas mit dem Bergbau zu tun hatte.

»Rick! Bist du hier, Rick?«, rief Laura in den Dschungel hinein.

»Wilson, Wilson«, erwiderte Ness, in Anspielung auf Tom Hanks Figur in »Cast Away – Verschollen«, wo er, nachdem er auf einer einsamen Insel gestrandet ist, mit einem Volleyball redet, weil er so einsam ist.

Wir lachten, aber ich konnte das nachvollziehen. Wenn man in einem fragilen Zustand ist, nutzt man, um zu überleben, jedes psychologische Hilfsmittel, das einem zur Verfügung steht. Sogar, wenn das bedeutet, sich mit einem Ball anzufreunden.

Vertraue dir selbst

Wenn ich an jenem Nachmittag die Unterstützung eines Tieres, eines Gemüses oder eines Minerals hätte herbeibeschwören können – egal ob lebendig oder nicht –, dann hätte ich es getan. Wir waren auf einen Abschnitt mit engen, gewundenen Stromschnellen und ziemlich übel aussehendem Wildwasser gestoßen. Als wir über ein paar Felsen kletterten, um die Stromschnellen unter uns zu begutachten, war mir schwindelig und schlecht, und ich stand völlig neben mir. Ich hielt es, vor allem nach meinem Traum, für das Vernünftigste, sie auszulassen. Ant erbot sich netterweise, sie zwei Mal zu fahren. Zuerst in seinem Boot, und dann würde er wieder hinaufklettern und mein Boot für mich hinunterbringen. Ich dankte ihm und kletterte dann langsam und vorsichtig über die Felsen hinab. Wenn ich auf der Höhe gewesen wäre, wäre ich keine fünf Minuten später unten gewesen, aber ich bewegte mich so langsam wie eine Schnecke.

Als ich dann auf den Felsen am Fuß der Stromschnellen saß und auf die anderen wartete, beschlich mich plötzlich das Gefühl, dass ich hier unten völlig isoliert, allein und verwundbar war. Die letzten Tage hatten uns gezeigt, wie fragil unsere Existenz war – meine Alpträume, die gruseligen Geschichten, die ungute Atmosphäre im Dschungel. In mir stieg Panik auf.

Ich versuchte, mich zu beruhigen, indem ich mich auf eine graue Vogelfeder konzentrierte, die neben mir lag. Sie erinnerte mich an eine Möwenfeder und an ein Buch, das mein Vater mir geschenkt hatte.»Die Möwe Jonathan«, eines seiner Lieblingsbücher. Falls es jemand nicht kennt: Es ist ein wunderschönes Kinderbuch über eine Möwe, die spürt, dass sie eine Berufung hat, die darüber hinausgeht, einfach nur herumzufliegen, um Nahrung zu finden. Jonathan will die Kunst des Fliegens zur Vollkommenheit bringen, und obwohl sein Schwarm dagegen ist, geht er irgendwann seinen eigenen Weg. Ich mag die Botschaft dieser Geschichte sehr, aber als ich nun im Dschungel ganz physisch allein auf meinem eigenen Weg saß, ohne eine Spur meiner Teamkameraden, und an meine Familie dachte, wurde ich sehr traurig.

Ich dachte an die Gespräche über Sicherheit, die wir in den vergangenen Tagen geführt hatten, und das machte mir bewusst, wie isoliert – und wie wehrlos – ich allein war. Bei dieser Erfahrung ging es vor allem darum, auf einer sehr grundlegenden Ebene zu verstehen, was es bedeutet, ein Mensch zu sein – ich hatte noch nie zuvor in meinem Leben ums nackte Überleben gekämpft und werde es wahrscheinlich auch nie wieder tun. Ich war gezwungen, mein eigenes Leben genauer unter die Lupe zu nehmen. Ich musste begreifen, dass die körperlichen Reaktionen auf Stress im Dschungel denen in meinem Leben zu Hause zwar ähnlich sind, die Trigger jedoch nicht. Ich denke, es ist die Diskrepanz zwischen der Art Leben, für die sich unsere Körper entwickelt haben, und unserer heutigen Lebensweise, die eine klaffende Lücke in unserer Gesellschaft hinterlässt, und sie ist auch der Grund dafür, warum so viele Menschen das Gefühl haben, etwas sei nicht in Ordnung. Das ist es nämlich auch nicht, zumindest empfand ich das so.

Wie viele andere Menschen auch lebe ich nicht mehr naturverbunden, aber meine Psyche – das, was uns zu Menschen macht und uns überleben lässt – hat das nicht registriert. Ich habe im Dschungel gelernt, dass ich mich in Gegenwart anderer Menschen sicherer fühle; in einer Gruppe zu leben ist eine Form des Schutzes, aber die meisten von uns sperren sich in überfüllten Städten ein – umgeben von gesichtslosen Rudeln, die unser Gefühl der Isolation voneinander noch vergrößern. Wenn unser Körper Gefahr wittert, setzt die Stressreaktion ein. Das ist sehr praktisch und nützlich, wenn man um zwei Uhr morgens vor seiner Hängematte ein Rascheln hört und sich darauf vorbereiten muss, um sein Leben zu kämpfen, aber nicht unbedingt, wenn man seine E-Mails checkt.

Meine Traurigkeit wich nackter Angst, als mir klar wurde, dass ich nur meine fast leere Wasserflasche bei mir trug. Meine Schwimmweste enthielt ein paar Notfallutensilien: etwas zu essen, ein Messer und ein kleines Survival-Set, das Ben, der Freund meiner Schwester, mir zu Weihnachten geschenkt hatte. Ich hatte keine Möglichkeit, mit der Außenwelt zu kommunizieren, und meine Vorräte würden nicht lange ausreichen, falls mir etwas passieren sollte. Ich versuchte, mich abzulenken, indem ich auf die wunderschönen, algenartigen Pflanzen starrte, die den Felsen zierten, auf dem ich saß. An der Spitze des Felsens waren sie von sattem Rot, das sich bis zur Wasserlinie zu Gelb aufhellte und dann im Wasser selbst zu einem strahlenden Smaragdgrün entwickelte. Es war atemberaubend schön. Ich richtete meinen Fokus auf das Rauschen, mit dem das Wasser durch die Landschaft donnerte.

Ein riesiger Baum wuchs aus einem Felsen über mir, er sah aus wie etwas aus »Avatar«. Weil ich aber geschwächt war, mich krank fühlte und mir alles wehtat, klang die Kakofonie des Wildwassers für mich wie ein startendes Flugzeug. Die Isolation wirkte nicht länger friedvoll, sondern gefährlich. So hatte ich mich in der Natur noch nie gefühlt, es war seltsam und verstörend. Ich begann zu weinen.

Ich wartete schon seit zwanzig Minuten, sah die anderen aber immer noch nicht. Ness hatte, weil mir schwindlig gewesen war, aufgepasst, als ich über die Felsen nach unten kletterte. Nun aber kletterte ich, weil ich noch immer niemanden sehen konnte und mir allmählich Sorgen um ihre Sicherheit machte, wieder ein Stück zurück nach oben, um nach ihnen Ausschau zu halten. Zum Glück erspähte ich etwas leuchtend Rotes – die Helme, die Ant und Romel trugen. Ich war noch nie so froh gewesen, Sicherheitsausrüstung zu sehen! Auch den Ladys ging es gut, sie manövrierten gerade die Boote nacheinander durch einen schwierigen Abschnitt. Später sagte ich ihnen, es sei viel stressiger, seinen Kumpeln von oben dabei zuzusehen, wie sie ihren Kurs durch die Stromschnellen verfolgen, als selbst auf dem Wasser zu sein, da man aus der Distanz viel deutlicher sieht, wo die gefährlichen Stellen liegen.

Wie sich herausstellte, hatte ich mir völlig grundlos Sorgen um meine Teamkollegen gemacht – sie hatten unglaublich viel Spaß gehabt.

»Es war fantastisch«, sagte Ant. »Ich habe eine Menge Wasserfälle gesehen und wollte sie sofort alle in Angriff nehmen. Ich wäre am liebsten sofort losgefahren, aber ich musste auf euch warten. Ich muss bei euch bleiben und mit euch zusammenarbeiten, euch beraten und dafür sorgen, dass ihr in Sicherheit seid.«

»Es war wie eine Wasserrutsche«, sagte Laura. »Es gab einen kleinen Unfall – ich bin einmal ins Wasser gefallen, weil es ziemlich steil nach unten ging. Nachher fuhr Ness zu mir und sagte nur: ›Das hab ich gesehen.‹«

Ich hörte ihnen interessiert zu, war aber nach wie vor ziemlich froh, dass ich dieses Abenteuer ausgelassen hatte.

Romels Aussage, dass deine Seele weiß, wenn Gefahr droht, stimmt genau. Während unserer abendlichen Wäsche merkte ich, dass mit meinem Anus etwas nicht stimmte. Als ich den Dreck des Tages von meinem Körper schrubbte, spürte ich etwas sehr Unangenehmes in meinem Hintern. Ich untersuchte die Sache genauer und fand einen kleinen, ungewöhnlichen Knubbel, von dem

Du spürst, wenn etwas nicht stimmt

der Schmerz ausging. Ich zog kräftig daran und etwas gab nach. Vorsichtig schaute ich mir das Ergebnis an. Es war eine Zecke, die es sich in meiner Rosette gemütlich gemacht hatte. Hurra. Erstaunlicherweise hatte ich sie in einem Stück herausgezogen.

Sauber und ›entlaust‹ fühlte ich mich schon viel besser. Ich hoffte, dass die heutige Nacht etwas friedlicher werden würde.

Ant hatte andere Pläne. Als wir uns an einem Pacu-Fisch gütlich taten, erzählte er uns eine Geschichte:

»Dies ist unerforschtes Gebiet, also müssen wir vorsichtig sein. Deshalb campen wir auch tiefer im Dschungel. Nur in Gegenden, die wir kennen, schlagen wir das Lager nah am Wasser auf. Es gibt wilde Menschen hier im Dschungel, und diese Leute sind sehr aggressiv. Sie könnten nachts den Fluss hinunterkommen und uns mit Pfeil und Bogen töten. Außerdem könnten Kaimane uns entdecken und jagen, und Anakondas kommen auch an Land. Ich sage euch das nicht, um euch Angst zu machen, sondern damit ihr etwas lernt. Ihr müsst vorsichtig sein.«

»Ja, aber muss es direkt vorm Schlafengehen sein?«, rief Laura. »Das ist eine Geschichte fürs Frühstück, nicht fürs Abendessen.«

Ich fragte Ant, wie er als Kind gelernt habe, mutig zu sein und den Dschungel nicht zu fürchten.

»Seit ich acht war, hat mein Papa hat mich jeden Samstag auf die Jagd mitgenommen«, sagte er. »Er hat mich gelehrt, dass man nicht weglaufen darf, selbst wenn ein Weißbartpekari auf einen zurennt. Man muss mutig sein. Nicht rennen, sondern stehen bleiben und es erlegen. Das werde ich meinen Kindern auch beibringen. Mein Papa ist jetzt in Brasilien, also kann er mir leider nicht dabei helfen.« Er legte eine Pause ein.

»Ich konnte nicht zur Schule gehen, weil es im Busch keine Schule gab, aber wenn ich etwas nicht beschreiben kann, dann zeichne ich es. Ich kann nicht schreiben, aber sonst kann ich alles ein bisschen – außer ein Flugzeug fliegen. Wie das geht, weiß ich nicht. Aber wenn man ein bisschen Bescheid über alles weiß, von Mathe bis zu Hausbau, dann kann einen niemand für dumm verkaufen.«

Ich war nicht völlig überzeugt. Ich wusste inzwischen ein wenig über den Dschungel, aber ich war mir ziemlich sicher, dass ich mir immer noch vor Angst in die Hosen machen würde, wenn auf einmal etwas auf mich zurannte. Aber inzwischen folgte ich meinem Instinkt. Ich musste darauf vertrauen, dass er mir auch weiterhin beistehen würde, wenn ich in gefährliche Situationen geriet.

Als ich gerade in meine Hängematte steigen wollte, bemerkte ich Dutzende und Aberdutzende Spinnen, die ein riesiges Netz über meine Plane gewebt hatten. Romel hatte mir vorher gesagt, dass sie freundlich seien, und sie verscheucht. Aber inzwischen hatten sie sich ein neues Dorf gebaut.

»Bringt bitte eure Macheten mit, wenn ihr mich morgen weckt. Vielleicht müsst ihr mich aus einem Spinnenkokon herausschneiden«, sagte ich den anderen.

Ness lachte. »Schon lustig, woran man sich im Dschungel alles gewöhnt«, sagte sie.

Bevor ich ins Bett ging, suchte ich die Miniflasche Rum Eldorado, die ich mir für besondere Gelegenheiten mitgenommen hatte. Ich nahm einen kleinen Schluck. Die brennende Wärme munterte mich vorübergehend auf. Ich nahm mir vor, meine Gefühle so gut zu kontrollieren, wie ich konnte. Am Rest würde ich arbeiten.

»Ich werde tapfer sein«, schwor ich mir, schloss die Augen und ließ die Nacht ihren Lauf nehmen.

KONFLIKT

(Substantiv): eine ernsthafte Meinungsverschiedenheit
oder ein Streit; meist langwierig

Wenn man rund um die Uhr mit denselben Leuten zusammen ist
(und es reicht auch deutlich weniger gemeinsam verbrachte Zeit),
gibt es wahrscheinlich irgendwann Streit. Kleine Unstimmigkei-
ten können, wenn sie nicht angesprochen werden, schnell eskalie-
ren, und es braucht nicht viel, bis dabei die wunden Punkte, die
wir Menschen unweigerlich entwickeln, berührt und wir dadurch
getriggert werden. Im Dschungel mussten wir jedoch als Einheit
arbeiten, wenn wir überleben wollten, und versuchen, das Gleichgewicht zwischen unseren eigenen Bedürfnissen und der Anpas-
sung an andere zu halten. Der Dschungel wird oft als feindliche
Umgebung beschrieben. Für Uneingeweihte und Unvorbereitete
ist er das sicherlich auch. Wir mussten nicht nur durch den
Dschungel navigieren, sondern auch durch die trüben Gewässer
zwischenmenschlicher Beziehungen.

Man gewinnt sehr leicht den Eindruck, andere hätten alles
im Griff. Doch in Wahrheit sind deine eigenen Emotionen der
beste Indikator dafür, wie andere sich wirklich fühlen. Keine Beziehung ist perfekt. Keine Familie ist immer glücklich. Andere

Menschen werden genauso von Problemen geplagt wie man selbst. Im Dschungel hatte ich kämpfen müssen, war frustriert und sauer geworden, also war es kein Wunder, dass es meinen Teamkollegen genauso ging. Mir wurde klar, dass es bei dieser Reise nicht darum gehen konnte, seinen Willen durchzusetzen und die eigenen Bedürfnisse vor die der andern zu stellen. Vielmehr ging es darum, all unsere Wünsche unter einen Hut zu bringen – oder sie zumindest so zu äußern, dass sie gehört wurden. Wir müssen uns wohl alle darum bemühen, das richtige Gleichgewicht zu finden, um sowohl unseren eigenen Weg zu gehen als auch die anderen auf ihrem Weg nicht zu behindern.

Diese Reise hat mich gelehrt, dass es in Ordnung und manchmal sogar lebenswichtig ist, Grenzen zu setzen und einzuhalten, das auszusprechen, was uns wirklich stört, und zu lernen, uns nicht über Dinge aufzuregen, die letztendlich nicht so wichtig sind. Du musst ehrlich zu dir selbst und deinen Mitmenschen sein, denn an negativen Emotionen festzuhalten wird dich nur auszehren. Wenn du etwas loswerden musst, sprich es unbedingt aus, aber so freundlich wie irgend möglich.

· · ·

Tag 40 der Expedition

Standort: Essequibo River, kurz vorm Kuyuwini River
Status: hinterm Zeitplan

Als heillos Harmoniesüchtige (keine Eigenschaft, auf die ich besonders stolz bin) habe ich im Lauf der Jahre immer nach Kräften versucht, auf die Wünsche anderer Rücksicht zu nehmen. Das ist auch so lange kein Problem, bis man in eine Situation gerät, in welcher der eigene Weg, die eigenen Überzeugungen und die eigenen

Werte zu denen der anderen im Widerspruch stehen. Dann steht man vor einer Entscheidung: sich selbst zurücknehmen und jemand anderem den Vortritt lassen oder sich für seine eigenen Wünsche und Überzeugungen einsetzen. Normalerweise entschied ich mich für die erste Option, mit dem Argument, dass es nett und freundlich ist, nicht nur an sich zu denken. Aber der Dschungel zeigte mir, wie gefährlich es sein kann, dies ständig zu tun – und dass es zu schwelender Wut und Groll führen kann.

Ich war so verzweifelt darauf aus, Konflikte im Dschungel zu vermeiden, dass ich vorschlug, vor der Reise die Dienste eines High Performance Coach in Anspruch zu nehmen. Sandy von Peak Dynamics machte mit uns eine Reihe psychometrischer und praktischer Überlebensübungen. Danach spielten wir ein Survival-Szenario durch. Unser Flugzeug war in der Arktis abgestürzt, und es gab wochenlang keine Chance auf Rettung. Laura und Ness waren der Ansicht, wir sollten uns auf den Weg zu einer einige Kilometer entfernten Hütte machen, die wir auf der Karte sehen konnten, und sie zu unserem Lager machen. Sie argumentierten, dass wir so die Situation wenigstens selbst in die Hand nehmen und in Bewegung bleiben konnten.

Mein Plan war es, gar nichts zu tun und einfach zu warten. Meiner Meinung nach hatten wir ausreichend Schutz und Nahrungsvorräte, um einige Wochen überleben zu können, bis Hilfe kommen würde. Aber statt mich für meine Überzeugung einzusetzen, machte ich lieber beim Plan der beiden anderen mit – was uns in einer realen Situation das Leben hätte kosten können. Meine Unfähigkeit, den Mund aufzumachen und eine sinnvolle Diskussion anzustoßen – die ich aber als Konflikt betrachtet hätte –, hätte verhängnisvoll sein können. Zum Abschied gab Sandy uns noch den Rat, uns vor der Abreise auf ein gemeinsames Ziel unserer Expedition zu einigen. Offenbar ist ein klar formuliertes Gruppenziel sehr hilfreich für die Konfliktvermeidung. Ergänzend einigten wir uns darauf, dass Ness und Laura meinen Ansichten mehr Raum geben würden und ich selbstbewusst genug sein musste, mich zu Wort zu äußern.

Aber offensichtlich hatten wir alle Sandys guten Rat vergessen. Wie ein Einbaum mit einem kleinen Loch war das Team ganz allmählich mit Wasser vollgelaufen. Seit ein paar Tagen hatte unsere Dynamik feine Risse bekommen, die drohten, sich zu klaffenden Gräben zu vergrößern. Daran trugen wir alle eine Teilschuld.

Der Ausdruck »Mit dem falschen Fuß aufstehen« – womit der linke gemeint ist – geht auf den Aberglauben zurück, dass es Unglück bringt, nach links aus dem Bett zu steigen. Ich weiß nicht, ob es im Dschungel einen vergleichbaren Aberglauben gibt, aber ich kann bestätigen, dass es durchaus möglich ist, mit dem falschen Fuß aus einer Hängematte zu steigen. Ich wachte nämlich auf, weil Laura mir aus ihrer Hängematte heraus versehentlich einen Volltreffer am Kopf verpasste. Vielleicht geschah es mir ganz recht. Ich hätte mehr Abstand zu einer Person halten sollen, die, wie ich wusste, ein nächtlicher Zappelphilipp war. Keine Frage, mein Tag hätte besser beginnen können.

Auch Ness hatte miese Laune. Wahrscheinlich auch, weil ihr Fuß böse entzündet war. Im Bereich des Knöchels war die Haut voller offener Wunden, und eine rote Schwellung zog sich das Bein hinauf. Im Dschungel hatte sie sich die Fußgelenke zur Stabilisierung getapt, aber unter der luftdichten Abdeckung hatten sich anscheinend ihre Haarfollikel entzündet. Denen schien das gar nicht gefallen zu haben, und sie hatten grün- und gelbeitrige Pickel gebildet. In einem unbeschwerten Moment hatte ich gewitzelt, dass Ness' Karriere als Fußmodell wahrscheinlich vorbei sei, sie aber in der Fußfetischszene bestimmt noch eine große Zukunft vor sich habe.

Wir hatten gekichert, als wir einen besonders großen, gelben Eiterpickel begutachteten, und beschlossen, ihn Boris zu taufen. Aber inzwischen war uns das Lachen vergangen. Wir kontaktierten Dave, unseren medizinischen Berater, über WhatsApp. Er riet uns, die Situation genau zu beobachten, da sich eine Zellulitis entwickeln und Ness' Lymphknoten in Mitleidenschaft ziehen könne. Es ist erstaunlich, wie oft es Kleinigkeiten sind, die einen im Dschungel zu Fall bringen können. Wir mussten Boris scharf im Auge behalten und konnten nur hoffen, dass er sich nicht noch verschlimmern würde.

Die Teamdynamik war alles andere als gut. Dabei spielte auch eine Rolle, dass Ant und Romel sich darüber zu ärgern schienen, wie eilig wir es jeden Tag hatten, und dass die wochenlange körperliche Anstrengung ohne ausreichende Ruheperioden begann, *Stelle dich dem, was dich stört* von mir, Ness und Laura ihren Tribut zu fordern.

»Ich bin seit heute Nacht um drei wach«, gähnte Laura und klammerte sich nach einer unruhigen Nacht stark an ihrem Morgenkaffee fest. Sie tauchte ihren Finger in das Gebräu, fischte einen Blattfetzen heraus, der auf der Oberfläche schwamm, und schnippte ihn beiseite. »Ich dachte, ich hätte einen Jaguar gehört. Nach diesem Adrenalinstoß konnte ich nicht mehr einschlafen.«

»Einmal wollte mich ein Jaguar angreifen«, erzählte Ant. Nicht der angenehmste Beginn für eine Geschichte, vor allem dann nicht, wenn man sich in Jaguargebiet befindet.

Andererseits hatten die Tiere in den meisten Jaguargeschichten unserer Waiwai-Teamkameraden zwar neugierig an menschlichen Fußspuren geschnüffelt, waren dann aber friedlich von dannen gezogen.

»Ich war im Wald, als ich etwas auf mich zukommen hörte. Es klang wie eine starke Brise. Anfangs konnte ich nicht erkennen, was es war, aber mein Nervensystem spürte, dass etwas nicht stimmte. Meine Nerven waren zum Zerreißen gespannt. Der Jaguar rannte auf mich zu und sprang vor mich. Ich versuchte, ihn anzugreifen, und ließ meine Machete hin und her sausen.« Ant gestikulierte wild, um seine Worte zu unterstreichen. Ich sah aus dem Augenwinkel, dass Laura ihre Kaffeetasse inzwischen so fest umklammert hielt, dass ihre Knöchel weiß wurden. Er redete weiter.

»Aber der Jaguar wich all meinen Machetenhieben geschickt aus und ging so lange rückwärts, bis er sich hinter einem Baum verstecken konnte. So blieben wir eine Weile stehen. Er beobachtete mich lange und zog sich dann zurück. Er hat mich nicht erwischt.« Ant war offensichtlich stolz darauf, dass er den Showdown überlebt hatte, und gab uns folgenden Rat: »Sobald ihr blinzelt oder zurückweicht, wird der Jaguar das ausnutzen. Ihr müsst auf ihn zugehen, als wäret ihr der Angreifer.«

Mach dir klar, wo du bereit bist, nachzugeben – und wo nicht

Wir wussten es beim Frühstück noch nicht, aber der heutige Tag sollte im Zeichen der Angriffslust stehen. Wahrscheinlich hätten wir alle auf Ants Rat, uns dem Problem zu stellen, hören sollen.

Seine Geschichte erinnerte mich auch an eine E-Mail, die Ed uns vor unserer Abreise geschickt und in der er unser Dschungeltraining zusammengefasst hatte. Sie brachte mich damals zum Lachen, aber ließ mich auch beinahe vor Angst in die Hosen machen.

»Jaguar: Vielleicht seht ihr tatsächlich einen, weil Guyana großartig und unberührt ist. Ich bezweifle sehr, dass ein Jaguar euch nahe kommen oder euch gar angreifen wird, aber falls ihr doch mit einem konfrontiert werden solltet (das ist sehr, sehr unwahrscheinlich!), dann bleibt stehen und macht euch so groß wie möglich. Hebt die Hände, dreht ihm nicht den Rücken zu und rennt nicht weg. Das müsste den Jaguar so weit einschüchtern, dass er sich verzieht. Sollte er euch doch angreifen, dann seid ihr definitiv im A*sch. Ein bisschen weniger definitiv, falls ihr eine Machete in der Hand habt. :)«

Ich weiß nicht, ob der lachende Smiley unbedingt nötig war. Aber wenn ich darüber nachdenke, wahrscheinlich schon. Wie wir als Team schon bald merken sollten, kann ein Sinn für Humor sehr hilfreich dabei sein, Konflikte aufzulösen.

Wenn man wochenlang mit denselben Leuten zusammen ist, sieht man wirklich all ihre Seiten – die guten und die schlechten. Unweigerlich beginnen sich dann, kleine Ärgernisse anzustauen und aufzubauschen, die in einer normalen Situation vernachlässigbar sind. Nachdem sich das Ziel unseres Teams auf subtile Weise geändert hatte, wurde diese Anstauung viel spürbarer. Als wir aufbrachen, waren wir uns einig, dass es bei unserer Reise nicht darum gehen sollte, einen Geschwindigkeitsrekord aufzustellen, sondern mehr darum, Spaß zu haben, in Ruhe den Fluss hinunterzufahren und den Trip zu genießen. Ich hatte bereits vor dem Abflug geahnt, dass Laura Schwierigkeiten damit haben würde, so lange von ihrem Sohn getrennt zu sein, deshalb hatte ich vor der Reise auch vorgeschlagen, einen Coach hinzuzuziehen. Ness und ich konnten uns größtenteils von unserem Leben zu Hause distanzieren und unseren Aufenthalt genießen, aber Lauras Trennungsschmerz nagte wirklich an ihr. Irgendwann beherrschte der Drang, Ran wiederzusehen, sie völlig. Das Bewusstsein, dass dieses Wiedersehen zum Greifen nah war, bedeutete, dass Laura sich ein neues Ziel gesetzt hatte – so schnell wie möglich zu ihrer Familie zu gelangen.

Im Großen und Ganzen verstanden wir anderen das und versuchten, uns anzupassen, aber Laura wurde besessen von der Distanz, die wir pro Tag zurücklegen würden – 20 Kilometer, 22 Kilometer, 27 Kilometer –, jeder Kilometer würde sie dem Wiedersehen mit ihrem Sohn einen Schritt näher bringen. Als jemand, der gerne langsam reist (sehr zum Leidwesen der meisten Menschen, die je mit mir unterwegs wa-

Versuche, Konflikte produktiv (und erwachsen) anzugehen

ren!), gefiel mir das Ranklotzen nicht besonders. Ich war nicht überzeugt, dass der Druck unserer Leistung, der Geschwindigkeit oder dem Tagespensum zuträglich war, doch ging ich nicht richtig mit meinem Ärger um. Erst einmal sagte ich mal wieder nichts.

Einige Tage zuvor hatte ich bemerkt, dass mein Boot ganz langsam Luft verlor. Mein Kajak hatte irgendwo ein kleines Loch und begann, mit Wasser vollzulaufen. Ich brauchte dringend eine Pumpe, aber ich konnte weder Lauras noch Ness' Aufmerksamkeit erregen, in deren Kajaks die Pumpen waren. Die beiden waren schon weit vorausgepaddelt und hatten ein ziemliches Tempo drauf. Ant und Romel waren hinter mir nirgends zu sehen. Ich ärgerte mich, weil das nicht den Sicherheitsvorgaben entsprach, auf die wir uns geeinigt hatten, und wurde immer wütender. Ich kam mir ausgeschlossen und vergessen vor. Sauer, weil Lauras Wunsch nach Geschwindigkeit alles andere zu dominieren schien. Meiner Ansicht nach befanden wir uns auf einer einzigartigen, einmaligen Reise, und sie schien so versessen darauf zu sein, nach Hause zu kommen, dass auch wir anderen dieses Erlebnis nicht mehr genießen durften. Obendrein hatte ich den Eindruck, dass ich bald absaufen würde. Als ich Laura und Ness einholte, die inzwischen am Ufer Halt gemacht hatten und sich auf einem flachen Felsen am Fluss sonnten, schäumte ich vor Wut und war ungewöhnlich unfreundlich zu ihnen. Ich sagte, ich hätte gefühlt seit Stunden versucht, ihre Aufmerksamkeit zu erregen, und sie hätten es weder für nötig gehalten, auf mich zu warten, noch, auch nur mal einen

Blick zurückzuwerfen. Vor der Expedition hätten wir ausgemacht, dass wir drei uns nie aus den Augen verlieren würden. Beide schienen durch meinen Ausbruch ziemlich geschockt.

»Wir haben nach hinten geschaut«, verteidigte sich Laura. »Wir haben nur nicht gemerkt, dass du ein Problem hattest, sonst hätten wir natürlich angehalten.«

»Ja, sorry, Kumpel. Kommt nicht wieder vor«, sagte Ness und umarmte meinen vor Wut starren Körper.

Während wir darauf warteten, dass Ant und Romel uns einholten, versuchte ich, mich mit einem Stück Mango aufzuheitern, das ich mir seit dem Waiwai-Dorf aufgespart hatte.

Im Gegensatz zu sonst bot ich niemandem etwas davon an.

»Wir hatten, ehrlich gesagt, einen sehr schönen Vormittag und haben uns gut unterhalten«, sagte Laura. Wahrscheinlich wollte sie die Stimmung heben.

»Wie gut, dass wenigstens ihr einen schönen Vormittag hattet«, murmelte ich passiv-aggressiv und völlig unproduktiv.

»Hast du deine Pfeife benutzt?«, fragte Laura.

Das hatte ich nicht. Ich Idiot hatte nicht einmal daran gedacht. Jetzt war ich nicht mehr nur wütend, sondern obendrein auch noch beschämt, vor allem, weil ich mich wie eine Heuchlerin fühlte – ich hatte schließlich auch nicht auf Ant und Romel gewartet. Statt mich aber einfach zu entschuldigen, zuzugeben, dass ich wahrscheinlich überreagiert hatte, und die ganze Sache zu vergessen, hielt ich an meinem Ärger fest. Teilweise, weil der Zwischenfall für mich nur Symptom eines größeren Problems war – der Tatsache, dass mir das Tempo der Gruppe viel zu schnell war und es ausschließlich von einer einzelnen Person diktiert wurde. Dadurch, dass ich an meinem Ärger festhielt, goss ich nur noch zusätzlich Öl ins Feuer. Und ich glaube, es ging nicht nur mir so.

Die Glut wurde am Nachmittag noch weiter geschürt, als Laura, die hinter mir zurückgeblieben war, plötzlich in Höchstgeschwindigkeit an mir vorbeipaddelte.

Ich fragte sie, ob sie mit mir das Boot tauschen könne, um zu überprüfen, ob mit meinem etwas nicht stimmte. Sie willigte ein und wir hielten an, aber dann murmelte sie passiv-aggressiv und ebenfalls völlig unproduktiv, dass sie gerade absichtlich versucht habe, mich einzuholen, um zu sehen, wie lange es dauern würde, und dass es überhaupt kein Problem gewesen sei. Ich fand das extrem gemein, und der einzige Zweck, den ihre Worte meiner Ansicht nach haben konnten, war, mir noch zusätzlich eins reinzudrücken. Die Stimmung wurde immer schlechter. Das Feuer brannte jetzt lichterloh.

Ness war allerdings eher nass als lodernd. Lauras Geschwindigkeits- und Streckenwahn stresste sie ebenfalls. Da sie Angst hatte, alle anderen aufzuhalten, hatte sie versucht, über die Bootskante zu pinkeln, anstatt ans Ufer zu fahren. Leider war sie bei dem Versuch ins Wasser gestürzt, mitsamt ihrem Handy.

> *Vergiss nicht, dass Menschen, die dich lieben, den Sturm mit dir durchstehen werden*

Ness war frustriert. Eigentlich bildete sie gerne das Schlusslicht der Gruppe, schaute zum Blätterdach auf und hielt gelegentlich an, um die Tierwelt zu bestaunen, aber unser neues Gruppenziel hatte das beinahe unmöglich gemacht. Natürlich wollte ich Charlie sehen, aber ich sehnte mich nicht so getrieben und verzweifelt danach wie Laura nach ihrem Sohn. Ich sagte Ness, dass wir mit Laura reden müssten. Wir konnten es nicht schönreden – sie verhielt sich manisch.

Überwältigende Emotionen lassen sich kaum dauerhaft unterdrücken. Früher oder später werden sie sich einen Weg an die Oberfläche bahnen und ausbrechen – manchmal auf destruktive

Art und Weise. Als Ness und ich eine Flussbiegung umrundeten, sahen wir, dass Laura angehalten hatte und auf einem Felsen saß. Sie hyperventilierte und schien eine Panikattacke zu haben. Sie hatte das Satellitentelefon ans Ohr gepresst, atmete keuchend und schluchzte. Wir schlossen, dass Ed am anderen Ende der Leitung gerade versuchte, sie zu beruhigen. Instinktiv spürten wir, dass sie Abstand brauchte, und warteten besorgt in unseren Kajaks, bis sie das Gespräch beendet hatte. Dann paddelten wir zu ihrem Felsen, um herauszufinden, was passiert war. Das Gespräch mit Ed hatte offensichtlich geholfen. Nachdem sie sich verabschiedet und das große Telefon wieder in seiner Hülle verstaut hatte, wirkte sie schon viel ruhiger.

»Ich hatte das Gefühl, alle um mich herum seien auf einmal tot. Als wäre mein Herz in tausend Stücke zerbrochen und jemand hätte mir die Eingeweide aus dem Leib gerissen«, sagte sie und brach erneut in Tränen aus, als sie uns die Geschichte erzählte. »Du bist über eine Art emotionale Nabelschnur mit deinem Kind verbunden, und ich hatte das Gefühl, als sei sie auf einmal zerrissen. Ich war überzeugt davon, dass Ran etwas passiert wäre. Als würde ich um den Verlust eines Kindes trauern.«

Wir saßen eng um sie herum auf dem von der Mittagssonne aufgeheizten Felsen und versuchten, sie mit Umarmungen, Worten und Wasser zu trösten. Wir versicherten ihr, Ran gehe es gut und wir würden ihn und Ed schon sehr bald sehen. Allmählich versiegten ihre Tränen, uns aber wurde das Ausmaß ihrer Verzweiflung bewusst.

»Ich hatte auch Angst, Ness wäre wirklich wütend und sauer, weil sie ins Wasser gefallen ist«, fuhr Laura fort. »Ich habe mich so sehr in diese Angst reingesteigert, dass ich eine Panikattacke bekommen habe. So heftig haben mich so unkontrollierbar intensive Gefühle schon lange nicht mehr überwältigt. Ich kam mir vor wie von Dämonen besessen.«

Dann gestand sie uns noch, dass sie sich in ihrem emotionalen Ausnahmezustand mit dem Paddel auf die Oberschenkel geschlagen und sich absichtlich übergeben habe.

»Das hat mich beruhigt und mir eine Menge Angst genommen«, sagte sie uns. Wir fanden das sehr besorgniserregend.

Lauras Geständnis, dass sie Nahrung als Kontrollmittel benutzte, machte uns große Sorgen. Wir hatten auf der Expedition alle abgenommen, einfach, weil sie körperlich extrem anstrengend war, aber Laura hatte mehr Gewicht verloren als wir anderen. Laura so leiden zu sehen half mir, meine eigenen Frustrationen für den Moment beiseitezuschieben. Sie brauchte Unterstützung, und das war mir nicht aufgefallen.

Begreife, dass alle ihre eigenen inneren Kämpfe fechten

Ironischerweise reagiert man oft ungehalten auf die Eigenschaften anderer Menschen, die man auch an sich selbst nicht mag. Es war mein eigener Kontrollzwang, der mich so stark auf ähnliche Tendenzen in Laura reagieren ließ. Leider hatte mich der Kampf darum, wer seinen Willen durchsetzte, daran gehindert, so für Laura da zu sein, wie ich das gerne gewollt hätte. Da Laura kurz vor dem Zusammenbruch stand, war es das Beste für alle, wenn wir die Probleme im Team angehen und die persönlichen Kämpfe offenlegen würden, mit denen sich jeder und jede von uns herumschlug.

Romel hatte sein neugeborenes, nur ein paar Tage altes Baby zurückgelassen, dessen Namen er noch nicht einmal kannte. Ness hatte gerade eine Trennung hinter sich. Ant sagte, er vermisse seine Familie auch, aber das Wiedersehen liege in Gottes Hand.

»Selbst wenn sie sterben, wird Gott sich um sie kümmern«, sagte er. »Darauf musst du vertrauen, Laura.«

Ich teilte seine Haltung nicht völlig, aber zumindest konnten wir füreinander da sein. Und das mussten wir auch.

Als Laura sich wieder ein wenig beruhigt hatte und wir sie davon überzeugen konnten, dass Ran glücklich und gesund bei seinem Vater war, paddelten wir weiter. Die Stimmung in der Gruppe hatte sich verbessert, aber unser Tempo war immer noch halsbrecherisch. Diesmal führte Ant uns an, und Laura fuhr hinter ihm her. Wir bemühten uns alle, so viel Strecke wie möglich zu machen, damit Laura sich besser fühlte. Ich spürte, dass wir alle unser Bestes gaben. Nachdem Laura aber ungefähr eine Stunde lang wie eine Irre aus Leibeskräften gepaddelt war, hörte sie plötzlich auf und ließ sich von der Strömung treiben. Ich nahm an, sie wäre auf eine Sandbank aufgelaufen, denn warum sonst würde diese Besessene auf einmal anhalten? Dann drehte sie sich zu mir um.

»Ich möchte dich um Entschuldigung bitten, Pip. Ich habe die ganze Zeit versucht, Ant einzuholen, und ich habe es einfach nicht geschafft. Ich hatte das Gefühl, je schneller ich werde, desto mehr Tempo legt auch er zu. Das war ziemlich beängstigend. Es tut mir leid. Ich weiß jetzt, wie du dich gefühlt haben musst.«

Ich wusste sowohl die unerwartete Pause als auch ihre Entschuldigung sehr zu schätzen. Meine schlechte Laune löste sich augenblicklich in Luft auf, aber Laura war noch nicht fertig.

»Du hast vorhin gefragt, ob es mir gut geht, und ich habe mich nur darüber beschwert, wie langsam wir heute vorangekommen sind. Das sind wir gar nicht. Ich war nur wütend über die Situation und habe das an dir ausgelassen. Das war total unfair und ich möchte mich dafür entschuldigen.«

Damit hatte ich nun wirklich nicht gerechnet. Laura war mutig genug, ihre Gefühle ehrlich einzugestehen und sich verwundbar zu machen. Ich wünschte, ich hätte die Gelegenheit genutzt, um darüber zu reden, was mich ärgerte und was ich mir wünschte. Aber weil ich weitere Konflikte unbedingt vermeiden wollte, wählte ich die scheinbar einfachere Option. Ich übertünchte die Risse und machte weiter, als wäre nichts geschehen. Obwohl wir uns augenscheinlich versöhnt hatten, waren die unterschwelligen Spannungen immer noch nicht auf dem Tisch gelandet.

Als ich mich an jenem Abend zusammen mit Ness wusch, wurde mir klar, dass es ihr genauso ging. Sie war immer noch frustriert. Sie hatte Laura eigentlich beim Mittagessen ansprechen wollen, aber deren Zusammenbruch hatte das unmöglich gemacht. Als Freundin wollte Ness sie natürlich unterstützen und hatte geschwiegen, aber an ihren Gefühlen änderte das nichts. An diesem Abend schallte nicht wie sonst der Ruf »Warwap« – Waiwai für »Essen fassen!« – durchs Lager, weder sprachen wir gemeinsam das Dankgebet noch aßen wir gemeinsam. Wir verspeisten kalte Reste – jeder für sich allein und zu unterschiedlichen Zeiten. Ness ging sehr früh ins Bett und Ant und Romel taten es ihr gleich. Alle waren offensichtlich von den Ereignissen dieses turbulenten Tages noch ziemlich mitgenommen.

Ein Sprichwort besagt, an Ärger festzuhalten sei wie eine heiße Kohle festzuhalten – es schadet nur einem selbst. Die kühle Abendbrise, die mich sanft umwehte, brachte auch eine neue

Entferne starke Emotionen aus der Gleichung

Perspektive mit sich. Jetzt, da alle anderen bereits schliefen, beschloss ich, den Rat meiner Oma zu beherzigen – einen Streit nie in den nächsten Tag mitzunehmen – und die Gelegenheit zu nutzen, um mich Laura gegenüber richtig (und viel produktiver) zu erklären. Ich nahm einen Stock und zeichnete ein Muster in den Sand. Aus Lauras Handy erklang »Somewhere Over the Rainbow«. In der Ferne sahen wir Wetterleuchten, aber wir hörten keinen Donner und spürten in der sternenklaren Nacht auch keine Anzeichen für einen herannahenden Sturm. Ich holte tief Luft und versuchte, mich zu erklären.

Ich war ehrlich zu Laura und sagte ihr, dass ich mich über sie geärgert hätte: Weil es mir so vorkomme, als müssten wir uns alle nach ihrem Zeitplan richten. Weil ich das Gefühl hätte, dass es ihr egal sei, wie es den anderen damit gehe, dass sie alles ihrer eigenen Situation unterordne. Allerdings sind sowohl Expeditionen als auch Konflikte dafür bekannt, dass sie einem einen Spiegel vorhalten, und wie so oft im Leben gefällt einem nicht immer, was man darin sieht. Laura sagte mir ihrerseits, dass ich sie ständig böse angestarrt und schnippische Kommentare von mir gegeben hätte. Dafür entschuldigte ich mich und gab zu, dass ich nicht gut darin sei, negative Emotionen auszudrücken und sie stattdessen oft in mir anstaue. Ich hatte nichts gesagt, weil ich Konflikte vermeiden wollte, aber offenbar hatte meine Miene verraten, wie genervt ich wirklich war. Ich war froh, dass Laura es ansprach, und bat sie, mir zu sagen, falls es wieder geschehen würde. Auf so etwas musste man achten. Das Gespräch erinnerte mich einmal mehr daran, dass wir, wenn uns etwas grundlegend stört, aussprechen müssen, was wir denken und empfinden – selbst wenn das bedeutet, vorübergehend Unfrieden zu stiften. Wenn wir das nicht tun, würden wir die Situation womöglich unabsichtlich verschlimmern.

Leider wurde unsere rührende Versöhnungsszene etwas dadurch ruiniert, dass wir beide schreckliche Blähungen hatten.

»Wenn du den Po anhebst, ist es nicht so laut«, riet Laura mir, die auf diesem Gebiet ganz offensichtlich Expertin war.

Ich lachte. »Was man bei Expeditionen so alles lernen kann, was?«

»Lektionen fürs Leben«, grinste

Versuche, ein gemeinsames Ziel zu finden

Laura zurück. Unsere Freundschaft war auf die Probe gestellt worden, aber in diesem Moment wusste ich, dass wir beide diese Stürme gemeinsam durchstehen würden. Ich hatte gelernt, dass Konflikte, mit denen man richtig umgeht, die Gelegenheit bieten, eine

Beziehung zu festigen, statt sie zu zerstören. Als wir freundschaftlich plaudernd zu Bett gingen, hatte ich das komische Gefühl, dass alles gut werden würde. Schade, dass ich damit nur zum Teil recht behalten sollte ...

Durch den Schlaf hatten sich meine Gedanken geklärt, und ich fühlte mich wegen meines Zoffs mit Laura jetzt nicht mehr so schlecht. Aber schon beim Aufwachen spürte ich, dass etwas nicht stimmte. Der Morgenchor der Brüllaffen hatte bereits begonnen. Müde blinzelnd und benommen versuchte ich herauszufinden, wie weit ihr Geschrei von uns entfernt war. Ihre Rufe können bis zu fünf Kilometer weit tragen, aber der Lärm, der durch unser Camp hallte, ließ mich vermuten, dass ein Affe ganz in der Nähe sein musste. Brüllaffen gehören zu den lautesten Kreaturen der Welt, die Lautstärke ihrer Rufe kann bis zu 140 Dezibel erreichen, was lauter ist als ein startender Kampfjet, der nur 130 Dezibel erreicht. Trotz des Lärms nahm ich auch noch ein anderes Geräusch wahr: panische Stimmen. Meine Teamkollegen waren eindeutig ziemlich verstört.

»Was ist passiert?«, krächzte ich. Meine Stimme musste sich erst an den Tag gewöhnen.

»Ein Boot fehlt«, antwortete jemand.

»Welche Farbe hat es?«

»Blau.«

Mist. Meines war blau. Ich bekam Magendrücken, und meine Gedanken begannen zu rasen. Hatte ich mein Kajak letzte Nacht nicht weit genug den Felsen hochgezogen? Hatte ich es nicht richtig festgebunden? Ich hatte beide Packsäcke drin gelassen und nur das Nötigste herausgenommen; das sollte doch schwer genug gewesen sein, um es am Wegtreiben zu hindern? Wie sich herausstellte, lag mein Boot noch an Ort und Stelle, und es war Lauras, das fehlte. Zum Glück hatte sie weder den Generator noch den Notfallkoffer in ihrem Boot gehabt, und das Satellitentelefon hatte sie bei sich. Schlimmstenfalls mussten wir nur auf unsere dehydrierten Mahlzeiten verzichten. Wir packten so schnell wie möglich und brachen auf, um das Boot zu suchen. Laura fuhr einstweilen in Ness' Boot mit.

Ironischerweise brachte uns das fehlende Boot im wahrsten Sinne des Wortes wieder einander näher. Laura war in viel besserer Verfassung. Sie hatte ihren schwarzen Sinn für Humor wiedergefunden und machte Witze über den Zustand ihres Fußes, den der Dschungel ziemlich mitgenommen hatte.

»Kennt ihr diese Mutantenfilme, in denen sich Menschen in eine Spinne oder ein Reptil verwandeln? Ich habe das Gefühl, ich werde gerade zur Schildkröte«, sagte sie und winkte mir mit ihrem schuppigen, geröteten, ausschlagübersäten Fuß von Ness' Boot aus zu.

»Hi, Kumpel, ich bin's, X-Mom aus Südlondon«, spottelte Ness und schlug einen Namen für Lauras Alter Ego vor.

Zum Glück war das Boot nicht weit gekommen. Innerhalb von fünf Minuten hatten wir es gefunden, es hatte sich in den Ästen eines übers Wasser hängenden Baumes verfangen. Es schien alles noch da zu sein. Gerade als wir das Kajak bargen, piepte unser Garmin: eine Nachricht. Es war Ed, der uns darüber informieren wollte, dass Charlie, er und Ran ihre Flüge nach Guyana um eine Woche hatten verschieben können. Das gab uns mehr Zeit.

»Tolle Nachrichten«, sagte Ness. »Dass wir uns nicht mehr beeilen müssen, nimmt wirklich den Druck weg.«

Laura verdrehte lächelnd die Augen. »Stimmt. Das ist meine Chance, endlich Gelassenheit zu lernen.«

Ness antwortete per Ruderschlag und spritzte ihr einen Schwall Wasser ins Gesicht. Um sie zu rächen, paddelte ich näher an ihre Boote heran und versuchte, Ness nass zu spritzen, traf aber beide. Was dazu führte, dass auch ich nicht ungeschoren davonkam.

Der Tag entwickelte sich gut – wir waren langsamer geworden, hatten gelacht und mehr Zeit in der Nähe des Flussufers verbracht und in das Blätterdach geblickt. Einmal paddelte ich direkt unter einem Falken hindurch, den meine Gegenwart völlig unbeeindruckt ließ. Er blieb auf seinem Ast sitzen, bis er genug davon hatte, angestarrt zu werden. Wir konnten sehen, dass es Laura immer noch schwerfiel, sich mit dem gemächlicheren Tempo anzufreunden, aber sie gab zu, dass es auch für sie schön war, anzuhalten, sich umzusehen und den Duft der Blüten wahrzunehmen. Oder den eines Piranhas, den Romel für unser Mittagessen geangelt hatte – das wir gemütlich verspeisten, bevor wir wieder aufs Wasser gingen. Auf einmal sah ich, dass Romel und Laura uns durch Gesten zu verstehen gaben, dass wir langsamer fahren sollten. Ungefähr 30 Meter vor uns sahen wir etwas Großes auf einem Felsen in der Sonne liegen. Es war ein Jaguar. Er war schlichtweg majestätisch.

Er betrachtete uns. Wachsam, aber nicht in besonders großer Eile, stand er dann auf und schlenderte langsam und lässig in Richtung Dschungel. Seine selbstbewussten Bewegungen, die Muskeln und Sehnen, die sich voller Anmut bewegten, die Art, wie das Tier über den Felsen ging, dabei jeden Schritt bewusst setzte und das Land unter seinen Füßen beherrschte, waren ein unglaublicher Anblick. Ich verspürte keinerlei Angst, möglicherweise allerdings, weil wir ziemlich weit entfernt waren und mir in diesem Moment noch nicht bewusst war, wie gut Jaguare schwimmen können.

Grenzen zu setzen (und an ihnen festzuhalten) kann Konflikte verringern

Alle waren total begeistert.

»Das war irre«, sagte Laura später. »Ich habe davon geträumt, einen Jaguar zu sehen. Ich habe sogar darum gebetet. Sie sind so scheu, dass ich dachte, das sei nahezu unmöglich. Da sieht man es mal wieder: Wunder gibt es immer wieder.«

Ness nutzte die Gelegenheit und äußerte ihren Wunsch, mehr Zeit damit zu verbringen, die Tierwelt zu beobachten.

Wir einigten uns schließlich darauf, dass wir abwechselnd eine halbe Stunde kräftig paddeln und eine halbe Stunde entspannen würden. So konnten wir sowohl Strecke machen als auch Gespräche führen und die Tierwelt beobachten.

Ant zeigte auf die am Himmel kreisenden Geier. Er sagte uns, sie seien häufig ein Zeichen dafür, dass ein Jaguar in der Nähe sei.

»Sie sind die Müllabfuhr der Natur. Sie räumen die Toten weg.« Die Schönheit dieses Prozesses schien ihn sehr zu bewegen. Ich erzählte ihm eine Geschichte über Himmelsbestattungen. Während unserer Radtour hatten Charlie und ich in der chinesischen Provinz Sichuan einen Mann kennengelernt, der von Beruf Leichenzerteiler war. Er erzählte uns, die zerstückelten Leichname würden auf einen Berggipfel gebracht und dort der Natur und den Elementen überlassen. Dies war ein letzter Akt der Großzügigkeit der Verstorbenen – sie boten ihr Fleisch denen an, die es brauchten, und setzten so den Kreislauf des Lebens fort. Meist wurden die Kadaver von Geiern aufgefressen.

»Oh«, machte Ant. Ich weiß bis heute nicht, was er von dem Konzept hielt.

Gegen 16 Uhr stießen wir auf eine große, wunderschöne Insel mitten im Fluss. Etwas Ähnliches hatten wir bisher noch nie gesehen. Ant und Romel sagten, hier sei früher Gold geschürft worden, aber seit 2015 sei die Mine stillgelegt. Die gesamte Insel war ungefähr so groß wie ein Herrenhaus. Auf einer kleinen Anhöhe im Zentrum wuchsen ein paar kleinere Bäume, und drum herum erstreckte sich ein Sandstrand, der sich wahrscheinlich aus dem ausgebaggerten Sediment gebildet hatte. Die Insel war toll, trotz der gewaltsamen Art ihrer Entstehung. Mit ihrem flach abfallenden

Strand wirkte sie wie ein Urlaubsresort. Das Wasser schien hier recht klar zu sein und lud zum Schwimmen ein.

Wir stiegen aus unseren Kajaks und wateten lächelnd durch das Wasser zum Strand. Die Gelegenheit, auf unserer eigenen einsamen Insel zu campen, würden wir uns nicht entgehen lassen. Sie sah idyllisch aus, nicht zuletzt, weil sich zwischen den kleinen Sanddünen am Rand des Strandes Regenwasser gesammelt hatte und nun schimmernde Pools bildete. Es sah aus, als hätten sie das Licht der untergehenden Sonne eingefangen, sie reflektierten die Strahlen in alle Richtungen. Gelegentlich blitzte im schwächer werdenden Schein Katzengold im Sand auf.

Da die Bäume nicht genug Platz boten, um all unsere Hängematten aufzuhängen, bauten Ant und Romel eine Holzkonstruktion, sodass wir am Strand schlafen konnten. Sie sägten von den Bäumen lange, dicke Äste ab und gruben sie im Boden ein. Ich spannte meine Hängematte direkt am Wasser auf. Unter den Sternen zu schlafen klang einfach wundervoll. Zumindest, bis wir eine Runde geschwommen waren ...

»Äh, Leute, was ist das?«, fragte Ness unsicher. Sie war im Bikini am Strand stehen geblieben und zeigte auf den Boden.

»Eine Jaguarfährte«, antwortete Ant, nachdem er die Spur untersucht hatte. »Sie ist frisch und von heute.«

Diese Entdeckung trübte die Schönheit des Ortes ein wenig. Weil es schon dämmerte, konnten wir den Lagerplatz nicht mehr wechseln, also bereiteten wir einfach das Abendessen vor. Heute würde es etwas ganz Besonderes geben: Marshmallows. Nach den Strapazen der letzten Zeit beschlossen wir, den Umstand zu feiern, dass heute ein guter Tag gewesen war, und öffneten unsere einzige Packung.

Das Feuer brannte, wir hatten zu Bänken umfunktionierte Stämme darum herumgelegt und der Sonnenuntergang war dünnen, grauen Wolken gewichen. Über dem Blätterdach leuchteten die ersten Sterne auf. In der Ferne quakten Frösche, und hin und wieder hörten wir Fische springen. Ich betrachtete meine Freundinnen und Freunde, während wir unsere Grillstöcke übers Feuer hielten. Wenn ich jemals auf einer einsamen Insel stranden sollte, dann bitte so, dachte ich – wenn möglich allerdings ohne Raubtiere in der Nähe.

»Ungefähr so ist es auch auf dem Atlantik. Die Sterne sind unglaublich«, sagte Laura und blickte zum Nachthimmel empor. »Heute war für mich beinahe alles ein Highlight – der Jaguar, dieser Lagerplatz, zu schwimmen, Fotos zu machen, unsere Gespräche heute Morgen. Dass wir alle zusammen waren. Zusammen gepaddelt sind und zusammen Pause gemacht haben. Ich hatte das Gefühl, wir sind endlich wieder ein Team.«

»Ich glaube, die Natur hat ihren eigenen Weg, um die Dinge wieder ins Gleichgewicht zu bringen. Sie rückt alles wieder ins rechte Licht und erinnert einen daran, wo man steht«, sagte Ness und steckte sich einen perfekt gerösteten Marshmallow in den Mund.

»Als wir heute den Jaguar gesehen haben, war das für mich eine Erinnerung daran, wie unglaublich diese Umgebung ist, und was für ein Glück es für mich ist, hier sein zu dürfen. Ich glaube, das hat uns auch unsere Dynamik zurückgegeben. Unser Gleichgewicht als Team.«

Der Jaguar hatte uns tatsächlich dabei geholfen, die Harmonie zwischen uns wiederherzustellen. Er hatte uns auch bestätigt, dass wir zusammenarbeiten mussten, nicht gegeneinander. Wenn wir unsere Reise gut zu Ende bringen – und dabei unsere Freundschaft erhalten – wollten, mussten wir unsere Bürden teilen und uns nicht gegenseitig noch weitere aufladen. Wir mussten uns auf die wichtigen Auseinandersetzungen beschränken und unsere Beschwerden äußern, Konflikte klären und sie dann hinter uns lassen. Freundschaften sind nicht nur für unsere geistige Gesundheit wichtig, sondern, wie sich herausstellte, auch für unser Überleben.

Nach dem Abendessen wollte Ness gleich zu Bett gehen, da die Schmerzen in ihrem Fuß schlimmer geworden waren. Sie war Daves Empfehlung gefolgt und nahm seit Kurzem Antibiotika, aber wir beobachteten sie trotzdem genau. Sie konnte kaum laufen und humpelte nur noch. Nach dem Gutenachtgruß hinkte sie langsam davon, kam aber recht schnell wieder zurück.

Beschränke dich auf die wesentlichen Auseinandersetzungen

»Leute, ich glaube, ich habe ganz in der Nähe einen Jaguar gehört.«

Ant sprang auf und schnappte sich eine Taschenlampe. »Was genau hast du gehört?«

Sie gab ein tiefes Grunzen von sich, das wir inzwischen als Jaguarruf erkannten.

Zur Sicherheit folgte ich Ant, Ness und Romel zu den Hängematten. Laura blieb beim Feuer zurück, sie hatte sich ritterlich erboten, auf unsere halb fertigen Marshmallows aufzupassen. Ant leuchtete in die Richtung, in die Ness gezeigt hatte, und tatsächlich starrte uns aus der Dunkelheit ein leuchtendes Augenpaar an. Es war kein Jaguar, aber Entwarnung gab es trotzdem nicht. Ein drei Meter langer Schwarzer Kaiman lag nur ungefähr 15 Meter von meiner Hängematte entfernt im Wasser und beobachtete uns. Unglücklicherweise lag meine Hängematte nicht nur ihm, sondern auch der Jaguarfährte am nächsten. Kurze Zeit später schien der Kaiman genug davon zu haben, von einer Taschenlampe geblendet zu werden, und sank wieder ins Wasser zurück. Unser auf den ersten Blick so perfekter Lagerplatz verlor von Sekunde zu Sekunde an Glanz. Nachdem Ness, Ant und Romel die Geräuschquelle ermittelt hatten und die Gefahr vorbei zu sein schien, verschwanden sie ins Bett. Laura und ich blieben noch am Feuer sitzen. Sie kochte das Wasser ab, das wir am nächsten Tag trinken wollten, und ich schrieb. Auf einmal tauchte Ant wieder auf und leuchtete mit seiner Taschenlampe in den Wald und über das Wasser.

»Hast du was gesehen?«, fragte ich.

»Nein«, antwortete er mit wenig überzeugender Miene, während er mit seiner Taschenlampe die Gegend weiter scannte.

»Wirklich nicht?«, drängte ich.

»Seid vorsichtig heute Nacht«, warnte er. »Hier gibt es überall Jaguare und Krokodile. Räumt alles Essen weg und haltet die Ohren offen. Wenn ihr irgendetwas Verdächtiges hört, ruft mich sofort. Und haltet die Macheten griffbereit.«

Wie sich herausstellte, war Schlafen keine Option, denn etwa eine Stunde nachdem wir in unsere Schlafsäcke gestiegen waren, brach ein höllischer Sturmregen über uns herein. Der Regen prasselte seitlich gegen die Hängematten, alles wurde patschnass, und der Wind drohte, die Planen komplett wegzureißen. Nachdem wir aus dem Bett geklettert waren und die Planen fester an die Holzpflöcke gebunden hatten, schien der Sturm nachzulassen. Durchnässt, müde und genervt krochen wir in unsere nassen Schlafsäcke zurück und versuchten, wieder einzuschlafen.

Am nächsten Morgen sah ich Romel niedergeschlagen am Strand stehen. Ich folgte seinem Blick zu seinem T-Shirt, das halb im Sand eingegraben auf dem Boden lag. Ich fragte, was los sei.

»Ein Kaiman hat versucht, es zu stehlen«, sagte er.

Zuerst dachte ich, er mache Witze.

Aber dann zeigte er mir die Fährte, die von dem Baumstamm, an dem sein T-Shirt gehangen hatte, zu der Stelle am Strand führte, an der wir standen. Ich ging vom T-Shirt zurück zu unseren Hängematten – ich kam auf elf Schritte, und ich bin nur knapp eins sechzig groß und habe kurze Beine. Hätte der Kaiman sich statt für das T-Shirt für die drei nur ein paar Schritte weiter links hängenden glänzenden Kokons interessiert, hätte der Morgen vielleicht einen gänzlich anderen Anfang genommen. Bei dem Gedanken, dass uns das Tier wahrscheinlich belauert hatte, während wir die Planen festzurrten und dabei nicht auf unsere Umgebung achteten, wurde uns ganz anders.

Als wir die Boote an der kleinen Insel festgemacht hatten, hatte sie so friedlich ausgesehen. Nach außen hin wirkte hier alles perfekt, aber die Realität hatte sich als ganz anders erwiesen. Unter der Oberfläche lauerte einiges, was wir anfangs übersehen hatten. Offenbar gibt es auch im Paradies durchaus Probleme.

»Ach, was soll's. Dann trage ich heute eben ein zerrissenes, nasses T-Shirt.« Seufzend hob Romel sein Oberteil auf und schüttelte es aus. Wegen eines ruinierten T-Shirts einen Streit mit einem Kaiman anzufangen lohnte sich wirklich nicht. Manchmal ist ›Schwamm drüber‹ einfach die einzig richtige Einstellung.

GRENZEN

(Substantiv, Plural): das größtmögliche Ausmaß der eigenen körperlichen oder geistigen Ausdauer

Das Schöne am Abenteuer ist, dass es dich in jeder Hinsicht an deine Grenzen bringt, aber du musst deine eigenen Grenzen auch anerkennen. Es ist wie ein Seiltanz oder eine Gratwanderung; der Trick ist, die richtige Balance zwischen Risiko und Nutzen zu halten und nicht nach einer Seite abzukippen. Man kann mehr erreichen, als man glaubt, aber man darf auch nicht vergessen, dass man nicht alles kann. Es ist okay, zuzugeben, dass man überfordert ist. Man muss ehrlich zu sich sein. Wenn man sich zum Beispiel nach einer neuen Herausforderung sehnt und sich zwischen einem herausfordernden Trainingsplan oder Basejumping entscheiden muss, sollte man zuerst seine Motive hinterfragen. Frage dich, was es dir bringt, eine Grenze zu verschieben, und was du dabei verlieren könntest. Sind deine Grenzen selbst auferlegt oder realistisch? Hast du einfach nur Angst? Verfügst du über die nötigen Fähigkeiten für dein Vorhaben? Wenn es nicht Tod oder Gefahr für dich oder deine Mitmenschen heraufbeschwört, lohnt es sich vielleicht, das Risiko einzugehen. Was wäre, wenn du es nicht tust? Grenzen sind nicht unverrückbar; du musst sie nur hin und wieder mit dem nötigen Respekt vor dir selbst und der Situation ausloten.

. . .

Tag 46 der Expedition
Standort: Jacobs Ladder Falls
Status: Stromschnellen bezwingen

»Es ist gefährlich, aber wir könnten es riskieren«, sagte Ant, als wir darüber sprachen, wie wir mit den Stromschnellen vor uns umgehen sollten, einer Reihe felsiger, strömungsreicher Becken, die als Jacobs Ladder Falls, Jakobsleiter-Fälle, bekannt sind. Trotz seiner gelassenen Lebenseinstellung hatte er sich als Adrenalinjunkie herausgestellt, und er brannte darauf, einen Wasserfall hinunterzufahren. Aber seine Einschätzung der Lage erfüllte mich nicht unbedingt mit Freude, vor allem, weil ich in den vergangenen Wochen ein bisschen zu oft unfreiwillig hatte schwimmen müssen. Romel schien auch nicht unbedingt wild darauf zu sein. Er überlegte eine Weile und sagte dann, er würde nicht runterfahren.

»Ich habe Angst im Wasser, weil es gefährlich ist. Ich will nicht wieder kentern«, sagte er und fügte dann hinzu: »Ich habe etwas Kopfweh und fühle mich nicht so gut.« Romel war vor ein paar Tagen aus dem Boot gefallen, und daran nagte er immer noch. Obwohl er es in der Situation selbst nicht gezeigt hatte, hatte er am Abend am Lagerfeuer zugegeben, dass ihm die Stromschnellen Angst gemacht hatten. Ich rechnete ihm hoch an, dass er so ehrlich war. Mein Respekt für ihn stieg sogar noch.

Man kann Wildwasser hören, bevor man es sieht. Sein Gebrüll schärft alle Sinne und lässt den Körper sofort Adrenalin ausschütten. Der weiße Schaum aus eingeschlossenen Luftblasen ist einschüchternd und reizvoll zugleich; eine Art Teufelspakt: Was würdest du riskieren, um mich zu bezwingen? Ich hatte während des Trainings in Wales erlebt, wie unerbittlich stark Wasser sein kann. Ich hatte schon immer einen gesunden Respekt vor dem nassen Element besessen, und nach meiner Begegnung mit auf mich einhämmerndem Wildwasser war er noch größer geworden. Es war extrem verführerisch und extrem gefährlich.

In den letzten Wochen war das Selbstvertrauen des Teams langsam, aber stetig gewachsen. Wir hatten einige knifflige Stromschnellen er-

Sei ehrlich mit dir: Warum willst du dieses Risiko eingehen?

folgreich bezwungen. Nach einer besonders aufregenden Strecke hatte Ness gesagt, sie habe es sehr genossen, zu beobachten, wie wir sie meisterten.

»Ihr habt gestrahlt wie kleine Kinder, die zu viele Süßigkeiten gegessen haben. Ihr habt richtig gezittert!«

Auch ihr hatte es viel Spaß gemacht, das Wildwasser hinunterzufahren. »Der Kontrast zwischen den aufregenden Stromschnellen und dem ruhigen Flachwasser darunter ist absolut erstaunlich«, sagte sie. »Man hat das Gefühl, als würde man in eine riesige Glasscheibe stürzen. Ich habe die ganze Zeit darauf gewartet, dass ich Angst kriege, aber es hat einfach nur Spaß gemacht.«

»Ja, die Adrenalin-Highs sind gigantisch«, stimmte ihr Laura zu.

Unser Adrenalinspiegel war noch nie so hoch gewesen wie bei der bisher größten Stromschnelle, die wir ein paar Tage zuvor durchfahren hatten. Ein ohrenbetäubend lautes Monster. Von oben konnten wir jedoch eine klare Route ausmachen und die Fahrt schien auch für unser Niveau möglich zu sein. Aber dass wir erfolgreich durchkommen würden, war absolut nicht selbstverständlich. Ness hatte sich todesmutig als Erste in die Fluten gestürzt und hatte es gepackt. Jetzt mussten wir anderen entscheiden, ob wir es uns auch zutrauten. Ich sah Laura an, dass sie Bedenken hatte.

»Ich wusste wirklich nicht, ob ich sie fahren sollte oder nicht«, sagte sie später. »Ich habe mich gefragt, ob das jetzt über meine Grenzen geht oder nicht. Habe ich das Gefühl, ich muss die Strecke fahren, oder traue ich es mir wirklich zu? Ich musste mich daran erinnern, dass nur ich und meine eigenen Fähigkeiten dafür ausschlaggebend sind und nicht, ob alle anderen sie gefahren sind. Ihr habt mich überhaupt nicht unter Druck gesetzt oder so etwas, aber man fühlt sich nun mal leicht zu etwas gedrängt, wenn alle anderen es tun.«

Lauras Überlegungen ergaben eine Menge Sinn. Ich hatte den gleichen Gedankenprozess durchlaufen wie sie und mich dafür entschieden, die Durchfahrt zu wagen.

Auf dem Weg zum Boot war ich unglaublich nervös. Ich versteckte mich hinter einem Felsen, um zu pinkeln, und hätte mir dabei vor Angst beinahe noch in die Hose gekackt. Sobald ich aber im Wasser war, veränderte sich meine gesamte Einstellung. Als ich auf die Stromschnelle zupaddelte, suchte ich nur nach der Route, visualisierte, wie ich sie fahren würde, indem ich mein Boot in etwa in die vorher geplante Richtung steuerte, und hoffte das Beste.

Es war ein absoluter Knaller. Wellen schlugen über das Boot. Einen Moment lang hatte ich das Gefühl, ich sei auf hoher See, das Kajak wippte und schoss voran, von den Wassermassen vorwärtsgetrieben. Danach fühlte ich mich wie high und war stundenlang euphorisch. Einen solchen Adrenalinstoß hatte ich noch nie erlebt – ich war derartig aufgekratzt, dass ich die Bremse ziehen und mich ausruhen musste. Ich musste mich irgendwie zentrieren.

Wir alle begriffen, dass der Thrill, den uns die Stromschnellen verschafften, in einer so abgelegenen Gegend keine wirklich gute Sache war. In Wales waren wir von erfahrenen Kajakfahrern begleitet worden, und sowohl ein Rettungsteam als auch gute medizinische Versorgung waren in Reichweite gewesen. Hier

Hast du dir zu viel vorgenommen?

waren wir 24 bis 48 Stunden von ärztlicher Hilfe entfernt – je nachdem zu welcher Tageszeit wir den Helikopter riefen –, und das auch nur, falls er einen geeigneten Landeplatz fand.

Als Team mussten wir oft unsere Fähigkeiten realistisch einschätzen. An einer besonders steilen, felsigen, schnell fließenden Stromschnelle entschieden wir uns, die Kajaks an Seilen zu befestigen und sie einzeln vom Flussufer aus die Stromschnellen hinunterzulassen. Es war gut, dass wir diese Herausforderung nicht angenommen hatten, da die Boote am unteren Ende einer Stromschnelle vom Wasser auf den Kopf gestellt und durch die Gegend gewirbelt wurden. Das Röhren des Wassers war unglaublich laut. Hätten wir uns aus Unerfahrenheit überschätzt und an das Ding herangewagt, hätte das sehr schnell schiefgehen können. Die Kraft des Wassers war so immens, dass ich bei dem Versuch, das Seil festzuhalten, auf den Felsen ausrutschte. Ant beugte sich zu mir, packte das Seil und verhinderte durch seinen Einsatz, dass ich in die Stromschnellen stürzte. Dennoch rutschte uns das Tau durch die Hände, und ich musste mit ansehen, wie mein Boot ungesichert vom Wildwasser fortgerissen wurde. Zum Glück konnten wir es bergen und waren alle heil und gesund geblieben. Tatsächlich hatten wir nur Riesenglück gehabt.

Wir mussten noch oft mit Stromschnellen kämpfen, und bei einem komplexen Kaskadensystem legten wir eine echte Bauchlandung hin. Es war ohnehin schon schwer zu navigieren, da es so viele Felsen und Wasserpflanzen gab, aber zu allem Überfluss musste ich mir diesmal nach der Hälfte der Strecke spontan eine neue Route suchen.

Ant war als Erster gefahren und steckte nach kurzer Zeit an einem Felsen in einem Kehrwasser fest, einer Art ruhigem Parkplatz im Wasser. Wir anderen waren ihm zu früh gefolgt und hatten keinen Platz, um anzuhalten. Ness schaffte es in das Kehrwasser, aber Laura, die vor mir fuhr, konnte nirgendwohin ausweichen.

Die Angst davor, auf ein solches Kehrwasser zu stoßen, zu realisieren, dass wir nicht hineinpassen würden und dann Wildwasser bewältigen müssten, ohne uns vorher eine Route überlegt zu haben, trieb meinen Adrenalinausstoß in sehr unangenehme Höhen. Ich beobachtete, wie Lauras Boot sich drehte und sie rückwärts von der Strömung mitgerissen wurde. Sie hatte die Augen vor Angst weit aufgerisssen. Seltsamerweise klärte der Anblick meine Gedanken mit einem Schlag. Ich wusste, dass ich nicht in das Kehrwasser passen würde und keine andere Wahl hatte, als es mit der tosenden, verwirbelten Kehrwasserlinie aufzunehmen. Und das ohne jede Planung. Ness, die von dem Kehrwasser aus nach unten sehen konnte, schrie Laura zu, dass alles okay sei – die Route passte.

»Ich bin bei dir«, rief ich Laura zu.

Zum Glück schaffte sie es, ihr Boot wieder in die richtige Richtung zu drehen, und wir schafften es alle sicher nach unten. Ich zitterte wie Espenlaub, als wir die Stromschnellen hinter uns hatten. Adrenalin, Angst, Euphorie und Aufregung wirbelten durch meinen Körper.

Als wir alle unten wiedervereint waren, regte sich Ant fürchterlich auf, weil er stecken geblieben war. Wir sagten ihm, wir seien selbst schuld, da wir ihm zu schnell gefolgt seien und nicht mit einberechnet hätten, dass die vorausfahrende Person Probleme bekommen könne. Für das gesamte Team war diese Situation ein Schuss vor den Bug gewesen: Selbst, wenn etwas machbar aussah, durften wir nicht nachlässig werden. In dieser Umgebung gab es keine zweiten Chancen.

»Mein Highlight heute war, dass wir diesen Wasserfall überlebt haben«, sagte Laura abends, als ich das Team nach den Lieblingsmomenten des Tages fragte.

Abgesehen von Ant – Mr. ›Ich liebe Wasserfälle‹ – waren wir anderen nicht besonders wild darauf, es mit den Jacobs Ladder Falls aufzunehmen. Zum Glück hatte Ant in der Waldvegetation neben den Stromschnellen eine kleine Lücke entdeckt. Aus der Nähe sahen wir, dass es eine gut ausgebaute Umtragungsroute war – mitsamt auf den Boden ausgelegten Ästen, auf denen man Einbäume leichter rollen konnte. Das erste Anzeichen dafür, dass wir uns menschlicher Besiedlung näherten.

Statt die Kajaks an Seilen die Stromschnellen hinunterzulassen und über die Felsen zu klettern, entschieden wir uns für die langsamere, aber sichere Option: Wir würden die Stromschnellen umwandern. Ant kapitulierte. Er räumte ein, dass die

Hab keine Angst zurückzuweichen

Portage, die Umtragung, gutes Beintraining sei und dass er sich uns anschließen werde, weil die Wasserfälle einfach zu hoch seien.

Weil der Pfad durch den Dschungel bereits freigeschlagen war, genoss ich die schweißtreibende Wanderung sogar. Es war schön, wieder unter dem Blätterdach zu laufen und den Affen zuzusehen, die sich über unseren Köpfen tummelten. Allerdings spürte ich auch schmerzlich, dass mein Fußbrand leider noch nicht abgeheilt war. Nach der Wanderung bemerkte ich, dass die kleinen, juckenden Wunden sich an einigen Stellen schwarz verfärbt hatten.

Eine halbe Stunde lang schleppten wir so viel Ausrüstung, wie wir tragen konnten, durch den Dschungel, bis wir eine schöne, mit Moos bewachsene Lichtung oberhalb einer steilen Böschung erreichten. Unterhalb führte ein Sandstrand zum Fluss. Schon als wir uns der Lichtung näherten, sahen wir zu unserer Rechten einen tosenden Wasserfall mit schäumenden Kaskaden. Wir hatten das Wildwasser schon brüllen gehört, bevor wir es zu Gesicht bekamen. Der Anblick der stürzenden Wassermassen bestätigte uns, dass wir definitiv die richtige Entscheidung getroffen hatten! Wir waren nicht die Einzigen, die so entschieden hatten. In einen Baum am Rand der Böschung war ein Strichmännchen und die Zahl 2018 eingeritzt. Und auf der Portage-Route hatten wir ebenfalls alte, in Bäume geritzte Markierungen gesehen. Romel erklärte uns, dass man diese Schnitte hinterlässt, wenn man durch den Dschungel wandert, damit andere sehen, dass hier schon mal Menschen waren.

Als wir langsam zum Fluss hinabstiegen, rutschte Ness aus und verschlimmerte damit ihre alte Hüftverletzung. Sie humpelte den restlichen Weg zum Strand. Da sie nicht mehr richtig laufen konnte, sagten wir ihr, sie solle auf uns warten und sich mit Tramadol betäuben, während wir anderen die restlichen Boote und Packsäcke holten. Laura freute sich nicht unbedingt darauf, noch mindestens zwei Mal laufen zu müssen. Wir schätzten, dass das noch mehrere Stunden in Anspruch nehmen würde.

»Ich hasse solche Arbeiten«, sagte sie. »Sie sind monoton und anstrengend.« Wir stapften durch den Dschungel und trugen das Kajak abwechselnd auf den Schultern und zwischen uns. Unsere Muskeln brannten. Wir hatten bewusst NRS-Outlaw-Kajaks für unsere Reise gewählt, weil sie nur knapp zwölf Kilo wiegen, was für Boote dieser Klasse extrem leicht ist. Aber zusammen mit den Packsäcken und den Schwimmwesten brachten sie uns trotzdem ganz schön ins Schwitzen.

Eine kurze Verschnaufpause verschaffte uns der gewaltige Dorn, der sich in meinen Wanderstiefel bohrte.

»Willst du ihn rausziehen?«, fragte Laura. Dann schrie sie: »Himmel!«

Sie setzte das Boot auf dem Boden ab, sprang hinein und schrie wie eine Verrückte.

»Au, au, auaaa, sie hat mich im Auge erwischt«, jammerte sie und schlug sich hektisch auf Arme und Beine. Ich kapierte überhaupt nichts mehr. War sie jetzt völlig durchgeknallt? »Komm ins Boot, Pip, sie sind auch überall auf dir. Wir sind auf einer Ameisenstraße stehen geblieben.«

Die Duftstoffe oder Pheromone, mit denen Ameisen den Weg von einer Nahrungsquelle zu ihrer Kolonie markieren, waren durch unsere Umtragung verwischt worden, und die Ameisen verteidigten ihr Revier. Sie begannen zu beißen, jetzt wusste ich, wovon Laura sprach. Es muss unglaublich witzig ausgesehen haben, wie wir zwei in einem aufblasbaren Kajak standen, wild herumhüpften und uns schreiend auf alle möglichen Körperteile schlugen. Falls du dich fragst, warum wir nicht sofort abhauten: Wenn man von Hunderten Ameisen gebissen wird, denkt man nicht mehr besonders logisch. Zum Glück bot uns das Boot jedoch einen vorübergehenden Zufluchtsort, von dem aus wir erstens den Ameisenpfad lokalisieren und einen Weg um ihn herum suchen und zweitens den Dorn aus meinem Stiefel entfernen konnten. Ich nahm mir außerdem vor, dieses spezifische Kajak nachher auf Löcher zu überprüfen. (Wir hatten gelernt, dass es kein Spaß war, auf dem Wasser Löcher zu flicken, nachdem Romel aus Versehen einen Angelhaken in seinem Boot verloren hatte.)

Als Laura und ich endlich aus der Lücke im Dschungel traten, sahen wir Ness, die einen Proteinshake trank. Sie schien bester Laune, offenbar wirkten die Medikamente inzwischen. Leider konnte sie sich nicht allzu lange erholen, das wussten wir. Nur ein paar Kilometer flussabwärts warteten die King William IV Falls auf uns: der letzte Wasserfall, bevor wir uns mit Charlie, Ed und den anderen treffen würden.

Bald nachdem wir wieder in unseren Kajaks saßen, stießen wir auf einen scheußlich lauten Wasserfall – gesäumt von fast silbern wirkenden Felsen. Das Wasser schoss über sie und hämmerte als tosender, schäumender Strom voller wilder Energie auf sie ein. Wir hatten die King William IV Falls erreicht.

Wir blickten auf die einzig mögliche Route hinunter, die direkt in einen reißenden Wildwasserstrom stürzte. Sie war viel zu steil, um sie zu befahren.

»Seilen wir die Boote ab?«, fragte ich Laura.

»Da ich gerade keine Lust auf Selbstmord habe, würde ich sagen, ja«, antwortete sie.

Ant und Romel begannen, die Boote anzuleinen, während Laura, Ness und ich uns um alle losen Gepäckstücke kümmerten.

Wir starteten den gefährlichen Abstieg über die silbernen Felsen. Neben uns tobte das Wildwasser – eine sehr laute Erinnerung daran, wo wir im Falle eines Fehlers landen würden. Ness hatte uns zwar versichert, sie sei okay und der Schmerz habe nachgelassen, aber ihre Hüfte machte ihr offensichtlich zu schaffen. Laura und ich hatten ihr die schweren Taschen abgenommen, aber auch so war diese Klettertour über die rutschigsten, wenn auch schönsten Felsen, die wir bisher erlebt hatten, wirklich nicht ideal für sie. Ich dachte bei mir, wie seltsam es ist, welche Dinge uns auf einmal normal erscheinen. Hätte man mir am Anfang der Expedition gesagt, dass ich bald eine schwere Kameratasche neben tosendem Wildwasser über glitschige Felsen hieven, über von Spinnennetzen überspannte Löcher steigen, die Füße in dunkles Wasser stellen und auf das Beste hoffen würde, dann hätte ich der Person wahr-

scheinlich nicht geglaubt. Während Laura und ich die Taschen
nach und nach über die Felsen transportierten, arbeiteten Ant und
Romel zusammen, um die Kajaks mit einer Kombination aus Seilen und schierer Körperkraft die Stromschnellen hinunterzufüh-
ren. Nach ungefähr einer Stunde hatten wir uns selbst und die Boote heil und unversehrt nach unten manövriert.

Ein paar Stunden später, ungefähr um vier Uhr nachmittags,
erreichten wir die nächsten Stromschnellen. Weil wir völlig erschöpft waren, schlug ich vor, unser Lager hier aufzubauen und die
Überquerung auf morgen zu verschieben. Laura, die wusste, dass
Ed nicht mehr weit entfernt war, hatte ihm gerade eine Nachricht
geschickt, um ihn zu fragen, wie das Terrain hinter den Stromschnellen aussah.

»Ich sehe ein Kanu. Zwei Kanus. Drei Kanus«, schrie Ness.

Ich hatte mich heute Morgen schon gefragt, ob die Jungs uns
überraschen würden. Und Ant hatte vor zehn Minuten gesagt, er
habe in der Ferne einen Motor gehört. Aber er hatte auch das Gehör einer Fledermaus. In meinen Ohren dröhnten nur Wasser und
die Kakofonie des Dschungels.

Boote am Horizont auftauchen zu sehen war unglaublich bizarr. Wir waren in den vergangenen Wochen völlig isoliert gewesen, also war es gleichzeitig aufregend und verstörend, erstmals
wieder auf Menschen zu treffen. Ich scannte die Boote mit Adler-
blick, weil ich unbedingt Charlie finden wollte. Ich wusste, dass
Laura dasselbe auf der Suche nach Ran und Ed tat. Auch unser Kameramann Jon musste dort irgendwo sein.

Endlich entdeckte ich Charlie, der in einem blauen Hemd und
mit Baseballkappe auf einem der Boote stand und wie ein Besses-
ener winkte. Vor unserer Wiedervereinigung lagen noch ein paar
kleine Stromschnellen, aber die würden uns nicht hindern. Ich
richtete mein Kajak auf Charlie aus und paddelte so schnell ich

konnte. In diesem Fall war es das Risiko eindeutig wert. Als unsere Kajaks bei den Booten ankamen, beugte sich Charlie vor, umarmte mich und sagte mir, er sei stolz auf mich. Tränen liefen uns über die Wangen. Laura und ihrer Familie ging es ähnlich. Wir hatten uns so sehr auf unsere Lieben gefreut, aber wir hatten nicht damit gerechnet, wie emotional dieses Wiedersehen werden würde. Mein bester Freund, mein Komplize, war endlich wieder bei mir.

VERBINDUNG

(Substantiv): eine Beziehung, in der eine Person oder
eine Sache mit etwas anderem assoziiert ist

Das Schöne am Reisen ist, dass es uns mit der Welt, die uns umgibt, mit anderen Menschen und mit uns selbst verbindet. Im Lauf der Expedition habe ich gemerkt, wie sehr sich Menschen erstens nach echten Verbindungen sehnen, und zweitens, wie wichtig es ist, dass diese nicht nur oberflächlich bleiben.

Verbindung in all ihren Formen war der Klebstoff, der die Expedition (und mich) zusammenhielt. Unsere Beziehungen, unsere Freundschaften sind der Kern unseres Lebens. Mit wem wir Zeit verbringen, wie diese Menschen uns behandeln (und wie wir sie behandeln), ist sehr wichtig. Echte Freundschaften und Verbindungen sollten positiv sein, respektvoll die Bedürfnisse der anderen berücksichtigen und uns ermöglichen, auf gute Weise zu wachsen.

Das ist nicht immer einfach, vor allem, wenn man Menschen für selbstverständlich hält oder davon ausgeht, dass sie immer da sein werden. Echte Verbindungen erfordern Arbeit, Energie und Aufmerksamkeit. Aber ihr Vorteil ist, dass alles viel lohnender ist, wenn man voll und ganz präsent ist. In einer Zeit, in der wir augenscheinlich stärker verbunden sind als je zuvor, hat uns die Technologie in gewisser Weise auch ermöglicht, uns auf ungesunde Weise zu distanzieren. Wir können mit einem Freund einen Kaffee trinken, während wir jemand anderem eine SMS schreiben. Anstatt uns beim Entspannen in der Badewanne mit uns selbst zu verbinden, scrollen wir durch Apps, oder wir aktualisieren unsere Social-Media-Profile im Bett. Oder wir können in einem wunderschönen, unberührten Regenwald sitzen und neidisch das Leben anderer betrachten. Der Unterschied zwischen meinen Gefühlen an den Tagen, an denen ich online gegangen war, und den Tagen, an denen ich die meiste Zeit damit verbracht hatte, mich persönlich (oder von Boot zu Boot) mit Menschen zu beschäftigen, war riesengroß. Obwohl ich eigentlich von Natur aus introvertiert veranlagt bin, wurde mir klar, wie wichtig echte Verbindungen sind – es gibt nichts Besseres. Also, sei für die Menschen da, die dich schätzen, und kümmere dich um sie, wenn sie es brauchen (und nicht nur dann). Schenke ihnen Zeit, Liebe und deine volle Aufmerksamkeit. Und unterschätze niemals die Macht einer Umarmung.

· · ·

Tag 46 der Expedition

Standort: auf der Anfahrt zur King William Adventures Lodge
Status: Wiedersehen

Ich hatte mich noch nie so sehr darüber gefreut, Charlie zu sehen. Auch, weil er Zucker mitgebracht hatte. Charlie und Ed hatten Süßigkeitennachschub und eine Packung Cadbury Creme Eggs als Geschenk von Chris, unserem Kajaklehrer, mitgebracht. Vom Süßkram abgesehen, war Charlie wiederzusehen genau der Kick, den ich gebraucht hatte. Laura wirkte mit Ran im Arm und Ed neben sich so viel entspannter, dass es fast schien, als habe es den Stress der vergangenen Wochen gar nicht gegeben.

Es war ein herrlicher erster Abend gewesen. Wir hatten unser Lager ziemlich bald nach dem Wiedersehen aufgeschlagen, und für das Essen hatte Fay James gesorgt, die Besitzerin einer Angler-Lodge weiter flussabwärts. Seit sie von unserer Expedition gehört hatte, wollte sie uns unbedingt kennenlernen. Ihr Vater Campbell war einer der beiden Bootsführer, die unsere Männer zu uns gebracht hatten. Fay hatte vorgeschlagen, dass wir uns für ein paar Tage in ihrer Lodge, der Angler-Lodge von King William Adventures, erholen sollten, die wir in ein paar Tagen mit dem Kajak erreichen würden. Nach dem ersten kurzen Wiedersehen würden Ran und Ed bereits dorthin zurückkehren, und wir würden ihnen so schnell wie moglich folgen. Das klang himmlisch – genauso wie die Abwechslung im Ernährungsplan. Auf der Speisekarte standen an diesem Abend ein herzhaftes Fisch-Tomaten-Spaghetti-Gericht und Guyana Bake – ein köstlich frittiertes Brot, das typisch für die Region ist. Bekocht zu werden war solch ein Luxus. Wir rundeten den Abend mit einer geballten Ladung von Lauras Lieblingsdroge ab – Haribo.

»Ich gehe schon seit einiger Zeit zu den AH-Treffen«, sagte sie mit vollen Backen. Seit sie ihre Familie wieder hatte, wirkte sie wieder richtig glücklich. »Wohin bitte?«, fragte ich.

»Zu den Anonymen Haribolikern.«

Es war auch gut gewesen, Jon beim Abendessen etwas besser kennenzulernen. Wir hatten mit ihm bisher nur über Skype gesprochen, als wir über soziale Medien nach einem Kameramann gesucht hatten. Wir waren uns sofort sympathisch gewesen. Aber es ist immer ein Risiko, einen Monat mit jemandem zu verbringen, den man noch nie persönlich getroffen hat – für beide Seiten.

Allerdings hatte wohl eher Jon den Kürzeren gezogen, da er sich einer Gruppe Kajaker anschließen musste, die seit Wochen in dem Essiggeruch marinierten, den unsere ungewaschenen Achselhöhlen auszudünsten schienen. Er würde auch den Teil der Expedition begleiten, der durch stärker besiedeltes Gebiet führen würde. Zum Glück schien Jon nicht nur der Gestank nichts auszumachen, er war auch ein fantastischer Kameramann und jemand, mit dem man viel Spaß haben konnte.

Pflege Verbindungen zu Menschen, die dir dabei helfen zu wachsen

Mit vollem Magen kuschelte ich mich an Charlie, als wir am Feuer saßen und zu den Sternen aufblickten, die am Himmel funkelten. Der Rauch kräuselte sich und schien Fay in sich einhüllen zu wollen. Ich beobachtete, wie sie sich bemühte, den rauchigen Dunst auszuhalten, der ihr in die Nase stieg und ihr Tränen in die Augen trieb. Ich kannte sie zwar erst seit Kurzem, aber mir war klar, wie tatkräftig und lebendig sie war. Sie hatte uns erzählt, sie sei alleinerziehende Mutter zweier Kinder. Sie war neunundzwanzig Jahre alt, leidenschaftliche Anglerin und kannte sich mit Fischen besser aus als jeder, den ich bisher getroffen hatte und wahrscheinlich jemals treffen würde. Sie erzählte uns, dass sie sich selbst gern Jungle Jane nenne und oft allein mit ihren Hunden im Dschungel übernachte. Eine Hammerfrau. Sie war mir sofort sympathisch.

Fay ertrug den rauchigen Dunst, solange sie konnte, stand dann auf und setzte sich auf die andere Seite des Feuers. »Meine Großmutter hat immer gesagt, man solle nie den Platz wechseln, während man isst, weil einem sonst der Partner davonläuft«, sagte sie ungerührt und aß an ihrem neuen Platz weiter.

»Als ich klein war, hat meine Großmutter gesagt, wenn der Rauch dich verfolgt, bedeutet das, dass man mehr als eine Freundin oder einen Freund hat«, sagte Ant.

»Einer reicht«, erwiderte Laura glücklich lächelnd. Das Wiedersehen mit ihrer Familie hatte ihr neue Energie geschenkt.

Ich kuschelte mich an Charlie und stieg aus dem Gespräch aus. Wie schön, dass er endlich hier war. Wie die meisten Beziehungen ist auch unsere nicht perfekt. Es war nicht Liebe auf den ersten Blick, sondern wir waren zuerst Freunde, aus denen dann später ein Paar wurde. Wir haben viele Höhen und Tiefen durchlebt und werden das zweifellos auch in Zukunft tun. Aber vor allem anderen ist er mein bester Freund und der Mensch, für den ich immer da sein werde – egal, welche Knüppel das Leben uns zwischen die Beine wirft. Weil ich monatelang auf Bäume gestarrt hatte, während ich von ihm getrennt war, musste ich an mein Lieblingszitat über die Liebe denken. Es stammt aus Louis de Bernières Roman »Corellis Mandoline«. Er nennt sie den Moment, in dem man realisiert, dass die eigenen Wurzeln so eng mit denen des anderen verflochten sind, dass aus zwei Bäumen ein einziger Baum geworden ist. In dieser Vorstellung liegt eine tiefe, irdische Wahrheit. Seine Worte inspirierten mich zu einem Gedicht.

Verliebe dich

Verliebe dich in die,
die Schönheit im Regentropfen finden,
die welkende Rosen bewundern,
weil sie gelebt haben,
die nicht die Stürme verdammen,
sondern sie als Leben annehmen.
Verliebe dich in die,
die schwierige Fragen stellen
und auf ehrliche Antworten warten,
die gütige Augen mehr schätzen

als schöne,
die fragen, was sie geben,
nicht was sie bekommen können.

Verliebe dich in die,
die Wert nach Werten werten,
die das Dunkle in anderen sehen
und sich trotzdem auf das Licht konzentrieren,
die die Glut schüren,
wenn die Lust verbrannt ist.

Wenn du dich also verlieben musst,
dann verliebe dich,
und dann verliebe dich in die Seelen,
die liebend der deinen beistehen.

Ich wendete meine Aufmerksamkeit wieder dem Team zu und beobachtete, wie die Schatten des Feuers über Fays Gesicht tanzten. Anscheinend hatte ich mich zum genau richtigen Zeitpunkt wieder auf das Gespräch konzentriert, da Fay gerade warnte, wie wichtig es ist, sich mit seiner Umgebung zu verbinden und sie zu verstehen.

»Weiter flussabwärts müsst ihr vorsichtig sein. Dort sind die Kaimane an Menschen gewöhnt, kennen also ihre Schwächen. Wir haben schon gesehen, wie Hunde direkt vor unseren Augen ins Wasser gerissen wurden. Nehmt euch auch einen langen Stock mit, die Kaimane denken, das sei ein Bogen, und was das ist, wissen sie. Wenn ihr eine Machete in der Hand habt, versuchen sie, euch den Arm abzureißen.« Ich drückte Charlies Hand ein wenig fester. Fay ließ sich von unseren großen Augen nicht beirren.

»Ich habe darauf geachtet, dass wir das Lager richtig bauen«, fuhr sie fort. »Wir müssen das Feuer weiter vom Wasser weg anzünden, tiefer im Wald. Das schützt uns besser vor Raubtieren.«

Dann zeigte sie auf das Wasser. »Ein Junge wurde gefressen, und seine Überreste wurden nicht gefunden. Als ihn seine Mutter zum letzten Mal sah, war er mitten im Fluss im Maul eines Kaimans, aber sie haben weder Knochen noch seine Leiche gefunden. Die Dorfbewohner haben ungefähr zwölf oder dreizehn Kaimane erlegt und auf der Suche nach seinen Überresten ausgeweidet. Wenn ein Kaiman einmal Menschenfleisch gekostet hat, kommt er immer wieder zurück.«

Nimm Abstand, um die Verbindung wiederherzustellen

Fay starrte eine Weile in die Flammen, bevor sie weitersprach. »Deshalb mache ich mir die ganze Zeit Sorgen. Ich habe große Angst davor, dass mein Sohn ohne seine Großmutter baden gehen könnte. Sie kümmert sich um ihn, während ich arbeite. Wir können nicht einmal allein aufs Klo gehen.«

»Ich weiß nicht, wie es euch geht, aber ich habe gedacht, wir wären sicherer, wenn wir in die Nähe von Menschen kommen«, sagte Laura, die immer besorgter wirkte.

Fays Geschichte hatte mich zutiefst beunruhigt. Offenbar verloren Kaimane die Angst vor Menschen, wenn sie häufiger mit ihnen interagierten. Es war ironisch: Je stärker wir versuchten, die Natur zu dominieren, desto heftiger wehrt sie sich gegen uns. Ich begann zu begreifen, wie kaputt unsere Verbindung zur Natur manchmal sein kann.

Am Tag nachdem wir Charlie getroffen hatten, machte er ein Foto von mir, Laura und Ness. Wir saßen neben einem lauten Generator, drängten uns um das BGAN, tippten in unsere Handys und luden Social-Media-Beiträge hoch. Wir sahen aus wie in blaues Licht getauchte Zombies. Mit einer Sache kämpfte ich schon seit Beginn dieser Reise: Wie konnte ich die Nachrichten an meine Familie, die Social-Media-Verpflichtungen gegenüber Sponsoren sowie die Beiträge für interessierte Follower einerseits und das Genießen der Reise andererseits in eine Balance bringen? Als Kompromiss hatte ich mir angewöhnt, E-Mails und Beiträge im Voraus zu verfassen und sie, wenn ich online war, nur noch abzuschicken. Außerdem versuchte ich, mich nicht zu sehr in das Leben anderer Menschen zu vertiefen. Es war irgendwie sehr traurig, in einem wunderschönen Regenwald auf einem Felsen zu sitzen, meine Situation mit den gefilterten Fotos von perfekt gestylten anderen Leben zu vergleichen und das Gefühl zu bekommen, dass ich diejenige war, die gerade etwas verpasste. Je weniger ich mich dem aussetzte, desto besser. Falls ich jemals einen Beweis dafür gebraucht hatte, dass es nicht gut für die eigene Seele ist, sich mit Dingen zu verbinden, die einem nichts bringen – egal wie toll das eigene Leben gerade sein mag –, dann hatte ich ihn hiermit gefunden.

»Bitte pass auf dich auf«, sagte Charlie an diesem Abend, als ich meinen Fuß in eine Tüte mit Talkumpuder steckte, die er für mich aufhielt. Er hatte recht. Wir mussten nicht nur auf unsere Umwelt und auf unser Online-Verhalten achten, sondern durften auch uns selbst nicht länger vernachlässigen. Wir waren 18 Tage lang durchgepaddelt, bevor wir die anderen getroffen hatten. Ness, Laura und ich hatten alle festgestellt, dass unsere Periode ausgeblieben war. Unsere Hände, vor allem die Daumen, schmerzten bei jeder Bewegung. Obwohl ich täglich Handschuhe trug, hatte sich in meiner Handfläche eine große Blase gebildet. Meine Lymphknoten waren geschwollen und ich hatte eine Rotznase. Ganz zu schweigen von unseren Füßen. Ness hatte einen Furunkel, Laura schien sich ein Ekzem geholt zu haben. Mein Fußbrand war nicht besser geworden. Ganz im Gegenteil.

Als ich Ed meinen Fuß gezeigt hatte, hatte er ihn fotografiert und das Bild unseren Kontaktleuten Sophia und Anders geschickt, weil er ihren Rat einholen wollte. Beinahe sofort erhielten wir eine Nachricht auf den Garmin. Sie sagten, sie würden sich über lokale Behandlungsmöglichkeiten informieren, und inzwischen sollte ich den Fuß so trocken wie nur irgend möglich halten und ihn einpudern, sooft es ging. Sie sagten mir, falls die Wunden schlimmer werden sollten – oder sich schwarz, blau oder grün verfärbten – müsste ich »Sofort da raus!!!« Unbehandelt kann Fußbrand gangränös werden, was im schlimmsten Fall zur Amputation führen kann. Ich war alarmiert, weil die kleinen schwarzen Punkte, die vor ein paar Tagen aufgetaucht waren, immer noch da waren. Ich hoffte, dass das Talkumpuder das Blatt wenden würde.

Charlie, der nichts von großen romantischen Gesten hält, zeigte mir durch sein Verhalten, wie sehr er mich liebte. Von ihm umsorgt zu werden, der mir Abend für Abend dabei half, meinen Fuß sorgfältig einzuwickeln, machte mir bewusst, wie abgebrüht Ness, *Sich mit seiner Umgebung zu verbinden hilft, sie schätzen zu lernen* Laura und ich in vielerlei Hinsicht geworden waren. Wir hatten uns an Moskitowürmer, Zecken im Schritt, wund gescheuerte Pobacken und andere Dschungelwehwehchen gewöhnt.

Ich sagte Charlie, dass ich mich in seiner Gegenwart viel sicherer und friedvoller fühle.

»Überdenk das noch mal«, sagte er. »Ich bin hier ein komplett ahnungsloser Fremdkörper.«

Einen Tag nachdem Ran und Ed abgefahren waren, wachte ich gegen drei Uhr morgens auf und sah Charlies von der Handytaschenlampe beleuchtetes Gesicht. Ich erkannte, dass er angespannt war – ein Mann im Alarmzustand.

»Alles in Ordnung, Charlie?«, flüsterte ich.

»Ich bin mir ziemlich sicher, dass hier gerade ein Tier geschnüffelt hat. Da war etwas unter der Hängematte«, sagte er.

Er leidet schon unter normalen Umständen an Schlaflosigkeit, und der Chor durchdrehender Brüllaffen verringerte das Problem wahrscheinlich nicht. Ich versuchte, ihn damit zu beruhigen, dass auch ich in meinen ersten Nächten im Dschungel kaum ein Auge zugetan hätte.

»Wahrscheinlich waren das bloß die üblichen Nachtaktivitäten von Fröschen und Nagetieren«, sagte ich. »Versuch einfach weiterzuschlafen.«

Wie sehr ich mich doch getäuscht hatte. Zwei Stunden später, um fünf Uhr morgens, zeigte sich, dass Charlies Instinkt funktionierte. Ein lauter Schrei durchbrach die Dunkelheit. Definitiv menschlich. Es war Campbell. Ein Jaguar war direkt an seiner Hängematte vorbeigeschlendert. Campbell war sofort zur Tat geschritten, hatte wild mit der Taschenlampe gewedelt und geschrien, um ihn zu verscheuchen.

»Ich wusste doch, dass ich etwas gespürt habe«, sagte Charlie beim Frühstück. Welch eine Einführung in das Dschungelleben. Wir waren körperlich und geistig so erschöpft, dass wir es kaum erwarten konnten, am Abend endlich Fays Lodge zu erreichen.

Fays Lodge thronte hoch über dem Flussufer und überblickte die Weiten des Essequibo. Ein großzügiger Rasen und eine Treppe führten vom Steilhang zu den schönen Holzhütten hinauf. Ed und Ran warteten bereits auf uns und hießen uns willkommen. Endlich, nach viel zu langer Zeit, lagen ein paar freie Tage vor uns. Es war die Chance, durchzuatmen, uns einander anzunähern und uns auf uns selbst zu konzentrieren, anstatt ausschließlich auf die Aufgabe, die vor uns lag. Ed hatte eine Flasche Rotwein mitgebracht, die er öffnete und unter uns allen aufteilte. Ich würde gerne erzählen, wie lecker der Wein war, aber ich schaffte es, sofort mein Glas umzuwerfen, also weiß ich es leider nicht. Als ich noch zuschaute, wie die flüssigen Trauben zwischen den Holzdielen des Hüttenbalkons versickerten, begann Mutter Natur, laut zu brüllen.

Von unserem sicheren Hort hoch über dem Essequibo sahen wir einen Sturm über den Fluss tanzen. Der Regen prasselte, das Licht schimmerte orange und ließ das Grün von Fays Rasen noch leuchtender wirken. Wir alle tanzten und rannten durch den warmen Regen, erfüllt von dem Glück, zusammen zu sein. In diesem Moment fühlte sich alles richtig an. In der Ferne erstreckte sich ein Regenbogen in einem dunstschwangeren, fast perfekten Halbkreis über den Fluss.

»Ein ganzer Regenbogen bedeutet, dass bald wieder die Sonne scheint«, behauptete Romel. Und so war es auch. Der Regen hörte so abrupt auf, wie er begonnen hatte. Die letzten Tropfen glitzerten nun in der Abendsonne. Wenn nur der Rest unseres Aufenthalts auch so perfekt gewesen wäre.

AUSRUHEN

(Verb): Arbeit oder Bewegung unterbrechen,
um zu entspannen, zu schlafen oder neue Kraft
zu tanken

Wie oft erteilen wir uns selbst die Erlaubnis, uns auszuruhen?
Uns um uns selbst zu kümmern? Vom Laufband abzusteigen und
uns zu fragen, wohin wir eigentlich rennen – und warum? Ironischerweise werden wir oft im Urlaub krank, wenn Körper und
Geist erleichtert aufatmen, weil wir uns endlich die Zeit nehmen, auf ihre Bedürfnisse zu hören. Es ist, als würden unsere
Körper sagen: »Uff. Ich habe eigentlich schon längst keine Kraft
mehr.« Das zeigt uns, dass das Tempo, in dem wir leben, zwar
machbar ist, aber keinesfalls gesund. Ausruhen erlaubt es uns,
wieder ins Gleichgewicht zu kommen, zu erkennen, dass wir hin
und wieder innehalten, Dinge einschätzen und neu bewerten
müssen. Es sind genau diese Pausen, die uns oft erst erlauben,
das Beste aus unserem Leben und den Gelegenheiten, die es uns
bietet, zu machen.

· · ·

Tag 50 der Expedition
Standort: King William Adventures Lodge
Status: ziemlich krank

Ness verdrehte die Augen, bevor sie mit einem dumpfen Laut zu Boden fiel und ihr Körper sich verkrampfte. Laura nahm sie in den Arm und ermutigte sie mit ruhigen, rhythmischen Worten dazu, tief ein- und tief auszuatmen. Sie setzte alles ein, was sie in ihrem Geburtshypnosekurs gelernt hatte.

»Ich hole Hilfe«, schrie ich, ließ Ness in Lauras und Jons Obhut zurück und rannte vom Ufer die Böschung hinauf, um die anderen und das Satellitentelefon zu holen.

»Ness ist zusammengebrochen«, rief ich, als ich Ed und Charlie sah. Sie rannten die Böschung hinunter, während ich das Telefon holte und unseren medizinischen Berater anrief. Meine Freundin an einem so entlegenen Ort zusammenbrechen zu sehen machte mir entsetzliche Angst.

Heute Morgen hatten wir noch gekichert, als Laura in einer Windel beim Frühstück erschien.

»Nur für den Fall«, sagte sie. »Ich dachte vorhin, ich hätte gefurzt, habe dann aber gemerkt, dass es kein trockener Furz war.«

»Ich glaube, die korrekte Bezeichnung dafür lautet schurzen«, sagte Jon, der offenbar nicht nur für die Kameraarbeit, sondern auch als wandelndes Lexikon engagiert worden war.

Wir hatten gelacht, als Ness sagte, auch sie habe Magenprobleme und heute Morgen schon das Klo verstopft. Aber jetzt, da meine Freundin auf dem Boden lag und wir nicht wussten, was mit ihr los war, war uns das Lachen gründlich vergangen.

Ed und Charlie, die beide fast zwei Meter groß sind, trugen die bewusstlose Ness wie eine Puppe zur Lodge hinauf. Sie brachten sie in ihr Zimmer und legten sie ins Bett. Allmählich kam sie wieder zu sich. Wir fanden das Satellitentelefon in ihrem Zimmer, und Ed versuchte, die medizinischen Spezialisten zu erreichen, die er konsultiert, wenn er an abgelegenen Orten dreht. Irgendwann erreichte er Dave, der uns riet, ihr Antibiotika zu geben und ihr auf jeden Fall ein paar Tage Bettruhe zu gönnen.

Nimm dir Zeit für das, was dir gut tut

Die verordnete Ruhe würde uns allen sehr gut tun. Wir hatten uns bis zur totalen Erschöpfung angestrengt und mussten unseren Körpern die Chance geben, sich zu erholen. Auch ich, die ich heute Morgen noch über Ness und Laura gelacht hatte, rannte bald alle Stunde aufs Klo. Da sich in unserer kleinen Hütte die Toilette sehr dicht neben dem Schlafzimmer befand, war Charlies und mein Urlaub nicht ganz so romantisch, wie wir es uns gewünscht hatten. Das Gute daran war, dass mein Fußbrand endlich abheilen konnte, weil wir nicht mehr tagtäglich auf dem Wasser waren.

Weil wir uns nicht weit von der Lodge entfernen konnten, verbrachten wir die nächsten Tage damit, Fay und die nähere Umgebung besser kennenzulernen. Einer ihrer Hunde hatte vor ein paar Tagen Junge bekommen, und wir spielten oft mit ihnen, während wir uns unterhielten. Obwohl die Welpen erst sehr wenig Zeit auf der Welt verbracht hatten, waren sie bereits von Vampir-Fledermäusen gebissen worden, aber laut Fay war das ihr geringstes Problem.

»Mein Großvater hat mir gesagt, ich müsse Welpen mit Piranhazähnen kämmen, damit sie sicher sind«, sagte sie. »Angeblich mögen Jaguare das nicht.«

Dann reichte Fay uns eine Broschüre der Lodge, an der sie, wie sie sagte, eine Ewigkeit gearbeitet hatte. Fay stammt ursprünglich aus Apoteri, hatte aber ein Stipendium bekommen und Landwirtschaft studiert. Nachdem sie ihr Dorf verlassen hatte, zog sie flussaufwärts, kaufte das Land, auf dem wir gerade saßen, und errichtete eine Lodge. Ihre Mutter kümmert sich jetzt in Apoteri, wo die nächste Schule ist, um ihre Kinder, und Fay teilt ihre Zeit zwischen der Lodge und dem Dorf, in dem sie wohnen, auf. Die Fahrt dauert etwa vier Tage mit dem Kanu und rund zwei Stunden mit dem Motorboot.

»Alles, was ich tue, tue ich mit Leidenschaft«, sagte sie. »Wenn ich etwas erreichen will, dann packe ich es an und bringe es zum Abschluss.« Wir glaubten ihr. Fay führte ihre Lodge enthusiastisch und selbstbewusst.

Die Broschüre enthielt Bilder von einem gigantischen Fisch. Eines zeigte, wie drei Männer mühevoll versuchten, ihn vor die Kamera zu halten, so groß war er.

»Was braucht dieses Land deiner Meinung nach?«, fragte Charlie. Fay trank einen Schluck Kaffee.

»Gutes Management«, sagte sie dann. Sie erklärte, sie besuche wegen ihrer Arbeit eine Menge Gegenden im Umkreis und höre immer, was sich die Leute in den verschiedenen Dörfern in Bezug auf den Tourismus wünschten.

»In den Gemeinden, in die ich gehe, fragen mich die Leute oft, was sie vermarkten könnten«, sagte sie. Scheinbar berät sie manchmal auch Regierungsmitglieder, wie man die Region touristisch erschließen kann, vor allem den Fluss.

»Ist bei dem ganzen Bergbau und der Holzwirtschaft in der Gegend Ökotourismus wirklich eine gute Möglichkeit, Geld zu verdienen?«

»Genau über dieses Thema rede ich mit den Leuten von der Regierung«, sagte sie. »Ich habe das ganze Land bereist – dies ist unser letzter unberührter Regenwald. Ich frage sie: Wollt ihr, dass er genauso zerstört wird wie jeder andere Teil von Guyana? Die Regierung weiß, dass diese Gegend unser letztes naturbelassenes Land ist.«

»Geld und Arbeit haben unsere Kultur verändert. Früher haben wir viel mehr miteinander geteilt. Ich glaube, jetzt sind einige Leute neidisch, weil ich eine erfolgreiche Frau bin.«

»Aber egal«, sagte sie und wechselte das Thema. »Einmal bin ich mit meinem Bruder nach Georgetown gepaddelt. Ich habe auch ein aufblasbares Kajak.«

Mir kam auf einmal eine gute Idee. Laura hatte ursprünglich eine reine Frauenexpedition geplant, aber als sie sich näher mit der Logistik befasste, hieß es, dass sie hier nicht genug Frauen finden würde, die mitmachen würden. Ich erzählte Laura und Ness von meiner Idee, und sie waren sofort dabei. An diesem Nachmittag, als wir mit den Welpen spielten, fragten wir Fay, ob sie die Reise mit uns zu Ende bringen wollte.

»Ist das euer Ernst? Auf jeden Fall«, sagte sie.

Gesagt, getan. Nachdem Fay ihre Mutter angerufen und die Kinderbetreuung geklärt hatte, wurde sie zum neuesten Mitglied unseres Teams. Wir mussten nur erst wieder gesund werden.

Die Pause tat uns allen gut. In den vor uns liegenden Tagen mussten wir nichts tun außer unsere Kraftreserven aufzutanken. Eine gute Gelegenheit, aus der Tretmühle auszubrechen und uns wieder darauf zu konzentrieren, wohin wir unterwegs waren. Um gemütlich und ausführlich miteinander zu reden. Um den kleinen Ran zu knuddeln und zuzusehen, wie er fröhlich quietschte, wenn seine Eltern mit ihm im Fluss spielten. Zeit zu lesen, Tagebuch zu schreiben, die Dinge zu tun, die wir gerne tun wollten, für die wir auf dem Fluss aber nie die Zeit fanden. Charlie und ich sprachen über Ikigai, das japanische Konzept, seinen persönlichen Lebenssinn zu finden. Ant und Romel nutzten die unerwartete Rast als Chance, um ihre Freunde in Apoteri zu besuchen. Im Lauf der Tage, die wir in der Lodge verbrachten, ging es Ness nach und nach besser. Wir fanden nie heraus, was eigentlich mit ihr los gewesen war. Da wir hier nun bereits länger verweilten als ursprünglich geplant, freuten wir uns bald schon darauf, wieder aufzubrechen. Tief in meinem Inneren wusste ich, dass ich noch ein paar Tage Ruhe gebraucht hätte. Aber mein Wunsch, das Team nicht im Stich zu lassen, bedeutete, dass ich einem Aufbruch zustimmte. Ich hätte auf meinen Körper hören sollen.

Unsere Abreise markierte das Ende eines Kapitels und den Beginn eines neuen Abschnitts. Es war Zeit, sich von Ed und Ran zu verabschieden. Ein Boot war aus Apoteri gekommen, um sie abzuholen. Wir luden ihr Gepäck ein und umarmten sie noch einmal, bevor wir diskret zur Seite traten, damit Laura sich von Ed und Ran verabschieden konnte. Als Ed Ran ins Boot trug, der seine pummeligen Ärmchen um seinen Papa geschlungen hatte, umarmten Ness und ich Laura fest. Wir winkten ihnen nach. Laura schluchzte, bis das Boot nur noch ein kleiner Fleck am Horizont war.

»Ich war noch nie zuvor so glücklich wie in den Stunden, in denen ich mit Ran gespielt habe«, sagte sie, als wir uns zu dritt in den Armen hielten. »Er musste so lachen, wenn ich ihn in die Luft geworfen habe. Das hat mich wirklich glücklich gemacht.« Sie lächelte bei der Erinnerung.

»Du bist zäh wie Leder, Miss Bingham«, erwiderte ich. Wir kehrten in die Lodge zurück, packten unser restliches Gepäck ein und brachen ebenfalls auf.

Charlie würde uns noch ein paar Tage begleiten, bis wir Apoteri erreichten. Dort würde er ein Motorboot nach Fairview nehmen, der größten Siedlung der Gegend. Zum Glück war er noch bei uns, denn die anderen hatten sich zwar erholt, aber mein Magen hatte andere Pläne. Es war schrecklich. Charlie saß mit mir im Kajak, und wir hatten mein Doppelpaddel in zwei Einzelpaddel umfunktioniert. Wie in einem Kanu half er mir eine Weile dabei, vorwärtszukommen.

Es dauerte nicht lange, bis ich spürte, dass er unruhig wurde.

»Meine Güte, ist das langweilig«, sagte er, legte sein Paddel vorübergehend beiseite und streckte sich auf den Packsäcken aus, die in der Mitte des Kajaks lagen. »Wie hältst du diese Monotonie nur aus?«

»Konzentrier dich auf andere Dinge. Zum Beispiel auf das Blätterdach«, sagte ich und warf ihm ein Bonbon zu. »Man kann hier die tollsten Dinge entdecken, wenn man danach Ausschau hält. Oder man hinterfragt ein paar Dinge, über die man noch nie richtig nachgedacht hat.« Ich knabberte

Auch die Natur braucht Ruhepausen

an einem der sauren Gummiwürmchen, die Charlie und Ed uns mitgebracht hatten. »Zum Beispiel über Abholzung. Wusstest du, dass es 4000 Jahre dauert, bis der Wald seinen Ursprungszustand wieder erreicht, sekundärer Regenwald sich aber bereits nach 65 Jahren wieder vollständig regeneriert hat?«

»Das wusste ich nicht«, sagte Charlie, der immer noch keine Möglichkeit gefunden hatte, seine langen Beine bequem im Kajak unterzubringen. »65 Jahre ... Ich glaube, so lange sitzen wir schon in diesem Kajak.« Ich lachte. Ich war sehr froh über seine Gesellschaft und seinen trockenen Humor.

Ich erzählte ihm, dass Ant und Romel uns an einem Flussabschnitt die Überreste eines alten Dorfes gezeigt hatten. Anfangs erkannte ich nicht, worauf sie deuteten. Die Bäume waren nicht niedriger als überall sonst. Aber als wir genauer hinblickten, sahen wir in dem Gebiet weniger Schlingpflanzen, Baumstümpfe und Totholz als sonst. Dadurch wirkte das Blätterdach dort üppiger als im angrenzenden unberührten Regenwald. Offenbar war das Dorf von 1991 bis 1997 bewohnt gewesen, aber die Bewohner waren dann wegen eines Malariaausbruchs abgewandert. Als wir uns den Ort anschauten, fanden wir keine von Menschen gemachten

Strukturen mehr. Alles war weg. Alles, abgesehen von einem halb versunkenen Einbaum und einem kaputten, weißen Emaillewaschbecken, das am Flussufer im Schlamm steckte. Nachdem die Menschen verschwunden waren, konnte der Wald aufatmen und kehrte allmählich in seinen natürlichen Zustand zurück.

Leider musste ich Charlie in diesem Moment darauf aufmerksam machen, dass meine Gedärme sich wirklich unnatürlich benahmen.

»Überall sonst wäre es sehr romantisch, dass du mir beim Paddeln hilfst. Zum Beispiel in einer Gondel in Venedig«, stöhnte ich, als Charlie mir half, schnell zu ein paar großen Felsbrocken zu paddeln, wo ich an Land springen konnte. Wir schafften es gerade noch rechtzeitig.

Als wir uns zum Mittagessen mit den anderen trafen, stellte sich heraus, dass der Tag für Romel noch viel aufregendere Abenteuer bereithielt als für mich. Nach dem Essen verschwand er im Dschungel. Wir dachten uns nichts dabei, bis er etwas durcheinander und sichtbar angespannt zurückkam. Fays Rat, weiter flussabwärts besser zu zweit aufs Klo zu gehen, hatte sich bereits als goldrichtig erwiesen.

»Äh, gerade hat mich ein Jaguar fünf Minuten lang angestarrt«, sagte er in nüchternem Tonfall. »Ich hatte komischerweise kaum Angst.«

Wir schauten ihn geschockt an.

»Es war ein großer«, sagte er und streckte die Hände aus. »Muss von Kopf bis Schwanzende fast drei Meter gemessen haben. Ich bin aufs Klo gegangen und habe gehört, wie er sich langsam näherte. Ich versuchte, auf ihn zuzugehen, aber er ließ sich nicht beirren und kam einfach weiter auf mich zu. Ich habe zuerst gepfiffen und dann laut Ants und Jons Namen gerufen. Ant hat mich gehört, und als er dann näher kam, schlenderte der Jaguar langsam fort.«

»Der hatte Angst vor mir«, behauptete Ant voller Überzeugung. »Als ich klein war, hat mein Papa Bambus verbrannt und mir die Asche ins Gesicht geschmiert. Wenn ein Jaguar mich sieht, läuft er sofort davon.«

»Ich muss zugeben, dass meine Klogeschichten neben deinen ziemlich alt aussehen«, sagte ich, als wir in Richtung Apoteri weiterfuhren. Ich hoffte, meine Eingeweide würden mir weiterhin nur das Problem bescheren, ständig einen passenden Platz zum Halten finden zu müssen. Die Kombination aus dem bevorstehenden Abschied von Charlie, Romels Begegnung mit dem Jaguar, meinem Bauchgrimmen und dem endlich abheilenden Fußbrand dienten mir als Warnzeichen.

Ich umarmte Charlie ganz fest, als ich mich in Apoteri von ihm verabschieden musste. Mit ihm Zeit zu verbringen war wundervoll gewesen und hatte mich in vielerlei Hinsicht beflügelt.

Nimm dir Zeit und achte auf dich Aber seine Besorgnis um mich hatte mich auch daran erinnert, dass wir besser auf uns achtgeben mussten. In dieser Umgebung rächte sich Nachlässigkeit schnell. Egal in welchem Kontext, der Stress und die Anstrengungen des Alltags häufen sich an, wenn wir ihnen keine Aufmerksamkeit schenken. Wir müssen regelmäßig überprüfen, wie es uns geht. Auch wenn das bedeutet, manchmal zuzugeben, dass wir genug haben und überfordert sind. Dass wir eine Pause einlegen müssen.

In jener Nacht hatte ich einen Albtraum. Er war ungeheuer real und wirkte extrem lebendig. Ein Jaguarbaby schlug mit den Tatzen gegen meine Hängematte. Zuerst war das ganz süß, aber dann kam die Jaguarmutter hinter dem Baum neben mir hervor, wütend und bedrohlich. In meinem Traum versuchte ich, die anderen aufzuwecken, aber niemand rührte sich. Ich wachte schwitzend und mit rasend schnell klopfendem Herzen auf.

Fay hatte mir gesagt, dass Albträume nicht wahr werden, wenn man sie nach dem Aufwachen einem Baum erzählt. Ich holte tief Luft und dachte daran, wie gerne ich Charlie jetzt umarmt hätte. Beim Ausatmen bot ich dem Baum meine ungefilterte Angst dar und flüsterte meinen Albtraum einem Wesen zu, das viel geerdeter war, als ich es jemals sein würde. Bitte lass uns in der Umarmung deiner Zweige Ruhe finden, flehte ich. Die brauchte ich nämlich unbedingt.

GLÜCK

(Substantiv): ein Zustand des Wohlbefindens und der Zufriedenheit

Diese Reise hat mich drei Dinge über das Glück gelehrt. Erstens sollte man nicht danach suchen. Meistere stattdessen die Kunst, Dinge zu akzeptieren. Das Spektrum menschlicher Emotionen ist so breit, und doch legen wir so viel Wert auf dieses einzige Gefühl. Ich finde es bizarr, dass einem das Glück so aufgedrängt wird, als wäre es das Einzige, wonach es sich zu streben lohnt. Diese Kluft zwischen Erwartung und Realität macht uns nur unglücklich. Wenn wir die Gefühle, die jeden Tag auftauchen, beobachten und sie als Teil des Menschseins annehmen, könnten wir uns vielleicht mehr auf die Erfahrung des Lebens an sich konzentrieren als auf eine nur schwer fassbare, wenn auch angenehme Emotion. Wenn alles ständig perfekt und erfreulich wäre, wäre unsere Lebensreise wahrscheinlich nicht so reich, charakterbildend oder unvergesslich. Wenn man irgendein anderes Gefühl erlebt als das Glück, dann erfährt man, was es bedeutet, ein Mensch zu sein.

Zweitens sollte man die Dunkelheit in sich anerkennen, sich aber dennoch auf das Licht konzentrieren. Steht man vor einem

Problem, hat man zwei Möglichkeiten: die Situation zu ändern oder, wenn das nicht möglich ist, sie zu akzeptieren. Dies lässt sich auch auf die Kunst anwenden, sich selbst anzunehmen. Wir Menschen haben alle ein reiches und tiefes Innenleben. Wenn wir lernen, den Blick nach innen zu richten, werden wir auch die eigenen Schattenseiten kennenlernen – die Aspekte, die wir vor der Welt verbergen möchten. Wie die meisten Menschen hatte auch ich schon Probleme damit, diese Teile meiner selbst zu akzeptieren. Wir alle haben sie, und wir sollten lernen, uns ihrer nicht zu schämen. Sie machen uns nicht wertlos oder unbedeutend, sie machen uns einfach nur menschlich.

Genauso wenig wie wir unser Licht unter den Scheffel stellen sollten, dürfen wir auch die Elemente unseres Wesens nicht scheuen, die uns unangenehm sind. Wir sollten uns mit ihnen anfreunden und in Demut versuchen, unser Verhalten zu ändern, wenn sie sich negativ auf uns selbst oder andere auswirken. Im Dschungel besteht der Waldboden hauptsächlich aus Schatten und erhält nur etwa zwei Prozent des Sonnenlichts – doch gerade wegen dieses Schattens kann dort Zersetzung stattfinden und das, was abgestorben ist, aufbereitet werden, um neues Wachstum hervorzubringen. Ohne den Schatten würde der Regenwald nicht funktionieren. Der Trick besteht darin, dass diese Abgründe, wenn wir sie durchforsten und danach das Gute feiern, das aus diesem Schmutz entstehen kann, uns helfen können zu wachsen.

Drittens sollte man auch außerhalb von sich selbst nach Erfüllung suchen. Ich habe schon sehr oft großes Glück erlebt, wenn ich den Blick nach außen richtete – mein eigenes Ego außer Acht gelassen und mich für andere eingesetzt habe. Wenn du glücklicher werden willst, solltest du nicht ausschließlich um dich selbst kreisen.

Wenn du all das beherzigt und guten Gefühlen nicht nach-
jagst, dann findest du dabei ganz vielleicht den flüchtigen Zustand, den wir Glück nennen.

. . .

Tag 59 der Expedition
Standort: Essequibo River
Status: online

Als ich in die Hocke ging, die Hose zu den Knöcheln herabge-
zogen, hörte ich es zum ersten Mal. Ein Summen ganz in meiner
Nähe. Es klang wie eine riesige Biene. Ich umfasste meine Machete
ein bisschen fester. Nur Sekunden später sah ich ihn vor mir, und
mein Herz machte einen Sprung. Einen Freudensprung. Ich war
überglücklich. Mit nacktem, der Welt entgegengestrecktem Arsch
sah ich mich einem der kleinsten Vögel der Welt gegenüber – einem prächtigen, schillernden Kolibri. Er schien vor meinem Gesicht zu schweben, huschte nach links und dann nach rechts, seine
Flügel schwirrten so schnell, dass sie verschwammen. Als das Vög-
lein realisierte, dass in dieser speziellen Blume kein Nektar zu finden war, verzog es sich wieder in den Dschungel.

So schön der Anblick auch gewesen war, er hinterließ ein Ge-
fühl der Anspannung in mir. Nachdem ein Kolibri nahe an unseren
Booten vorbeigeflogen war, hatte Jackson uns erzählt, dass ein
Kolibri Neuigkeiten ankündige.

»Wenn du dein WLAN einschaltest, findest du bestimmt
heraus, ob es gute oder schlechte Nachrichten sind«, sagte er.

Als ich meine Hose hochzog (nachdem ich zuerst überprüft
hatte, dass nichts hineingekrochen war, während mich der Kolibri
abgelenkt hatte), fühlte ich mich ungewöhnlich ängstlich. Wie sich

herausstellte, zu Recht. Dieser Tag gehörte zu jenen, an denen ich mir im Nachhinein wünschte, ich hätte mich nicht aus meinem realen Leben ausgeklinkt, um mich mit dem virtuellen zu verbinden.

Kennst du diese Momente, die einschlagen wie ein Blitz aus heiterem Himmel und dich ins Trudeln bringen? Meiner erschien in Form einer privaten Twitter-Nachricht.

Erkenne die Schatten in dir an

»Was Sie da machen, ist wirklich bemerkenswert, nicht zuletzt, weil sich die Außenwirkung dieser Expedition bestenfalls als neokolonial und schlimmstenfalls als rassistisch bezeichnen lässt.«

Das Timing hätte gar nicht besser sein können. Ich war seit Tagen in einer seltsamen Stimmung, hatte kaum geschlafen und viel Zeit mit Grübeln verbracht. Stundenlang allein auf dem Wasser nachzudenken brachte mich mit meinem eigenen Ego in Berührung, und was ich da erblickte, gefiel mir nicht. Ich hatte viel zu viel Zeit mit mir selbst verbracht und war in einer Gedankenspirale über mein eigenes Leben gefangen. Ein paar Tage vor dieser Nachricht war ich mit dem Entschluss aus dem Bett gesprungen, fortan das Leben meiner Mitmenschen besser zu machen und nicht mehr so egozentrisch zu sein. Ich blickte zu den Vögeln auf, die in den Baumkronen lärmten, und entschuldigte mich. Es war eine sehr seltsame Entwicklung gewesen, die zu diesem Moment unerwarteter Klarheit geführt hatte. Und die Nachricht bestätigte mir, dass ich mir zu Recht Sorgen gemacht hatte. Tiefe Scham überwältigte mich.

Mir war richtiggehend schlecht. Ich habe immer versucht, durch meine Arbeit Verständnis und Verbundenheit zu fördern, und der Gedanke, das, was ich in die Welt hinausgetragen hatte, könnte rassistisch gewesen sein, war demütigend. Reisen haben viele Facetten – sie sind ein Eintauchen in die Menschen, die Natur und das eigene Selbst. Ich hatte das Gefühl, diese Balance auf unserer Expedition oft nicht hinbekommen zu haben. Die Twitter-Nachricht traf es auf den Punkt. Ego und Narzissmus, der Wunsch, ein Selfie nach dem anderen zu posten, hatten zu einer Online-Darstellung dieser Reise geführt, die der Realität, die wir Tag für Tag lebten, ganz und gar nicht entsprach. Dadurch, dass ich mich selbst zur Protagonistin machte, hatte ich meine guyanischen Teammitglieder nicht genug gewürdigt, obwohl das niemals meine Absicht gewesen war. Ich erzähle diese Geschichte nicht, um mich schon wieder in den Mittelpunkt zu stellen, sondern in der Hoffnung, dass andere, die wie ich das Privileg genießen, reisen zu dürfen, aus meinen Fehlern lernen können. Es wäre besser gewesen, wenn diese Nachricht erst gar nicht hätte geschrieben werden müssen, aber für mich war sie ein dringend benötigter Weckruf, und ich bin der Person, die sie verfasst hat, sehr dankbar dafür.

Anfangs reagierte ich allerdings geschockt, mit Aufregung, Scham und Tränen – was überhaupt nicht hilfreich und völlig unproduktiv war. Aber als ich eine Zeit lang darüber nachgedacht und mein eigenes Ego überwunden hatte, begann ich, den Inhalt zu verstehen. Als weiße, privilegierte Autorin und Expeditionsreisende aus Westeuropa, die über eine (wenn auch kleine) Plattform verfügt, hatte ich dadurch, dass ich nur Bilder von mir gepostet hatte, die Stimmen der Menschen vernachlässigt, denen wir begegnet waren und die hier zu Hause waren. Langfristig führt so etwas dazu, dass die Art, wie ein Land und seine Kultur betrachtet wird, nicht von den Menschen geformt wird, die dort leben, sondern ausschließlich von Durchreisenden. Das als ›Ist ja nur ein Selfie‹ oder ›So sind soziale Medien eben‹ abzutun wird der Tatsache nicht gerecht, dass diese Praxis ein System der Unterdrückung fortsetzt, das die Gemeinschaften, die seit Jahrhunderten unter Kolonisation, Rassismus und deren Folgen leiden, ausgrenzt und entwertet. Dass ich in irgendeiner Form dazu beigetragen habe, tut mir aufrichtig leid.

Fay merkte, dass ich noch nachdenklicher war als sonst. »Alles in Ordnung, Pip?«, fragte sie und stupste mein Kajak mit ihrem Paddel an. Ich erklärte ihr die Situation. Fay dachte eine Weile nach, bevor sie antwortete.

»Es gibt viel Rassismus gegenüber der indigenen Bevölkerung. Ich habe das schon oft erlebt. Ich war mal Mitglied in der guyanischen Frauen-Fußballnationalmannschaft. Wir sind viel durchs Land gereist. Wenn wir kein Bargeld dabeihatten, haben wir die Leute um Wasser gebeten. Manche haben sich geweigert zu helfen oder haben mich angesehen, als sei ich ein Hund. Andere sagten, wenn ich Wasser bräuchte, sollte ich mir welches kaufen.« Sie verstummte und schaute mich an.

»Ich freue mich bis heute extrem darüber, wenn jemand etwas Nettes für mich tut. Wenn du heute einen Fehler gemacht hast, dann vermeide ihn ab morgen. Überwinde das Negative und sei positiv. Sorge dafür, dass du dich weiterentwickelst.«

Diesen Rat werde ich nie vergessen.

Diese Nachricht markierte den Tiefpunkt unserer Reise, aber im Nachhinein, mit gebührendem Abstand, neuem Wissen und Liebe, würde ich sie nicht ändern wollen. Der Kolibri hatte mir an jenem Tag definitiv Neuigkeiten gebracht. Damals dachte ich, es seien schlechte. Aber jetzt bin ich mir da *Lerne zu schätzen, dass du wachsen kannst* nicht mehr so sicher. Dieser Kommentar regte mich zu einem Richtungswechsel an, zu einer Reise, auf der ich lernte, dass man, wenn man sein Privileg verleugnet, statt es anzuerkennen und für das Gute zu nutzen, trotz aller guten Absichten seine Mitmenschen versehentlich verletzen kann.

Wenn man darüber nachdenkt, bringt das Reisen (und Reiseliteratur zu verfassen) immer eine ganze Reihe ethischer Fragen mit sich. Wer kann reisen, und wohin wird gereist? Was zeigen die

Fotos, die gemacht und veröffentlicht werden, und was sagt dies über einen Ort aus? Wem bringt die Reise finanziellen Nutzen? Ist Tourismus an manchen Orten überhaupt erwünscht? Sollte ich dieses Buch überhaupt schreiben, und hatte ich das Recht dazu, in einem Land, das nicht meines ist, an einer Expedition in bisher unbekanntes Gebiet teilzunehmen? Es ist mir peinlich, das zuzugeben, aber selbst als jemand, der gerne reist (und außerdem privilegierte, weiße Britin ist), hatte ich vor dieser Nachricht noch nie wirklich darüber nachgedacht, wie sich Geschichte, Macht und ethnische Zugehörigkeit überschneiden und was meine Gegenwart in einem bestimmten Land implizieren könnte.

Tatsächlich ist genau der Fluss, den wir hinunterpaddelten, den Berichten zufolge nach Juan de Esquivel benannt, einem Europäer, der 1498 mit seinem Schiff den Essequibo befuhr (interessanterweise war der Spanier der Stellvertreter von Christoph Kolumbus' Sohn Diego). Reisen ist in vielerlei Hinsicht wundervoll, aber leider auch genauso problematisch.

Heute würde ich vieles an meiner früheren Arbeit und meinem damaligen Verhalten auf Reisen gerne ändern, wenn ich es könnte. Weil ich einfach viel mehr weiß als früher. Ich liege bestimmt auch heute immer noch oft falsch, und das nicht zuzugeben, würde das Problem nur verfestigen.

Als ich die Nachricht noch einmal las, gestand ich mir ein, dass ich Mist gebaut hatte. Ab morgen würde ich Fays Rat beherzigen. Wie den anderen 7,8 Milliarden Menschen, die an diesem Abend schlafen gingen, würde auch mir der morgige Tag die Chance bieten, einen Schritt weiterzukommen. Die Gelegenheit, über den eigenen Tellerrand zu schauen und dadurch vielleicht einen flüchtigen Moment des Glücks zu erhaschen.

Du fragst dich wahrscheinlich, was all das mit Glück zu tun hat. Die Wahrheit ist, dass ich tief in meinem Inneren wusste, dass es mir nicht gut tat, mich nur auf mich zu konzentrieren – ob das nun das gedankliche Kreisen um mich selbst war oder die Art, wie ich mein Image in den sozialen Medien pflegte. Es fühlte sich hohl an, wenn nur ich selbst im Fokus stand. Irgendwie nicht richtig. Warum ein Selfie posten, wenn man einen Schnappschuss machen kann, der wirklich zeigt, was gerade um dich herum passiert? *Schau über den Tellerrand* Fotos von alten und neuen Freunden, von Landschaften, von Dingen, die dir Freude machen, sagen doch viel mehr aus. Aber warum verspüren wir denn überhaupt den Drang, alles dokumentieren zu müssen? Manchmal vielleicht einfach um Dinge festzuhalten, das Gefühl zu bewahren, das sie in uns ausgelöst haben, damit wir uns daran erfreuen oder es zu einem späteren Zeitpunkt noch einmal erleben können. Seit ich Dinge teile, die anderen nützen oder sie interessieren, und seit ich meine Social-Media-Plattform geöffnet habe, um auch anderen Stimmen und Ideen Gehör zu verschaffen, fühle ich mich viel glücklicher.

Nicht nur ich hatte auf dieser Reise zu kämpfen. Unser langes, anstrengendes Paddeln hatte bei allen Teammitgliedern Probleme ans Tageslicht gebracht und die Selbstreflexion gefördert – Beziehungsprobleme, Trennungen, Essstörungen, Schuldgefühle, Trauer, Wut, Angst, Gereiztheit, Gier, Narzissmus und Scham. Wir waren alle fehlbare Menschen, die einfach nur versuchten, heil die Flussmündung zu erreichen. Aber auf unserem Weg die Windungen des Essequibo hinunter wurden wir auch oft ganz unerwartet vom Glück geküsst. Es lag in dem haltlosen Gelächter über Jacksons neue Frisur, einem knallblauen Shampoo-Irokesen. Es lag in den Lachtränen und dem Sand, den ich mir aus den Augen wischte, nachdem ich mit nur einem funktionierenden Auge ein paar Yoga-Übungen vorführen wollte. Wir fanden dieses Glück bei unseren Wasserschlachten, wenn wir tanzten, im Regen gemeinsam über die Sandbänke rannten und die Regenbogen bestaunten, die den Gewittern folgten. Es zeigte sich in den Liedern, die wir auf Englisch und auf Waiwai sangen. Wir hörten es in dem Kichern eines Babys. Wir sahen es in den leuchtenden Augen und den zufriedenen Mienen von Ant, Fay und Romel,

Suche nicht nach Glück – es wird dich finden

wenn das Anglerglück ihnen hold gewesen war. Wenn ich die anderen abends nach ihren Highlights des Tages fragte, erzählten sie oft von Glücksmomenten, in denen sie sich mit etwas anderem beschäftigt hatten als mit sich selbst.

Das ist die Sache mit dem Glück. Wir versuchen, es zu finden, aber oft schleicht es sich an uns heran und signalisiert uns mit einem unerwarteten Schulterklopfen, dass es angekommen ist. Ich dachte an einen unserer glücklichsten Tage auf dem Fluss zurück: den Muttertag.

An dieser Stelle sollte ich mich bei meiner eigenen Mutter entschuldigen, der ich an diesem Morgen eine SMS geschrieben hatte, um ihr »Alles Gute zum Muttertag« zu wünschen. Sie antwortete, sie freue sich unglaublich, von mir zu hören, und dass sie in letzter Zeit ein wenig traurig gewesen sei. Schuldgefühle stiegen in mir hoch; ich wusste, dass sie sich jedes Mal, wenn ich länger weg bin, Sorgen um mich macht, und ich kann verstehen, warum.

»Dein Vater sagt, er habe gerade das Kaiman-Foto gesehen, das du gepostet hast.«

Oh Mist, dachte ich. Wenn sie das sieht, dreht sie vor Angst um mich durch.

»Ist doch süß, oder?«, schrieb ich.

»Süß ist was anderes«, war ihre Antwort ...

Auch Laura hatte sich Sorgen gemacht, weil sie den Muttertag getrennt von Ed und Ran verbringen musste, aber im Nachhinein sollte er zu einem unserer besten Tage im Dschungel werden.

Als sich gegen drei Uhr nachmittags das Licht in ein magisches Orange verwandelte, erreichten wir einen paradiesischen Ort. Hoch über uns stritten goldener Sonnenschein und dunkle Sturmwolken um die Vorherrschaft am Firmament, und tiefer über dem Horizont war der Himmel blau und mit Schäfchenwolken gesprenkelt. Wir hielten an einem makellosen Sandstrand zwischen kleinen, schwarzen, von schönen Bäumen bewachsenen Felsen, hinter denen größere, schwarz und rot gemusterte Felsbrocken aufragten. Ein wirklich wunderschöner Ort. Die Jungs schlugen vor, dass wir uns dort waschen sollten. Es war wirklich der perfekte Ort! Ein flach abfallender Strand, und in dem ungewöhnlich warmen Wasser schwammen kleine, hübsche Fische.

Pfffrrrrrt! Ein Wasserstrahl traf mich mitten ins Gesicht. Ich drehte mich um und sah Laura, die gerade Wasser ausprustete.

»Du bist echt unmöglich«, sagte ich, legte mich auf den Rucken und spritzte mit den Beinen Wasser in ihre Richtung.

Ness war ihr nächstes Opfer. Aber als ich Laura nass spritzte, kapierte Ness, was ihre Freundin vorhatte. Sie füllte ihren Mund ebenfalls mit Wasser – mit ihren prallen Backen sah sie aus wie ein niedlicher, menschlicher Hamster – und Laura wurde schon wieder nass.

Ant und Romel spürten, dass sie in Gefahr waren, und versuchten, aus der Schusslinie zu flüchten. Zu spät. Es entspann sich eine hemmungslose Wasserschlacht. Wir tunkten, spritzten, strampelten und planschten und sahen bald alle aus wie halb ertrunkene Ratten. Wir konnten uns vor Lachen kaum noch halten.

Als die Albernheit nachließ, versammelten wir uns alle im Wasser, um mit Lauras Handy, das in einer wasserdichten Hülle steckte, ein Gruppenfoto zu machen. Gerade als Laura den Auslöser bediente, spürte ich etwas auf meiner Pobacke, das sich definitiv wie eine Hand anfühlte.

»Wer grapscht mir gerade an den Po?«, fragte ich.

Als Antwort wurde ich gezwickt. Ness kicherte.

Die Hand bewegte sich zur anderen Pobacke und zwickte mich noch einmal. Ness kicherte wieder.

Die Übeltäterin hatte sich selbst verraten, und nachdem sie zum Abschied noch einmal beidhändig zugekniffen hatte, nahm Ness ihre Hände wieder an sich. Mitten im Amazonas-Regenwald, an einem der schönsten Orte, an denen ich je gewesen war, hatte mein von Moskitostichen übersäter Hintern ein bisschen Zuwendung bekommen. Ness' wieherndes Gelächter war ansteckend, und ich konnte nicht anders als mitzulachen. Dann brach die Hölle los. Ein Moment purer Freude, Verbundenheit (mehr, als ich mir für meinen Teil gewünscht hätte) und Ausgelassenheit wurde mit der Kamera verewigt, mitsamt unserem haltlosen, brüllenden Gelächter. Diese Fotos halte ich in Ehren. Sie werden mich immer zum Lächeln bringen.

An diesem Tag funktionierte einfach alles. Freunde, die zusammen lachten und herumalberten, eine Natur, die uns freundlich gesinnt war – mehr brauchten wir nicht. Unsere Freude hatte uns wunderbar unerwartet überwältigt. Genau aus diesem Grund war es ein Tag, den wir in Ehren halten würden.

Seitdem waren Wochen vergangen, und je näher wir menschlicher Besiedelung kamen, desto mehr fühlte es sich an, als seien unsere Tage in der Wildnis gezählt. Die Twitter-Nachricht war eine Erinnerung daran gewesen, dass kein Mensch eine Insel ist und dass es wichtig ist, zu verstehen, wie wir mit der Welt interagieren und worauf wir unseren Fokus legen. Vor uns lagen noch mehr gute Tage, und natürlich auch schlechte. Und vielleicht würden wir erst im Nachhinein erkennen, welcher Tag in welche Kategorie gehörte.

NACHHALTIGKEIT

(Substantiv): Erhaltung natürlicher Ressourcen,
um das ökologische Gleichgewicht zu bewahren

Ich begegnete dem Regenwald zum ersten Mal, als ich einen Dokumentarfilm mit Reza Pakravan drehte, der untersuchte, wie sich großflächige Abholzung auf die Menschen auswirkt, die den Dschungel ihr Zuhause nennen. Vor dieser Reise hatte ich nie wirklich darüber nachgedacht, was ich konsumierte – oder warum. Doch als ich die verheerenden Auswirkungen von Viehzucht und den damit verbundenen Brandrodungen, von Sojaplantagen sowie Holz- und Goldabbau aus nächster Nähe sah, begann ich zu verstehen, dass meine Lebensentscheidungen einen direkten Einfluss auf ein globales System haben, das mehr Regulierung und Transparenz benötigt. Meine Rückkehr ins Amazonas-Biom, diesmal zu Wasser, zementierte diese Einstellung nur noch mehr.

Als Konsumentin bin ich noch lange nicht perfekt. Während ich dies schreibe, umgeben mich viele Dinge, die ich zwar haben möchte, aber nicht unbedingt benötige. Unsere Gewohnheiten sind nicht auf Nachhaltigkeit ausgerichtet; wir glauben, mehr zu brauchen, als dies tatsächlich der Fall ist, und oft sind die Dinge, die wir kaufen, nicht auf Langlebigkeit ausgelegt. Wahrscheinlich gibt es den vorbildlichen Konsumenten gar nicht – der Begriff ist schon ein Widerspruch in sich. Der Versuch, einer zu werden, ist ein Garant für Schuldgefühle und Selbstgeißelung. Dennoch können wir danach streben, unseren Konsum besser und achtsamer zu gestalten. Dein Geldbeutel bedeutet Macht, und selbst kleine Änderungen können in der Summe viel bewirken.

Vielleicht ist es an der Zeit, dass unsere Politiker, unsere Unternehmen und wir als Verbraucher nicht mehr nur auf wirtschaftliches Wachstum setzen, sondern stattdessen die Frage stellen, was eigentlich langfristig wachsen soll. Könnte Reichtum nicht über rein finanzielle Aspekte hinaus definiert werden? Könnten wir nicht kreativer darüber nachdenken, wie wir unser Leben gestalten können? Wie wäre es mit Reichtum an Zeit, Natur im Überfluss oder dem Luxus guter Gesundheit? Wie wäre es, Unternehmen zu belohnen, die sicherstellen, dass sie die Umwelt nicht verwüsten? Diesen Baum hier als lebendes Wesen wertvoller zu machen als sein totes Holz? Ich habe mehr Fragen als Antworten, aber auf der Suche nach Lösungen sind sie der einzige Punkt, an dem wir starten können.

· · ·

Tag 60 der Expedition

Standort: Essequibo River, Anfahrt auf Fairview
Status: Zusammenstoß mit der Gesellschaft

In den zwei Monaten des Gemeinsam-unterwegs-Seins hatten Ness, Laura und ich uns im Wald eine neue Alltagsroutine angewöhnt. Wir hatten im Leben unter freiem Himmel einen Rhythmus und Frieden gefunden. Wir hatten unsere Geldbeutel ignoriert und nicht mehr in einen Spiegel geschaut oder uns neuen gesellschaftlichen Situationen ausgesetzt. Jetzt näherten wir uns einer Siedlung namens Fairview. Das Dorf war früher ein Zentrum für den Handel mit einer bestimmten Gummiart, bekannt als Balata, und für Viehzucht gewesen. Heutzutage ist es die Heimat von rund 200 Familien, hauptsächlich Angehörige indigener Völker, und es ist für Besucher ein Ausgangspunkt für viele Touren, unter anderem in den Iwokrama Forest, zu seinen Baumkronenpfaden und zu einer Schmetterlingsfarm. Leider hatten wir aufgrund unseres engen Zeitplans nicht die Möglichkeit, den Dschungel aus der Vogelperspektive zu betrachten. Wir mussten weiter; Laura musste so schnell wie möglich zurückfliegen, da Ed bald seine nächste TV-Serie drehen würde. Ehrlich gesagt waren wir alle ein wenig nervös und hatten wenig Lust darauf, wieder regelmäßiger andere Menschen zu sehen. Meine Freundinnen hatten meine Haare als »grenzwertig verwildert« bezeichnet, und das war eine ziemlich gute Beschreibung dafür, wie ich mich insgesamt fühlte – verwildert, aber großartig. Von meinen gewohnten Hygienestandards hatte ich mich längst verabschiedet. Meine Kleider stanken nach einer Mischung aus Schweiß und Moder. Wenn in meinem Haferbrei ein paar tote Käfer schwammen, aß ich ihn trotzdem, und es machte mir überhaupt nichts aus, Wasser in mich hineinzuschütten, in dem ein paar Moskitos ertrunken waren. Unsere Zeit in der Wildnis hatte uns von allen Erwartungen, allen Urteilen, allen ›Solltens‹ oder ›Müsstens‹ befreit. Es ging nur darum, aufzuwachen, sich zu bewegen und zu überleben. In mancherlei Hinsicht waren die Erwartungen, die wir an uns selbst gestellt hatten, wunderbar simpel gewesen.

Ich lerne meist gerne neue Leute kennen, aber wie so viele Menschen fühle ich mich auf großen Veranstaltungen unheimlich unwohl. Dass wir bald wieder einer Menge Menschen begegnen würden, machte mich besonders melancholisch, weil wir damit am

Ende unserer Reise durch echte Wildnis angelangt waren. Es war passend, dass unser Wiedereinstieg in die Gesellschaft am 1. April stattfand.

Wir wussten schon lange, bevor wir Fairview erreichten, dass andere Menschen in der Nähe waren; wir konnten ein Lagerfeuer mit einer Rauchfahne sehen, die den Himmel vor uns verdunkelte. Als wir dem Rauch näher kamen, stellten wir jedoch fest, dass dort kein Lagerfeuer, sondern ein Termitennest brannte. Die Flammen drohten, auch auf den Baum, an dem es hing, überzugreifen. Fay stieß mit einem langen Stock immer wieder gegen das Nest, bis das brennende Bündel zu Boden fiel. Wir traten das Feuer aus und bedeckten die rauchenden Überreste mit Sand. Fay war stinksauer.

»Jemand muss es angezündet haben. Ich verstehe nicht, wie jemand so etwas tun kann. Das macht mich so wütend. Ich habe menschliche Fußabdrücke gesehen, die hierherführen.«

Ich starrte auf die kokelnden, verbrannten Reste zu meinen Füßen. Hatte der Brandstifter einen Grund gehabt, das Nest anzuzünden, weil er Felder oder Siedlungen in der Nähe beschützen wollte? Laut Landkarte waren wir noch mehr als einen Kilometer von Fairview entfernt, also waren schon mal keine Häuser in Gefahr gewesen. Ich betrachtete die Bäume, die hier weniger dicht standen und zwischen sandbedeckten Felsen wuchsen, ich konnte keinen Grund erkennen. Fays Reaktion verriet mir, dass das Nest offenbar zum Spaß verbrannt worden war. Der Zwischenfall machte mir nur noch weniger Lust, wieder auf Menschen zu treffen. Dennoch versuchte ich, mich auf das Positive zu konzentrieren, als wir zu den Kajaks zurückgingen, um das letzte Stück Weg zum Dorf zu paddeln. Trotz meines schlechten ersten Eindrucks freute ich mich auf Fairview.

Wir stockten unsere Lebensmittelvorräte in dem kleinen Laden im Iwokrama River Lodge and Research Center auf, den man uns empfohlen hatte. Das Center ist ein beliebtes Ziel bei Touristen und bei Wissenschaftlern, die den Regenwald untersuchen.

Der Iwokrama Forest in Zentralguyana ist für Biologen von besonderem Interesse, da hier die Flora und **Man passt sich an das an, was man hat** Fauna des Amazonas von der des Guyana-Schilds abgelöst wird. Romel hatte mich bereits darauf aufmerksam gemacht, dass wir seit ein paar Tagen ganz andere Vogelrufe hörten als zuvor.

Unsere Kontaktfrau Sophia hatte uns informiert, dass drei Damen aus dem Dorf ein Stück mit uns paddeln wollten. Offenbar hatten sie sich von einem Freund ein Dreier-Kajak ausgeliehen. Ian Craddock arbeitete in Guyanas Abenteuer-Industrie. Als wir den kleinen Laden um so ziemlich alle vorrätige Trockennahrung erleichtert hatten, gingen wir zum Fluss zurück, um die Damen zu treffen, die dort mit ihrem Kajak auf uns warteten.

Wir freundeten uns sofort mit der Ältesten der Gruppe an. Leonie war 57 Jahre alt, ausgelassen, freundlich und voll ansteckender Energie. Nachdem sie sich vorgestellt und Jons Kamera entdeckt hatte, grinste sie schelmisch.

»Ich habe inzwischen schon in vielen Dokumentarfilmen mitgespielt.« Ihre Augen funkelten. »Ich bin ein richtiger Filmstar.«

Leonie brachte mich zum Schmunzeln, als wir in die Kajaks stiegen. Sie trug ein wunderschönes rosarotes Kleid, das sie plötzlich auszog. Darunter trug sie ein ärmelloses Oberteil und eine Radlerhose mit Tarnmuster. Darüber zog sie schließlich einen kurzen blauen Rock. Sie war offenbar nicht zum Spaß hier.

Sie erzählte mir, dass ihr zehnjähriger Sohn an diesem Morgen in Panik geraten war, weil sie so viele Kleider angezogen hatte. Er dachte, sie würde nicht mehr zurückkommen. Sie musste ihm versprechen, dass sie nicht lange fortbleiben würde. »Sonst würde ich euch bis ganz nach Georgetown begleiten«, sagte sie.

Leonies Schwester zog sich ihr buntes Kleid bis über die Knie hoch und nahm ihren Platz auf dem mittleren Sitz des Kajaks ein. Eine der Damen aus der Lodge kletterte ebenfalls an Bord. Es war zufällig Leonies Geburtstag, und wir brachten ihr ein Ständchen, als wir lospaddelten.

Es war faszinierend, unterwegs mit Leonie und ihren Freundinnen zu reden, und eine willkommene Ablenkung von unseren schmerzenden, mit Schwielen bedeckten Händen. Leonie hatte früher im Dorfrat gearbeitet und sprach mit Leidenschaft und Zuversicht.

Sie sagte uns, dass ihrer Meinung nach der Schlüssel zum Glück darin bestehe, möglichst autark zu leben. Den Vorteilen der Konnektivität stand sie sehr skeptisch gegenüber. Sie sagte, es sei eine Schande, dass Fairview 1992 an die Linden-Lethem Road angeschlossen worden sei, was einen leichteren Zugang zur Hauptstadt Georgetown ermögliche. Ihrer Meinung nach habe das die gesamte Kultur der Gegend verändert. Sie beklagte auch, dass seit der Ankunft des Internets alle jungen Leute nur noch an ihren Telefonen klebten.

»Früher hätten sie gelernt, Maniok zu schaben und zu kochen, aber jetzt tippen sie nur noch.«

Ihr Hauptargument war, dass es sehr viel Freude machen konnte, nachhaltig zu leben – sich selbst zu versorgen, Zeit mit der Familie zu verbringen und nicht ständig an Dingen zu arbeiten, die buchstäblich keine Früchte trugen. Obwohl das von ihr beschworene autarke Leben für die überwiegende Mehrheit der Menschen nicht möglich ist und ich wusste, dass Konnektivität trotz aller Nachteile sehr viele wirtschaftliche und soziale Vorteile mit sich bringt, stimmte ich in vielem, was sie sagte, mit ihr überein. Als Gast im Dschungel hatte ich selbst gesehen, dass man sehr viel gewinnen kann, wenn man sich wieder mit der Natur verbindet und nachhaltiger lebt – in welcher Form auch immer dies für den Einzelnen in seinen individuellen Lebensumständen auch möglich ist.

Den Nachmittag verbrachten wir mit Paddeln und erzählten uns Geschichten, die Frauen über ihr Dorf und wir über unsere bisherigen Reiseerlebnisse.

»Ihr seid auf einer schwierigen Reise«, sagte Leonie, als wir uns auf einem sandigen Uferstreifen voneinander verabschiedeten. Am Himmel über uns hatten sich Sturmwolken zusammengeballt, und ein netter Mann aus dem Dorf war mit einem Schnellboot gekommen, um die Damen abzuholen und nach Hause zu bringen.

Die Expedition war in vielerlei Hinsicht schwierig gewesen, doch das Leben auf dem Fluss hatte eine ganz eigene Poesie besessen. Wir waren auf einer Quelle des Lebens für so viele Wesen gereist, von denen jedes nur den Bruchteil einer viel größeren Kraft wahrnehmen konnte – und unser Begriff von Heimat hatte sich mit den Flussufern verändert. Der mächtige Essequibo war der Faden, der die unberührte mit der urbanisierten Welt verband, und es war eine einzigartige Herausforderung gewesen, ihn zu befahren. Bis heute waren wir vielen Bedrohungen ausgesetzt gewesen und hatten unzählige Schwierigkeiten überwunden – aber wir wussten, dass die kommenden Wochen die vielleicht schwierigste Herausforderung mit sich bringen würden: Wir würden uns den Auswirkungen stellen müssen, die unsere Lebensentscheidungen auf die Umwelt haben.

Diese Nacht wollten wir in einem Gästehaus verbringen. Die Besitzerin und ihre Tochter hatten uns herzlich begrüßt, uns jedoch bedauernd mitgeteilt, dass nur begrenzt Platz frei sei, da Ostersonntag sei und in Lethem gerade das Rupununi Ranchers Rodeo stattgefunden habe. Ein Zimmer sei aber noch frei, und draußen gebe es einen überdachten Platz für all unsere Hängematten. Wir entschieden uns, zusammenzubleiben und alle im Gartenbereich zu schlafen.

Ein neugieriger Junge namens Andrew bot sich an, uns zu zeigen, wo wir die Kajaks über Nacht lagern sollten. Er kletterte in mein Boot, und ich gab ihm meine Schwimmweste mit der Warnung, ich sei eine so miese Paddlerin, dass er sie unbedingt tragen müsse. Er muss mir geglaubt haben, denn er gab diese Information später an seine jungen Cousinen weiter. Die beiden waren ungefähr vier und sieben Jahre alt, und es machte Spaß, ihnen zu erklären, was wir machten. Sie rissen die Augen weit auf, als sie es begriffen.

Dann wurde uns ein offener Betonverschlag mit einem Metalldach und zahlreichen in die Wände geschraubten Hängemattenhaken zugewiesen – unsere Unterkunft für die Nacht. Unter normalen Umständen hätte ich den Ort klasse gefunden und meinen Aufenthalt hier genossen, aber irgendwie war ich heute nicht so ganz mit dem Herzen dabei.

Wir hatten gar nicht gemerkt, dass Fay heimlich das freie Zimmer für uns gemietet hatte, damit wir unsere Kameraausrüstung dort unterbringen konnten.

»Ich glaube, sonst ist sie nicht sicher«, sagte sie.

Welche Ironie. Wochenlang hatten wir nachts die Boote auf den Strand gezogen, um zu verhindern, dass Kaimane unsere Sachen klauten, und jetzt mieteten wir ein Hotelzimmer, um uns vor anderen Menschen zu schützen. Ich fragte mich, ob diese Vorsicht wirklich notwendig wäre oder ob wir nur in unbekannten Umgebungen überall Gefahr witterten.

Das Zimmer hatte auch noch den Vorteil eines eigenen Badezimmers mit Dusche, was sich wie echter Luxus anfühlte, da wir uns seit Fays Lodge nicht mehr richtig gewaschen hatten.

Frisch gewaschen fanden wir uns im Open-Air-Restaurantbereich ein und bestellten uns alle zur Feier des Tages eine Tüte

Chips mit Käsegeschmack und eine 250-ml-Flasche GT: »Genuine Lager Beer made in Georgetown. Alkoholgehalt 4,3 Prozent«. Monatelang hatten wir uns nach ihnen gesehnt, ständig von ihnen geschwärmt und fast gesabbert, beim Gedanken an Snacks, die wir nicht haben konnten. Jetzt lagen sie buchstäblich in unserer Hand – aber das machte uns auch nicht glücklicher.

Was du zu wollen glaubst, wird dich nicht unbedingt glücklich machen

»Ich vermisse die Wildnis jetzt schon«, sagte Ness. »Ich stelle mich jederzeit einem Jaguar, aber am meisten fürchte ich Menschen. Das Knurren eines Jaguars ist mir viel lieber als der Lärm, den ein Lastwagen macht.«

»Ich vermisse es, wie sicher der Dschungel war«, erwiderte Laura. »Hier müssen wir unser Gepäck überall hin mitnehmen und können die Boote nicht einfach am Ufer stehen lassen.«

Die Ironie unserer Worte entging uns nicht.

»Im Dschungel herrscht eine ganz andere Gefahr«, sagte Ant. »Hier ist nicht der Jaguar gefährlich, sondern der Mensch.«

»Wann hast du vor heute das letzte Mal ein Auto gesehen?«, fragte Laura ihn.

»Letztes Jahr, als ich in Georgetown war. Für uns ist so ein Ding einfach nur entsetzlich laut. Nicht sehr schön.«

Ich zog mich in mich selbst zurück, weil ich keine Lust hatte, Konversation zu machen, und brach kurz darauf zu einem kleinen Spaziergang auf. Der Lärm überforderte mich völlig. Er attackierte all meine Sinne. Musik, das Dröhnen von Motoren im Leerlauf – alles stieß mich ab.

Worauf legst du größeren Wert? Auf Wert oder Werte?

Als die Nacht über Fairview hereinbrach, kamen auch die Bewohner des Gästehauses zurück. Sie hatten den ganzen Tag lang Rodeoreiten und Lassokunststücke bestaunt. Eine große Familie

begann, direkt neben unseren Hängematten ein Picknick aufzubauen. Francis, der 79-jährige Großvater, lud uns ein, mit ihnen zu
Abend zu essen.

»Wir haben viel Essen mitgebracht«, sagt er. »Es ist noch Brathähnchen da, falls ihr Lust darauf habt.«

Wir nahmen sein Angebot dankbar an, und er reichte uns
allen Picknickteller mit perfekt zubereitetem, saftigem Hähnchen. Es schmeckte köstlich. Während wir aßen, erzählte uns
Francis etwas über sich. Er sagte, er sei Guyaner, aber indischer
Abstammung.

»Die Briten haben uns vor etwa 160 Jahren als Sklaven hier-
hergebracht«, sagte er.

Francis bezog sich auf das Vertragsknechtschaftssystem, das
Großbritannien nach der Abschaffung der Sklaverei in den
1830er-Jahren eingeführt hatte. Vertraglich verpflichtete indi-
sche Einwanderer wurden ins damalige Britisch-Guayana gebracht, um auf verschiedenen Kolonialanwesen, insbesondere
auf Zuckerplantagen, zu arbeiten. Vertragsknechtschaft oder
Kontraktarbeit bedeutete im Wesentlichen, dass Arbeiter, hauptsächlich aus Indien, China und dem Pazifik, einen Vertrag unterzeichneten, der sie dazu verpflichtete, für einen bestimmten
Zeitraum im Ausland zu arbeiten. Als Gegenleistung erhielten sie
normalerweise Lohn, eine kleine Parzelle Land und in einigen
Fällen eine Rückfahrkarte nach Hause. Die Lebenswirklichkeit
im Ausland stellte sich jedoch ganz anders dar. Berichten ehe-
maliger Sklaven zufolge wurden diese Vertragsarbeiter, trotz der
anfänglichen Freiwilligkeit, genauso schlecht behandelt wie sie
zuvor in der Sklaverei. Von 1838 bis 1917 kamen schätzungsweise
über 500 Schiffe mit 238 809 Menschen aus Indien nach Guyana.
Nur 76 000 dieser Vertragsarbeiter oder ihre Kinder kehrten jemals in ihre Heimat zurück.

Francis fuhr fort: »Ich fühle mich in gewisser Weise britisch. Ich habe früher in London gelebt und dort in der Holzindustrie gearbeitet. In der Nähe der Regent Street und nahe bei Madame Tussauds.«

Später, als sich die Familien ins Bett verzogen hatten, kamen die Nachteulen, um bis zum Morgengrauen zu feiern. Nachdem wir Francis gute Nacht gesagt hatten, fanden sich alle Teammitglieder wieder im Restaurantbereich ein, um die Pläne für die kommenden Tage zu besprechen. Aus einem der Autos, die in der Nähe unserer Hängematten geparkt waren, erklang dröhnender Techno. Eigentlich war das genau meine Musik. Der Kofferraum stand offen, und darin war offenbar ein aufgemotztes Soundsystem eingebaut. Große Subwoofer lieferten donnernde Bässe, die durch unsere Körper zu vibrieren schienen. Die Leute waren definitiv noch in Partystimmung.

»Das wäre auch in der Stadt saulaut«, brüllte Jon über den Bass. »Ich kann mir nicht vorstellen, wie das nach zwei Monaten im Dschungel für euch sein muss.«

Eine Gruppe Männer zwischen 20 und 30, die Musikverantwortlichen, kamen herüber und begrüßten uns. Wir spielten eine Weile gemeinsam Karten und teilten uns etwas Whisky. Es war ein netter Abend, aber obwohl ich noch nicht wirklich müde war, entschuldigte ich mich und ging zu Bett. Ness und Laura tranken weiter, aber ich wusste, dass ich ein bisschen Zeit für mich brauchte. Fay sagte, Ant und Romel fühlten sich auch nicht sehr wohl – in der Kultur der Waiwai ist Alkohol verpönt, und die Stimmung hier unterschied sich wie Tag und Nacht von der Ruhe in ihrem Dorf.

Durch unsere Reise hatte sich meine Wertschätzung für wilde Orte gesteigert, gleichzeitig aber auch meine Verachtung für einen Großteil des urbanisierten Lebens, nämlich den Konsum.

Ich fühlte mich unwohl, als ich den Haufen Papierteller, die Essensreste, die leeren Bierflaschen und Plastikverpackungen sah. Sogar die rostigen, in den Beton gedrehten Schrauben, an denen wir unsere Hängematten befestigt hatten, erinnerten uns daran, dass wir ständig kurzfristig konsumieren, ohne langfristig zu denken. Die Natur hat Bestand, die Natur erneuert sich. Wir aber nehmen immer nur.

Ant kam, um mir eine gute Nacht zu wünschen. »Bist du okay, Pip?«, fragte er.

»Nein. Ich habe das Gefühl, ich bin frontal mit der Menschenwelt zusammengeprallt. Es gefällt mir hier nicht, ich vermisse den Dschungel.«

»Ich auch. Hier ist es zu laut«, sagte Ant.

Ich glaube, wir waren beide beruhigt, dass noch jemand außer uns sein Herz in der Wildnis gelassen hatte. Meine Hängematte fühlte sich an wie mein Zufluchtsort, abgesehen von dem Gestank nach Erbrochenem, der unter einem in der Nähe schwingenden Bett hervordrang. Ich lag da in meiner Whisky-Wärme, im Hintergrund dröhnte Musik, Betrunkene lachten, und hin und wieder hupte jemand. Mein Herz wurde schwer. Es war ein so seltsames, unangenehmes Gefühl. Charlie hatte mir von hier die Nachricht geschickt, er vermisse mich, und ich empfand genau dasselbe. Unser Aufenthalt in Fairview erinnerte mich daran, dass nichts in dieser Welt – weder Geld noch Ruhm noch ›Zeug‹ – denselben Wert hat wie die Zeit, die man mit seinen Liebsten verbringen kann.

Ich fühlte mich von der urbanisierten Welt erschlagen; sie war mir vertraut, aber ich hatte mich verändert. Wenn im Dschungel ein Kaiman knurrend sein Territorium verteidigt oder ein Jaguar geschnurrt hatte, war ich von echter, instinktiver Todesangst erfüllt gewesen. Im Gegensatz dazu fühlten sich Käsechips, Kartenspiele, Brathähnchen und Schnaps – Dinge, auf die viele von uns bauen, um dem Leben einen Sinn zu geben (oder ihm zu entfliehen) – hohl und bedeutungslos an. Die Zeit in der Wildnis hatte mir die Zerbrechlichkeit des Lebens vor Augen geführt und die Vorteile, die eine einfache Lebensweise mit sich bringt. Ich hatte das Gefühl, das moderne Kartenhaus, in dem ich bisher gelebt hatte, sei unwiederbringlich in sich zusammengestürzt, und ich wäre am liebsten zurück in den Dschungel geflüchtet. An diesem 1. April kam ich mir vor wie diejenige, auf deren Kosten der Scherz gegangen war.

HOFFNUNG

(Substantiv): ein optimistischer Geisteszustand,
der auf der Erwartung positiver Ergebnisse basiert

Wenn man mit etwas Schwierigem im Leben konfrontiert wird,
ist der Spruch »Konzentriere dich nur auf das Positive« vielleicht
zu simpel. Eine Situation kann sich oft so viel größer anfühlen als
man selbst und zu überwältigend, um das Positive darin zu erkennen. Manchmal lässt sich, egal, wie angestrengt wir auch hin-
schauen, auch einfach nichts Positives finden. Wenn wir jedoch
zu weit auf diesem Weg wandern, kann sich ein Gefühl der Verzweiflung oder Apathie einstellen. Hier wird meiner Meinung
nach die Hoffnung nützlich – die Hoffnung, dass die Situation
sich verbessern kann, auch wenn es sich gerade nicht so anfühlt.
Hoffnung ist der Strohhalm, an den wir uns klammern, wenn wir
selbst etwas – sei es auch noch so geringfügig – unternehmen wollen, um unsere Lage zu verbessern.

Während unserer gesamten Reise – und seit ich wieder zu
Hause bin – hat es immer wieder Momente gegeben, in denen ich
die Hoffnung beinahe aufgegeben habe. Oft wirkt ein Problem so
groß, dass es schwer zu verstehen ist, warum man sich überhaupt
die Mühe machen sollte, damit umzugehen.

In diesen Momenten versuche ich, mich an die Menschen in meinem Leben zu erinnern, die Lösungen gefunden haben, um auch die schlimmsten Situationen zu bewältigen oder zu überwinden. Manchmal hat mir allein die Vorstellung, dass es einen besseren Weg geben könnte, den Mut und die Kraft gegeben, mich auf ihn zuzubewegen.

. . .

Tag 72 der Expedition
Standort: Island Nature Resort
Status: Exkursion zum Thema Goldabbau

»Nur, um das noch mal ganz wertfrei klarzustellen: Wir sind keine Prostituierten«, sagte Ness nachdrücklich.

Ich weiß nicht, ob diese Klarstellung wirklich nötig war, aber ihre Worte brachten mich zum Lachen. Es war unser erster freier Tag seit Wochen, und wir befanden uns an einem Ort, auf den wir uns schon seit unserem Aufbruch aus Fairview gefreut hatten, das jetzt mehrere Hundert Kilometer hinter uns lag. Wir waren im Sloth Island Nature Resort und unser Gastgeber Michael führte uns über das Gelände. Da wir frei hatten, waren Ant und Romel per Boot über den Fluss ins Städtchen Bartica gefahren. Fay, Ness, Laura und ich waren mit Michael auf einer Minitour. Da er früher Minenarbeiter gewesen war, unterhielten wir uns darüber, warum er diesen Beruf aufgegeben hatte, um im Tourismusbereich zu arbeiten. Wir hatten ihm von unseren Erfahrungen mit Goldgräbern in den letzten Wochen erzählt. Im Großen und Ganzen waren es herzliche Begegnungen gewesen, mit der einzigen Ausnahme, dass uns einige Damen, denen wir begegnet waren, als wir in einer Mine Reis und Wasser gekauft hatten, ziemlich böse angeschaut hatten.

Michael hatte ein bisschen nachgefragt und war zu dem Schluss gekommen, dass es Prostituierte gewesen sein mussten.

»Offen gesagt«, meinte Michael, »haben sie euch Ladys auf der Durchreise wahrscheinlich für die Konkurrenz gehalten.«

»Naja. Selbst wenn wir behauptet hätten, wir wären Prostituierte, hätte uns das mit Sicherheit niemand geglaubt«, grinste Laura. »Sie hätten nur an uns riechen müssen, um sich zu überzeugen.«

Michael nickte schmunzelnd und zeigte uns dann eine Ananas, die vor uns aus dem Boden wuchs. Wenn ich direkt auf sie hinabschaute, sah es so aus, als würde mich ein Auge aus der Mitte des Blätterkranzes beobachten. Michael setzte seine Geschichte fort.

»In allen Minen gibt es Prostituierte – einheimische Guyanerinnen und auch Frauen aus anderen Ländern. Sie kommen wegen des Geldes und des Goldes hierher. Manche reisen sogar illegal über die Grenze.« Er verstummte kurz. »Manchmal gehen sie nicht wieder nach Hause. Entweder weil sie kein Gold gefunden haben – oder weil sie tot sind.«

Ich schauderte, als ich mich an einige der herzzerreißenden Geschichten über Morde, Vergewaltigungen und Krankheiten erinnerte, die ich im Zuge meiner Reportagen über die Bergbauindustrie auf dem südamerikanischen Kontinent gehört hatte.

Aus den Augenwinkeln sahen wir, dass sich im Baum über uns etwas bewegte. Wir richteten sofort unsere Aufmerksamkeit darauf.

Auch wenn die Chancen auf Erfolg verschwindend klein sind, gibt es immer Hoffnung

»Ein Faultier.« Michael zeigte auf ein kleines Exemplar, das an einem Ast hing. Wir betrachteten das erstaunliche Tier, wie es da so hing. Faultiere würden jeden Menschen in einem Klimmzug-Wettkampf schlagen, da sie etwa drei Mal so stark sind wie der durchschnittliche Mensch – von Geburt an können sie mit einem Arm ihr gesamtes Körpergewicht tragen.

Ihre verblüffende Greifkraft ist besonders praktisch, wenn es darum geht, der Kraft eines Jaguars zu widerstehen, der versucht, sie aus den Bäumen zu reißen.

Durch die Anordnung der Sehnen rasten ihre Hände und Füße quasi ein, weshalb sie auch kopfüber schlafen können. Es ist beinahe unglaublich, wenn man darüber nachdenkt; wenn sie gegen Jaguare antreten, ist es eine Realversion von David gegen Goliath.

»Warum hast du die Minen verlassen, Michael?«, fragte ich. Das Faultier war eindeutig nicht in der Stimmung, sich zu bewegen.

»Weil es in diesem Beruf zu viele Krankheiten gibt, vor allem Malaria – die Moskitos brüten in den großen Wasserbecken in den Minen. Das letzte Mal habe ich in Region neun Gold geschürft, an einem Ort namens Marudi Mountain. Es gab viel Gold dort, aber auch viel Malaria. Leider habe ich sie ungefähr 20 Mal bekommen.«

Für Michael machte es irgendwann keinen Sinn mehr, seinen Wohlstand mit seiner Gesundheit zu bezahlen. Er schaute zu dem vom Ast hängenden Faultier hoch, bevor er uns seine Hände zeigte.

»Am Ende waren meine Hände ganz steif. Ich konnte mich kaum noch bewegen und war total anämisch. Ich war so krank. Ständig hatte ich Schmerzen – Muskelschmerzen und Kopfschmerzen. Es war eine gute Entscheidung, meine Grube aufzugeben. Ich habe meine Sachen an einem Nachmittag zusammengepackt und bin direkt nach Hause gefahren. Der Arzt, den ich kommen ließ, stellte fest, dass ich Denguefieber, Typhus und so ziemlich jede existierende Art von Malaria hatte. Ich habe ungefähr fünf Monate gebraucht, um wieder einigermaßen gesund zu werden.«

Michaels Krankheiten waren ein Beispiel für die Auswirkungen des Bergbaus auf den Menschen. Seit wir Fairview verlassen hatten, hatten wir über Hunderte von Kilometern hinweg die Auswirkungen des Bergbaus aus nächster Nähe gesehen. Der Fluss hatte sich auf natürliche Weise in ein komplexes Netzwerk aus Fahrrinnen und Inselsystemen aufgespalten, die zu navigieren höllisch schwierig war. Zum Glück hatten wir Fay dabei, die uns – zumindest vom Hörensagen – Tipps für sichere Routen geben konnte. In vielerlei Hinsicht war es, als hätte man uns einen Teller Spaghetti vorgesetzt. Wir mussten uns nur noch für eine Nudel entscheiden.

Diese gewundenen Wasserstraßen boten auch unabhängigen Goldsuchern perfekte Bedingungen. Guyana hat zwar eine insgesamt niedrige Abholzungsbilanz, aber laut seiner Forstbehörde sind 85 Prozent des Waldverlusts auf illegalen Bergbau zurückzuführen, hauptsächlich auf den Goldabbau.

Ich erzählte Fay, wie wir in Brasilien und Peru vor Ort über die verheerenden Auswirkungen des Bergbaus (insbesondere des unregulierten Tagebaus) und der Entwaldung berichtet hatten. Wir hatten gesehen, dass nicht nur die Umweltschäden zu berücksichtigen waren, sondern auch die menschlichen Opfer. Bei der Goldgewinnung wird oft Quecksilber eingesetzt, was aber die Fische in der Nähe kontaminieren kann, das Hauptnahrungsmittel der dort lebenden Menschen. Während der Dreharbeiten hatten das Team und ich herzzerreißende Geschichten über Todesfälle durch Quecksilbervergiftungen gehört. Wir hatten auch Furchtbares über Drogen- und Alkoholmissbrauch, Sexarbeit, Gesundheitsprobleme, schlechte Arbeitsbedingungen, lange Arbeitszeiten, Raub und Mord erfahren. Fay nickte. Für sie war das nichts Neues.

»Wir müssen auch vorsichtig sein, wenn wir uns in der Nähe der Abbaustätten waschen«, sagte Fay. »Eine Freundin von mir hat mal in der Nähe eines Schürfgebiets gelebt und war von Kopf bis Fuß von offenen, juckenden Wunden bedeckt. Sie sagte, das habe bestimmt am Bergbau gelegen.«

Wir wussten, dass wir von jetzt an anders mit der Landschaft umgehen mussten. Angeln war keine attraktive Option mehr, und das Flusswasser war nicht länger trinkbar. Der Fluss, der uns in den letzten zwei Monaten so großzügig versorgt hatte, wirkte auf einmal viel weniger gastfreundlich. Diese Veränderung war schwer zu schlucken. Ich musste mich daran erinnern, dass ich hier nur einen sehr kleinen Ausschnitt der Gesamtsituation zu Gesicht bekam. Guyana ist eines der grünsten Länder der Erde, und etwa 85 Prozent seines Regenwalds sind noch intakt. Es hat eine der niedrigsten Abholzungsraten in den Tropen. In vielerlei Hinsicht ist es ein Vorzeigemodell für die Walderhaltung.

Dies ist zum Teil der Grund, warum der erste Bagger, den wir sahen, ein Schock für uns war. Wir hatten uns einen kleinen Seitenkanal als Paddelroute ausgesucht. Dort floss das Wasser schnell genug, um uns voranzutreiben, aber war nicht kraftvoll genug, um uns in Gefahr zu bringen. Wir dümpelten in einer Reihe vor uns hin, beide Seiten dieses abgelegenen Kanals waren von Felsen gesäumt, und über uns wuchsen Bäume. Als wir wieder in einen breiteren Flussabschnitt einfuhren, hörten wir auf einmal ein unbekanntes Geräusch. Ein Dröhnen, das von der Wasseroberfläche widerhallte und sich wie ein Schallgeschoss in unseren Gehörgang bohrte. Vor uns lag mitten im Fluss ein Schwimmbagger. Er sah aus wie ein kleines zweistöckiges Haus, aus dem vorne und hinten Kräne ragten. Wir paddelten näher an die Maschine heran und achteten darauf, den Stahldrahthebeln nicht in die Quere zu geraten, mit der eine etwa 20 Meter lange Röhre manövriert wurde. Mit ihr wurde das aufgebohrte Sediment aus dem Flussbett gesaugt. Am Ende der Röhre befand sich ein Bohrkopf, der aussah wie eine Ananas. Offenbar hatte dieser das Geräusch verursacht, als er sich in das Flussbett drehte.

Da das Flusswasser nicht mehr sauber genug war, um es zu trinken, mussten wir auf die Freundlichkeit der Menschen vertrauen, die wir unterwegs trafen. Wir winkten der Crew zu, versuchten, nett und harmlos zu wirken, und gestikulierten, ob wir an Bord kommen dürften. Die Besatzungsmitglieder winkten zurück und bedeuteten uns herüberzukommen und halfen uns, seitlich festzumachen. Sie sprachen kein Englisch, aber schnell war klar, dass sie aus Brasilien stammten. Ant, der etwas Portugiesisch sprach, übersetzte, dass sie seit etwa sieben Monaten vor Ort seien.

Der Chef der Operation hatte ein freundliches, offenes, bärtiges Gesicht. Er bot uns stolz an, uns auf dem Schwimmbagger herumzuführen. Im Erdgeschoss befanden sich die meisten Maschinen: Motoren, Pumpen, Generatoren, Seilwinden und Rohre, die anscheinend erst kürzlich neu geschweißt worden waren. Es klang so, als würden alle Geräte hart arbeiten, um den Flussboden aufzusaugen und zu verarbeiten.

»Man kann sich gar nicht denken hören«, schrie Ness über den Lärm hinweg.

»Anscheinend läuft das Ding bis zu 40 Stunden am Stück«, brüllte Ant zurück.

»Stell dich nicht vor den Ventilator«, rief ich. »Ich habe das Gefühl, ich stehe im Wüstenwind.«

»Wie war das, Pip? Hast du gefragt, ob wir auch hungrig sind?«, schrie Ness.

Ich versuchte erst gar nicht, das Missverständnis aufzuklären. Ness hatte gar nicht schlecht geraten. Ich hatte eigentlich immer Hunger.

Die Köchin, die einzige Frau an Bord, war mir sofort sympathisch. Die ältere Dame trug ein rotes T-Shirt und eine Brille, und sie sagte Ant, wir sollten nach oben kommen und frisch gebackenen Ananaskuchen und süßen brasilianischen Kaffee probieren.

»Wir müssen die Schuhe ausziehen«, sagte Ant und zeigte auf den ordentlich gestapelten Schuhberg am Fuß der Treppe. Das

Team war offensichtlich stolz auf diesen Bagger. Oben war alles unglaublich sauber und ordentlich. An Bord waren Fitnessgeräte und eine Küche, die mit Eiern, Keksen, Öl und Mehl so gut ausgestattet war, dass sie wie ein kleiner Laden aussah. Vom Küchenbereich gingen eine Dusche und einige Schlafzimmer ab – kleine Kämmerchen, die aber genügend Platz für ein Bett und etwas Privatsphäre boten. Oder zumindest war das so gedacht. Einer der Goldgräber war gerade aus der Dusche geschlendert und hätte vor Überraschung beinahe sein Handtuch fallen lassen, als er eine Schar stinkender Kajakfahrer sah, die gerade sein Wohnzimmer besichtigen durften.

In gewisser Weise war die Besichtigung des Schwimmbaggers eine willkommene Abwechslung, aber tief im Innern ließ sich schwer vergessen, wo wir hier waren. Die Erfahrung, auf einem Lastkahn zu stehen, war eine überwältigende Reizüberflutung – hier herrschten Hitze und Lärm, und die Vibrationen dröhnten durch unsere Körper, während sich der Kahn nicht nur durch die Landschaft bewegte, sondern sie dabei auch zerschnitt.

Die Goldwäscher waren zu uns außergewöhnlich freundlich gewesen und hatten uns nicht nur beköstigt, sondern auch dafür gesorgt, dass wir unsere Reise fortsetzen konnten. Sie füllten unsere persönlichen Wasserflaschen auf und die drei großen Kanister, die wir seit unserem Aufenthalt in Fays Lodge mit uns führten. Zum ersten Mal würden wir so schwer beladen weiterfahren. Ness bot an, diese Aufgabe als Erste zu übernehmen, und die Arbeiter halfen ihr dabei, die Behälter in die Mitte ihres Kajaks hinabzulassen. Beim Abschied gaben sie uns noch gute Ratschläge mit auf den Weg: Wir sollten uns in Gebieten mit stehendem Wasser vor Typhus hüten und uns vor den Wellen bei Georgetown in Acht nehmen, die drei bis fünf Meter hoch werden könnten.

»Diese Leute waren sehr nett zu uns, sie haben uns mit Respekt behandelt«, bemerkte Ant, während wir davonpaddelten. Schon bald wich der Baggerlärm wieder dem Klang des Dschungels.

»Es ist schon seltsam. Eine Flussbiegung weiter sind wir schon wieder im schönsten Regenwald«, sagte Jon. »Ziemlich schräg.«

Damit hatte er recht. Es war bizarr gewesen, lange Zeit sein eigener Motor zu sein und dann auf einmal buchstäblich auf einem zu stehen. In vielerlei Hinsicht fiel es uns schwer, die Zerstörungskraft von dem, was sich unter dem Schwimmbagger abspielte, mit der Freundlichkeit der Menschen in Einklang zu bringen, die hinter dieser Operation standen. Unsere Begegnung war nur ein Hinweis auf die viel komplexere Geschichte dieser Industrie und machte uns deutlich, dass wir alle gegenseitig versuchen müssen, unser Verhalten und unsere Motive zu verstehen. Wenn wir uns die Zeit nehmen würden, das zu tun, würden wir wahrscheinlich einen für uns alle besseren Weg finden.

Versuche, eine Situation vollständig zu verstehen, um einen Ausweg zu finden

Ich musste an die Fabel über die Anakondamenschen denken, die Ant mir erzählt hatte – Anakondas, die menschliche Gestalt annehmen können. Sie ging so:

Ein junger Mann suchte eine Frau und ging daher zum Schamanen des Dorfes.

»Schamane, ich möchte heiraten«, sagte er.

»Okay, wen willst du zur Frau nehmen?«

»Ich will ein Anakondamädchen.«

»Ich will sehen, was ich tun kann.«

Der Schamane flocht eine Blätterwand, durch die er dann ging, um mit dem Oberhaupt des Anakondadorfs zu sprechen. Sie kamen überein, eine schöne Frau für den jungen Mann aus dem

Menschendorf zu finden. Der Schamane kehrte durch die Blätterwand zurück und ging zu dem jungen Mann.

»Ich habe eine schöne Frau für dich gefunden. Du musst nur
durch diese Wand gehen und sie berühren. Dann ist sie dein.«

Der Mann freute sich und trat durch die Blätterwand. Er er-
wartete, seine schöne Braut in ihrer menschlichen Form vorzu-
finden. Aber auf der anderen Seite der Wand harrte eine riesige,
zusammengerollte Anakonda seiner. Er erschrak fürchterlich und
hechtete durch die Wand zurück in die Menschenwelt.

»Was ist los? Hast du sie berührt, so wie es ausgemacht war?
Hast du mit ihr gesprochen?«, fragte der Schamane.

»Sie hat mir schreckliche Angst gemacht«, war die Antwort.

»Ich kümmere mich darum«, sagte der Schamane und ging
zurück in die Anakondawelt. Er fand die Anakondafrau laut weinend vor.

»Er hat mir schreckliche Angst gemacht. Ich kann das nicht«,
sagte sie und glitt in den nahen Fluss.

Ant erzählte uns, der Mann habe nie geheiratet.

Es ist eine Geschichte, über die ich seit diesem Tag viel
nachgedacht habe; sie erinnert mich daran, dass wir uns gegenseitig respektieren und mit Verständnis begegnen sollten, nicht
sofort das Schlimmste voneinander denken dürfen und bereit
sein müssen, die Dinge aus einer anderen Perspektive zu betrachten. In den kommenden Wochen wurde mir klar, dass mein eigenes Narrativ über den Bergbau sich immer nur auf die negativen
Seiten der Branche konzentriert hatte. Diese Expedition hat
meine Einstellung zwar nicht vollständig geändert, aber sie half
mir dabei, die Nuancen und den Kontext des Bergbaus bezie-
hungsweise der Goldgewinnung besser zu verstehen. Und das hat
in mir die Hoffnung auf eine bessere Zukunft geweckt. Auf den
nächsten Hunderten von Kilometern würden wir noch auf viele

weitere Schwimmbagger stoßen (wenn auch keiner mehr so gepflegt wie der erste). Anstatt mich den Bergleuten mit einer Einstellung zu nähern, die sie grundsätzlich verurteilte, versuchte ich, sie zu verstehen.

Auf einem dieser Bagger sagte der Verantwortliche, er glaube nicht, dass der Goldabbau schädlich für die Umwelt sei, weil es in der Gegend immer noch viele Fische gebe. Dann war da noch Terrence, der Gold schürfte, weil er für sich keine andere Option sah. »Ich bin 59 Jahre alt, und ihr steht auf meiner Rente. Dieser Bagger ist alles, was ich auf dieser Welt besitze«, sagte er.

Die meisten Bergleute, die wir am Fluss trafen, waren Kleinunternehmer wie Terrence. Es wird geschätzt, dass es allein in Guyana etwa 20 000 von ihnen gibt. Hier ist mir klar geworden, dass wir, um praktikable Lösungen für globale Umweltprobleme finden zu können, die Dinge nicht nur mit unseren Augen sehen, mit anderen Maßstäben bewerten dürfen. Zuallererst müssen wir sie so sehen, wie sie wirklich und in ihrem Kontext sind. Wie Ant es ausdrückte, versuchten die Bergleute, die wir getroffen hatten, das Beste aus ihren individuellen Situationen zu machen.

»Diese Leute leben vom Goldabbau«, sagte er, als wir Seite an Seite paddelten. »Sie müssen arbeiten. Schließlich müssen sie irgendwie ihre Familien ernähren.«

Ant hatte, wie viele der Männer aus Masakenari, auch schon in den Minen gearbeitet. Ich fragte ihn, was er von der Branche halte.

»Ich glaube nicht, dass wir sie stoppen können. Aber vielleicht können wir den Abbau auf die richtige Weise betreiben. Genau wie den Holzabbau, der ist auch wichtig für Guyanas Wirtschaft. Dieser Teil des Flusses ist schon verschmutzt«, sagte er und deutete auf den Schwimmbagger. »Aber ich bin strikt dagegen, dass am Oberlauf des Essequibo im großen Stil Bergbau betrieben wird. Darauf müssen wir sehr streng achten. Wenn wir das nicht tun, ist bald kein unberührter Regenwald mehr übrig.«

Wir waren am Ende des Spaghettiabschnitts des Essequibo angelangt, und der Fluss war wieder breiter geworden. Wir sahen aus nächster Nähe, was Ant mit Bergbau im großen Stil gemeint hatte – vor uns lag Südamerikas zweitgrößte Tagebaumine.

In Omai wird seit 130 Jahren Bergbau betrieben. Der Betrieb machte 1995 weltweit Schlagzeilen, nachdem zyanidhaltiges Abwasser in den Essequibo gelaufen war. Ein 80 Kilometer langer Flussabschnitt wurde zum Umweltkatastrophengebiet erklärt, und sieben Jahre lang mussten die Anwohner, die das Wasser des Flusses nutzten, auf alternative Quellen ausweichen.

Bevor wir den Tagebau selbst erreichten, wiesen die Erdberge, die sich im Fluss auftürmten, bereits auf das hin, was vor uns lag. In den vergangenen Wochen hatten wir gelernt, große Sandbänke mit Bergbau zu assoziieren. Sie wurden immer mehr zu einem Landschaftsmerkmal – und zu einem Hindernis beim Paddeln. Immer häufiger liefen wir an ihnen auf Grund, weil das Wasser immer seichter wurde. Die Sandbänke sorgten auch noch für andere Probleme. Sie zwangen uns sehr oft in die Mitte des Flusses, weg aus dem Schatten der Baumkronen, also schwitzten wir viel stärker. Ich hatte auch mehr Insekten bemerkt, vor allem Sandfliegen, die in der Morgen- und Abenddämmerung besonders aktiv zu sein schienen. Sie standen auf Lauras Risikoliste, da sie oft Überträger von Leishmaniose sind, einer durch fleischfressende Parasiten ausgelösten Krankheit, die besonders unappetitlich klang.

Es waren aber nicht nur die Sandhaufen, die uns auf die Nähe Omais aufmerksam machten. Teilweise waren riesige Uferstreifen vollständig eingestürzt und hatten nur einzelne Bäume und eine Horde Kapuzineraffen übrig gelassen, die sich verzweifelt an ihnen festklammerten. Es war schwer, nicht emotional darauf zu reagieren.

»Das ist kein Sand, das sind Narben. Der ganze Fluss wurde auf den Kopf gestellt«, sagte Ness, als wir an einem riesigen Hügel vorbeipaddelten, der aus dem Wasser ragte. Sie zeigte auf die Affen. »Sie klammern sich an dem letzten bisschen Wildnis fest, das ihnen noch geblieben ist.«

»Erst habe ich mich gefragt, warum sich alle wegen des Goldes so aufregen. Ich dachte, dadurch gibt es einfach ein paar zusätzliche Sandbänke«, sagte Laura. »Aber sogar als Person, die über alles Witze machen kann, sehe ich, dass die Situation hier einfach nicht besonders witzig ist. Jetzt verstehe ich, warum sich alle aufregen.«

»Ich glaube, da ist jemand«, sagte Romel und zeigte auf ein Tor.

»Wir haben kaum noch Wasser, wir sollten uns welches besorgen«, sagte Fay.

Widerwillig paddelten wir zu dem offiziell wirkenden Tor. Zwei Wachleute passten auf das Areal auf und winkten uns zu. Sie stellten sich als Joseph und George vor. Nachdem wir ihnen die Hände geschüttelt und erklärt hatten, was wir machten, boten sie uns an, uns auf ihren Quad-Bikes die Tagebaumine zu zeigen. Ness, Laura und ich quetschten uns hinter Joseph auf das Quad, und Fay und Jon ließen sich von George mitnehmen. Ant und Romel erklärten sich dazu bereit, bei den Booten zu bleiben.

Nach allem, was ich über die turbulente Geschichte der Mine gehört hatte, war ich sehr überrascht, als wir oben ankamen. Unter mir sah ich zwei riesige Gruben. Eine war mit wunderschön türkisfarbenem Wasser gefüllt, ich vermutete Regenwasser, da diese Grube nicht länger genutzt wurde. In die Wände des Kraters vor uns waren breite Stufen gehauen, es wirkte wie ein Amphitheater für Riesen. In weiter, weiter Ferne sahen wir den Regenwald.

Wir hörten das Brummen eines Generators, sahen ihn aber nicht. Wahrscheinlich wurde gerade irgendwo in unserer Nähe oder in der zweiten Grube gearbeitet.

»Warum hast du dich dafür entschieden, im Tagebau zu arbeiten?«, fragte Ness Joseph, während wir die Aussicht auf uns wirken ließen.

»Wegen des Goldes. Du kannst hier über Nacht reich werden, und ich möchte einmal Millionär sein«, sagte er und betrachtete die gigantischen Gruben unter uns.

Wir konnten seine Argumentation verstehen – und warum Goldabbau rund um den Globus so attraktiv ist. Gold ist heute eines der Hauptexportgüter Guyanas, was wiederum die Entwicklung des Landes vorantreibt.

Ich hörte Joseph zu, während wir die gewaltige Anlage begutachteten, und überlegte, wie die globale Wirtschaftsentwicklung in Zukunft aussehen könnte. Ich dachte an eine Frage zurück, die mir ein Bergmann in Brasilien einmal gestellt hatte: »Wie viele Urwälder gibt es noch in Großbritannien?« Damals wusste ich es nicht. Inzwischen hatte ich es nachgeschlagen: Urwälder machen etwa 2,5 Prozent der Fläche Großbritanniens aus. Wir hatten unsere eigenen natürlichen Ressourcen – und die der Kolonien des Empires – während der industriellen Revolution seit Mitte des 18. Jahrhunderts geplündert. Man kann durchaus verstehen, warum Industrienationen oft wie üble Heuchler wirken. Auf der anderen Seite besteht das kniffligste Problem bei Regenwäldern darin, dass sie eine massive Kohlenstoffsenke sind, die grüne Lunge des Planeten bilden und die ganze Welt von ihnen abhängig ist. Eine Lösung ist, für ihre Erhaltung zu bezahlen. 2009 unterzeichneten Guyana und Norwegen einen Fünfjahresvertrag, in dem Guyana zustimmte, die Abholzungsrate unter 0,275 Prozent pro Jahr zu halten. Im Gegenzug erklärte sich Norwegen bereit, 250 Millionen US-Dollar zu zahlen, um seine eigenen

CO_2-Emissionen auszugleichen. Das System hat sowohl seine Befürworter als auch seine Kritiker, aber es ist immerhin der Versuch einer Lösung. Es lässt sich nun mal nicht leugnen, dass der Erhalt der natürlichen Ressourcen eines Landes seinen Preis haben muss.

»Es ist so ein großes Problem, dass man gar nicht mehr richtig durchsteigt«, sagte Ness, als wir zurück zu den Quads gingen, die uns zum Fluss zurückbringen würden.

»Jepp. Es ist auf jeden Fall ein kompliziertes, globales Geflecht aus Politik, Macht und Geld«, nickte ich. »Man muss so viele Faktoren bedenken. Da ist das Problem von Angebot und Nachfrage. Wenn Verbraucher weiterhin Produkte kaufen, werden sie auch weiterhin hergestellt. Dann ist da noch das Recht einer Nation auf Selbstbestimmung. Wenn sie ihre Ressourcen selbst nutzen will, muss man das gegen die globalen Auswirkungen, die Umweltschäden verursachen können, abwägen. Der Klimawandel kennt keine Grenzen, Staaten aber schon. Oh Leute, ich bin so verwirrt.« Ich

Hoffnungslos?
Finde Vorbilder, die
dich inspirieren

seufzte und machte eine kurze Atempause. »Irgendwie müssen wir den Naturschutz zu einem globalen Geschäftsmodell machen. Länder mit Ressourcen, die die Zukunft des Planeten beeinflussen können, finanziell entschädigen? Lebendige Bäume wertvoller machen als tote? Das ist unsere einzige Hoffnung. Wo ist Greta Thunberg, wenn man sie braucht? Ich kann das nicht alleine ausformulieren. Das sind die großen Fragen unserer Zeit, zusammen mit der Frage, ob ein Jaffa Cake nun ein Kuchen oder ein Keks ist.«

Als ich mit meinem Sermon fertig war, legte Ness mir ihre miefende Achselhöhle auf die Schulter und drückte mich an sich. »Es war eine Wahnsinnsreise, was?«

»Und dabei wollten wir nur einen Fluss hinunterpaddeln ...« Laura stupste mich an und versuchte, mich aufzuheitern.

Das Faultier im Baum des Nature Resort bewegte sich, versetzte mich zurück in die Gegenwart und riss mich aus den Gedanken, die mich seit Wochen beschäftigten.

»Ist das niedlich«, schwärmte Laura, als das zottelige Faultier sich endlich dafür entschied, dass es wohl an der Zeit sei, sich ein bisschen zu strecken. Wir hatten Glück, dass es sich überhaupt bewegte, da die Tiere normalerweise etwa 15 Stunden am Tag schlafen.

»Ich freue mich immer noch über sie«, lächelte Michael, als es sich den Ast entlanghangelte. »Ich glaube nicht, dass ich den Tourismus jemals aufgeben werde«, fuhr er fort. »Gold suchen klingt einfach und schnell – wenn man Glück hat. Wenn nicht, kann man jahrelang schuften und hat am Ende kaum etwas angespart. Mit dem Tourismus hast du ein regelmäßiges Einkommen und kannst die Schönheit der Natur erleben. Wir müssen lernen, solche Arbeit zu lieben. Ich möchte auch andere Bergleute dazu ermutigen, den Beruf zu wechseln, deshalb biete ich Workshops an.«

Das Faultier kam wieder einmal zum Stillstand, da es offensichtlich für heute genug Sport gemacht hatte. Ein Tier nach meinem Geschmack. Bewegen und ausruhen, bewegen und ausruhen, genauso muss man es machen, Kumpel, dachte ich. Die Art und Weise, wie es sich kopfüber festklammerte und sein zotteliges Fell dabei herabbaumelte, erinnerte mich an ein Kind auf einem Klettergerüst, dessen Haare auch nach unten hängen.

Ich angelte mein Handy aus meiner Gesäßtasche und machte ein Foto. Das Display glitzerte im Sonnenlicht, ein Hinweis auf das Gold, das darin verarbeitet war. Reines Gold läuft niemals an, aber inzwischen, da ich die Auswirkungen kannte, die seine Gewinnung nach sich zog, hatte es für mich definitiv seinen Glanz verloren. Wir schauten das Faultier noch eine Weile gebannt an. Vielleicht sind es ja wir, deren Welt auf dem Kopf steht, dachte ich mir.

»Es ist total unvorstellbar, dass so ein kleiner Wicht einen Jaguar besiegen kann. Kaum zu glauben«, dachte ich laut nach, bevor wir alle zum Mittagessen in die Lodge gingen. Die Faultierbesichtigung hatte mir sehr gefallen. Es war schwer, sich von der Vorstellung zu lösen, dass das Ende der Welt bereits unsere Gegenwart geworden ist und dass es völlig zwecklos war, sich noch über moralische Dilemmata Gedanken zu machen. Stattdessen sollte man lieber Jaffa Cakes essen, ohne sich dabei zu fragen, ob es nun Kuchen oder Kekse sind. Aber die Begegnung erinnerte mich an etwas: Wenn ein so kleines Faultier die Begegnung mit einem so mächtigen Raubtier wie dem Jaguar siegreich überstehen konnte, schaffte es vielleicht auch die Menschheit, endlich in die Gänge zu kommen und Wege zu finden, unsere Welt zu schützen und zu bewahren. Die Hoffnung bleibt uns, dachte ich – und Greta.

DANKBARKEIT

(Substantiv): die Bereitschaft, Wertschätzung zu
zeigen und Freundlichkeit zu erwidern

Unser Team war auf dieser Reise oft mit Unannehmlichkeiten
konfrontiert worden, aber wir hatten das Privileg gehabt, uns ihnen aus freiem Willen auszusetzen, und dafür bin ich dankbar.
Wenn du ein relativ bequemes Leben führst, vom Staat sozial unterstützt wirst, Familie oder Freunde hast, die dir den Rücken
freihalten, gesund bist, Essen auf dem Tisch und ein Dach über
dem Kopf hast, kannst du wahrscheinlich für einiges dankbar sein.
Die Expedition machte mir nicht nur deutlich, wie wichtig es ist,
für solche Dinge Dankbarkeit zu empfinden, sondern auch, wie
wichtig es ist, diese Dankbarkeit zum Ausdruck zu bringen.

Unsere Reise den Essequibo hinunter wäre ohne ein breit ge-
fächertes Netzwerk aus Unterstützern nicht möglich gewesen. Ich
bin Laura dankbar dafür, dass sie die Idee dazu hatte und mich
und Ness bat, Teil ihres Teams zu werden. Sie brachte diese Expedition überhaupt erst auf den Weg. Aber allein hätten wir es niemals geschafft. Die Expedition wurde ermöglicht durch die Unterstützung unserer Kajaklehrer, der Kajak-Community, unserer
Sponsoren, unserer Gönner, unserer Kontaktleute in Guyana, der

Waiwai, unserer Teamkollegen, unseres Kameramanns, der Menschen, die wir auf der Reise trafen, unserer Social-Media-Follower, unserer Familie, unserer Freunde und unserer Partner. Um meine Umweltmetaphern noch einmal einzubringen: Das Team, das die Reise durchgezogen hat, war die Spitze des Eisbergs. Das Support-Netzwerk unter Wasser war nicht nur an unserem Erfolg beteiligt, sondern hat ihn überhaupt erst ermöglicht. Alle, die als Teil eines Teams etwas erreicht haben, wissen, was ich meine, wenn ich behaupte, dass es viel schöner ist, zu sehen, wie sich ein gemeinsames Ziel in den Augen eines anderen widerspiegelt, als allein darauf zu blicken.

. . .

Tag 76 der Expedition
Standort: Atlantik, Mündung des Essequibo
Status: auf der Zielgeraden

Klatsch. Eine weitere Welle traf das Kajak. Wir waren nur noch 15 Kilometer vom Ziel entfernt, aber durch den starken Gegenwind und die riesigen Wellen – der Fluss wurde hier schließlich zum Ozean – kam es uns vor, als wären wir noch endlos weit davon entfernt. In den vergangenen Tagen war das Wasser immer rauer geworden. Wir glaubten, wir hätten unser Ziel schon so gut wie erreicht, aber der Essequibo hatte andere Pläne. Zu unserer Rechten stand ein hellrosa Gebäude, das uns schon gefühlt seit Stunden zu verhöhnen schien und uns demoralisierte. Wir kamen nur langsam und unter größten Anstrengungen voran. Ich war so erschöpft, dass ich irgendwann weinte. Wir nannten diesen Abschnitt den Härtetest. Als der Fluss zum Meer wurde, markierte das Wasser unter uns sowohl einen Anfang als auch ein Ende.

»Wenigstens sieht das Filmmaterial wirklich dramatisch aus«, brüllte Jon über die tosenden Wellen. Auch er musste sich ziemlich anstrengen, um bei Wellen und Regen zu filmen, ohne dass die Kamera dabei zu nass wurde. Irgendwann sah ich, dass er sich seinen Regenponcho mumiengleich um den Kopf gewickelt hatte.

Betrachte nichts als selbstverständlich

Nur sein Kameraobjektiv und seine Beine ragten noch aus der schützenden Hülle heraus. Ich hätte das bestimmt lustig gefunden, wenn meine Schultern und Arme nicht wie Feuer gebrannt hätten. Das Paddeln forderte seinen Tribut. Dies war der Endspurt, und dementsprechend waren wir völlig erschöpft. Nach all diesen Wochen konnten wir einfach nicht mehr.

Ein riesiges, verrostetes Wrack lag kieloben am Ufer und führte uns erneut vor Augen, wie mächtig der Ozean war.

»Es wirkt, als würdet ihr heftig kämpfen, um den Strand zu erreichen – mit dem Schiffswrack im Hintergrund sieht das total cool aus«, ertönte es gedämpft unter der Regenhülle hervor.

»Es wirkt nicht nur so, Jon«, brüllte ich zurück. »Es ist so, verdammt noch mal.«

Trotz der Müdigkeit half ein bisschen Konversation immer, meine Laune zu verbessern – auch wenn ich wegen des Windes meist nur Wortfetzen verstand. In den vergangenen Tagen hatte es immer wieder Momente gegeben, in denen ich stumm vor mich hin schluchzte, wenn ich mich zu sehr auf die Erschöpfung oder den Schmerz konzentrierte und mir Sorgen darüber machte, dass wir es vielleicht am Ende doch nicht ins Ziel schaffen würden. Obwohl wir so viel gemeinsam durchgestanden hatten, waren der wilde Wind und die Wellen formidable Gegner, an denen wir immer noch scheitern konnten. Komischerweise ließ mich die Tatsache, dass die anderen genauso sehr zu kämpfen hatten wie ich, bei Verstand bleiben.

»Wenn ich schlafe, paddele ich in meinen Träumen weiter. Ich weiß nicht, was mit mir los ist«, brüllte Romel.

»Paddelst du etwa nicht gerne?«, rief ich zurück.

»Doch, schon«, kam die nicht ganz überzeugend klingende Antwort. Ich zuckte zusammen, als sein Kajak direkt in eine große Welle fuhr, die ihn komplett durchnässte. Als er sich von dem Schreck erholt hatte, redete er weiter. »Aber seit ein paar Tagen verkrampfen sich nachts meine Finger. Wenn ich aufwache, muss ich meine Hände ganz langsam bewegen, bis sie nicht mehr steif sind. Ich bin auch noch nie durch so große Wellen gefahren. Mein Boot ist sehr schwer, weil es so viel Wasser gezogen hat. Das macht mir ein bisschen Angst.«

Es war für uns alle beängstigend und für Romel ganz besonders. Er hatte mit Fay das Kajak getauscht, und im Gegensatz zu unseren war ihres nicht selbstlenzend. Trotz seiner Bedenken manövrierte er ihr altes, schwerfälliges Boot gekonnt durch die mächtigen Wellen des Atlantiks.

Mit Ausnahme von Fay war keiner von uns schon einmal auf einem Ozean gepaddelt. Die unerbittlich wieder und wieder anrollenden Wellen boten uns die ideale Trainingsmöglichkeit, um den Umgang mit ihnen zu lernen. Es war ein endloses Spiel: Auf welchen Teil der Welle sollten wir zielen, aus welcher Richtung wehte der Wind. Während unsere Kajaks sich mit den Wogen hoben und senkten, mussten wir versuchen, die Paddel nicht zu fest zu umklammern. Anspannung half nicht beim Paddeln. Unser Schlagstil war wahrscheinlich grauenhaft, aber zu diesem Zeitpunkt ging es nur noch darum, um jeden Preis aufrecht und im Boot zu bleiben.

Laura, die Gute, hatte ebenfalls zu kämpfen. Ihr Hintern tat unglaublich weh, da sich dort einige große, schmerzhafte, nässende Abszesse gebildet hatten. Mir war das zweifelhafte Vergnügen vergönnt gewesen, diese am Tag zuvor zu begutachten.

»Mein Hintern tut richtig weh. Es fühlt sich beinahe so an, als hätte ich gerade noch ein Kind bekommen«, rief Laura mir von ihrem Boot aus zu. Sie verzog gequält das Gesicht, als sie versuchte, ihren Schmerz in das Paddel umzulenken, das sie jetzt aggressiv in den Ozean stieß. »Ich kann es kaum erwarten, ans Ziel zu kommen, weil meine Leistengegend im Begriff ist, sich aufzulösen. Ich will keine Sekunde mehr in diesem verfluchten Wasser sitzen.«

Es stellte sich heraus, dass die meisten von uns an einer Art Leistenproblem litten – das war kaum verwunderlich, da wir den Großteil unserer Tage in trüben, braunen Wellen verbrachten. Wir konnten unsere leuchtend orangefarbenen Paddel nicht mehr sehen, wenn wir sie durch das Wasser zogen. Ich würde sogar sagen, dass sich auch dessen Viskosität verändert hatte – es schien fast dickflüssig geworden zu sein.

Ein besonderer Tiefpunkt war unsere Mittagspause auf einem schmuddeligen Schlammhaufen in einem der Seitenkanäle gewesen, die zur Flussmündung führten. Es war gerade Ebbe, und die nasse, lehmige Bank bot uns eine ausreichend ebene Fläche, um in unseren Kajaks zu essen. Doch während wir noch aßen, begann die Flut bereits, die Schlickbank zurückzuerobern. Als wir losfahren wollten, blieben Fays und mein Kajak im Matsch stecken. Ich machte den Fehler, aus dem Boot zu steigen, weil ich versuchen wollte, Fay abzustoßen. Aber stattdessen musste ich feststellen, dass mein Bein in das durchnässte Sediment gesaugt wurde. Anstatt Fay zu befreien, hatte ich ihr Boot dabei seitwärts einer auflaufenden Welle entgegengedreht. Fay wurde klatschnass. Weil ich nicht wollte, dass meine beiden Beine im Schlick versanken, versuchte ich, mich zurück ins Kajak zu ziehen. Schließlich konnte ich mich befreien, nicht ohne dabei braunen Matsch durch die Gegend zu schleudern. Nachdem wir uns noch mehrmals an der langsam verschwindenden Schlammbank abgestoßen hatten, befreiten wir uns endlich. Es fühlte sich nicht wie ein Sieg an. Fay brach zusammen und schluchzte.

»Ich ertrage das nicht mehr«, weinte sie. »Diese hässliche Welle war so schmutzig – und das Wasser war so eklig. Meine Haut ist so wund, und sie brennt und juckt.«

Ich wusste, was sie mit dem Juckreiz meinte. Meine unteren Regionen fühlten sich auch nicht ganz gesund an. Einmal hatten wir in der Nähe einer Holzfällerstelle zum Pinkeln angehalten, und gerade als ich meine Hose heruntergezogen hatte, war ein Boot scheinbar aus dem Nichts aufgetaucht und direkt an mir vorbeigefahren. Anscheinend hatten die Passagiere meinen wie ein weißes Leuchtfeuer aus dem Gebüsch blitzenden Arsch angestarrt. Laura, die etwa 20 Meter weit entfernt gewesen war, sagte, sie hätte meinen fahlweißen, pickligen Po sogar von ihrem Standort aus gesehen.

Ness war nicht viel besser dran, da sie sich ein paar Tage zuvor mit kochendem Wasser verbrannt hatte und ihre Haut schreckliche Blasen geworfen hatte. Sie waren inzwischen aufgeplatzt, aber sahen ziemlich entzündet aus. Boris, das eitrige Fußgeschwür, war dank der Antibiotika-Behandlung inzwischen zwar geschrumpft, aber wir wollten keine erneute Infektion riskieren.

Ich glaube, wir hatten alle nicht damit gerechnet, dass die letzte Etappe der Reise körperlich so anstrengend werden würde. In vielerlei Hinsicht hatten wir geglaubt, der schlimmste Teil der Expedition läge bereits hinter uns, was nicht verwunderlich war, wenn man bedenkt, was wir alles durchgemacht hatten. Es gab aber auch Lichtblicke, und eine glorreiche Stunde lang dachte ich, das Glück sei uns hold. Wir hatten ein paar Tage damit verbracht, durch das riesige Inselsystem zu navigieren, das sich in Richtung Flussmündung erstreckte. Als wir am Vortag Parika verlassen hatten, schob uns die Flut schnell einen schmalen Kanal in Richtung

Georgetown hinab. Ein einziges Mal musste ich wirklich nur still sitzen und bewegte mich trotzdem – eine Seltenheit auf diesem Fluss! Endlich, dachte ich. Darauf warte ich schon seit dem ersten Tag. Ich hatte zwar keine Piña colada in der Hand, aber mein Traum, mit hochgelegten Füßen den Fluss hinunterzutreiben, hatte sich erfüllt. Leider frischte der Wind bald auf, was bedeutete, dass mein Paddel wieder zum Einsatz kommen musste, und alle Zeit, die wir durch das Treiben mit der Tide gewonnen hatten, verloren wir bald darauf wieder. Einmal mehr ließ der Essequibo nicht zu, dass wir uns auf unseren Lorbeeren ausruhten – oder in unserem Fall auf unseren Palmblättern.

Die Bewohner von Parika hatten uns außergewöhnlich freundlich empfangen. Wir hatten durch einen Fischer, den wir am Fluss kennengelernt hatten, von dem Dörfchen erfahren. Er sagte uns, der kleine Umweg über den Seitenkanal sei der Mühe wert, weil wir dort frisches Wasser bekommen könnten. Das Erste, was wir von der dicht am Kanal liegenden Gemeinde sahen, war eine weiße Holzkirche direkt am Wasser. Der Pastor bot uns Essen und einen Schlafplatz an und erlaubte uns, am Gottesdienst teilzunehmen. Wir verbrachten eine tolle Zeit mit den Dorfkindern. Wir schipperten sie mit unseren Kajaks, die sie immer wieder als Sprungbretter benutzten, den Kanal auf und ab. Ein bisschen traurig war ich trotzdem darüber, dass wir unsere letzte Nacht auf dem Fluss unter Menschen und nicht in der Wildnis verbringen würden.

Als wir den Endspurt in Richtung Georgetown und damit in Richtung Ziel begannen, wurde ich ziemlich me- *Finde Dankbarkeit auf deinem Weg* lancholisch, weil ich mich nicht richtig vom Regenwald verabschiedet hatte. Ich dachte, ich hätte noch einige Male Gelegenheit, die Wildnis zu genießen, aber die Zivilisation hatte sich früher an uns herangepirscht, als wir erwartet hatten.

Gerade als ich das dachte, entdeckte ich etwas in dem Baum direkt neben mir. Es war groß, hatte dichtes, braunrotes Fell und umklammerte einen der wenigen Bäume, die so kurz vor der Stadt noch am Fluss zu finden waren. Ich zeigte Fay das Tier, und sie sagte, es sei ein Brüllaffe. Ich konnte es nicht fassen – Brüllaffen gehören zu den scheuesten Affen des Regenwalds. Während der gesamten Reise musste ich mich immer wieder auf Dinge hinweisen lassen, und die meisten Tiere hatte ich schlichtweg verpasst. Aber dieses Mal hatte ich etwas entdeckt. Es waren drei Affen, einer davon trug ein Baby. Sie waren uns unglaublich nah und boten einen atemberaubenden Anblick. Die Kreaturen, die mich beim ersten Mal, als ich sie im Dschungel gehört hatte, in eine Heidenangst versetzt hatten, waren jetzt nur noch wenige Meter von mir entfernt. Aber hier, in ihrem immer kleiner werdenden Territorium, konnte ich sehen, dass sie überhaupt nicht furchterregend wirkten. Sie waren wunderschön und anmutig, sie rührten mich zu Tränen. Der Wandel, den meine Wahrnehmung erfahren hatte, und die Poesie dieses Augenblicks entgingen mir nicht. Ich spürte, dass dies mein Abschied vom Dschungel war.

»Die Umweltverschmutzung macht mich traurig«, sagte Ant, als unsere Kajaks Seite an Seite dahinglitten. Eine Plastikflasche trieb an uns vorbei, und wir versuchten, sie mit unseren Paddeln einzusammeln. »Wenn man zur Quelle wandert, ist der Fluss ein erstaunlicher Ort, ohne Flaschen und Umweltverschmutzung. Aber sonst ist der Fluss kein guter Ort mehr, er ist bereits verschmutzt. Wir trinken kein Flusswasser, wir können nicht wie früher campen. Ich kann dagegen nichts ausrichten, also müssen wir uns eben den Leuten hier anpassen. Ich glaube nicht, dass die Menschen begreifen, dass die Waiwai ganz Guyana beschützen.«

In vielerlei Hinsicht fühlte sich der Fluss nicht mehr wie ein Fluss an. Bald war er so breit geworden, dass wir nicht mehr beide

Flussufer gleichzeitig sehen konnten. Also entschieden wir uns für das Georgetown am nächsten gelegene Ufer. An der breitesten Stelle betrug die Entfernung von einer Seite des Flusses zur anderen 32 Kilometer, mit Inseln und schlammigen Sandbänken dazwischen. Der Fluss wurde auch zunehmend belebter. Boote fuhren auf und ab und transportierten Güter und Menschen von einem Flussufer zum anderen. Kurz nachdem wir die Affen gesehen hatten, tuckerte ein Lastkahn an Laura vorbei.

»Hast du keine Angst?«, rief er ihr vom Deck aus zu und deutete auf ihr kleines, schwer beladenes, aufblasbares Kajak und die Wellen vor uns. Es war vielleicht ein Segen, dass wir nicht genau wussten, in was wir da hineinpaddeln würden.

Ich konnte ihre Antwort nicht hören, vermutete aber, dass sie genauso geantwortet hatte, wie ich es getan hätte. »Nein, nicht mehr.« Wir waren weit gekommen.

Dann umhüllte uns plötzlich ein vertrauter Duft, der unsere Nasenlöcher vor Nostalgie beben ließ: Mit dem Duft des Flusses vermischte sich der Geruch von verrottendem Holz. Hunderte Stämme stapelten sich am Flussufer, im Hintergrund surrte ein Sägewerk. Die Enden der Bäume waren mit blutroter Farbe markiert. Wir fragten uns, ob das Baumstämme waren, die wir auf unserer Reise noch lebend gesehen hatten.

»Laura, dieser Geruch! Als wären wir wieder auf dem Weg zur Quelle. Verdammte Hindernisse«, schrie ich und erinnerte mich an Jacksons waghalsigen Einsatz am Valentinstag.

Laura gab meine Worte an Ness weiter, die in Tränen ausbrach. Ich glaube, uns wurde erst jetzt richtig bewusst, was für eine ungeheuerliche Reise wir hinter uns hatten.

Als wir uns dem Ende der Reise näherten, versuchte ich, die Expedition zu verarbeiten, meine unglaublichen Erfahrungen noch einmal zu durchleben und zu genießen. Da ich nur noch so

Sei dankbar für die Menschen, die deinen Lebensweg begleiten und ermöglichen wenig Zeit mit meinen Teamkollegen verbringen konnte, war es mir besonders wichtig, bei unseren Gesprächen ganz präsent zu sein. Auch Romel war nachdenklich. In der Nacht, in der wir in Parika schliefen, fragte ich ihn, wie ihm die Reise gefallen habe.

»Ich habe sie sehr genossen. Es war interessant zu sehen, wie sich der Fluss verändert hat«, erwiderte er lächelnd. »Manchmal fragst du mich am Fluss, ob es mir gut geht. So oft denke ich dann nur: Paddele ich gerade wirklich diese ganze Strecke ohne einen Motor, oder ist das nur ein Traum? Wir sind an vielen Leuten vorbeigepaddelt, die uns für verrückt gehalten haben; die Brasilianer auf dem Schwimmbagger haben uns *doido*, genannt, was auf Portugiesisch ›verrückt‹ bedeutet. Ein alter Mann, den wir vor der Reise trafen, sagte, es gebe zu viele Wasserfälle, und bis zur Mündung zu paddeln sei nicht möglich. In gewisser Weise weiß ich ehrlich nicht, wie wir es fast bis Georgetown geschafft haben.«

Wir sprachen über seine gefährliche Begegnung mit dem Jaguar. Darüber, dass wir beide im Dschungel manchmal Angst gehabt hatten. Er erzählte mir auch von seiner Trauer. Während der Reise hatte Laura die Nachricht erhalten, dass sein Großvater gestorben war, und seitdem hatte er oft allein geweint, wenn er paddelte. Sein Großvater hatte ihn großgezogen, da sein Vater in Brasilien lebte.

»Ich habe niemandem erzählt, wie ich mich fühle«, sagte er. »Es ist schwer, wenn man weg ist und paddelt. Mein Großvater hat immer gesagt, dass man das Reisen genießen solle. Ich habe auf dieser Reise viel über meine Familie nachgedacht, was sie tun, was sie essen. Ich freue mich auf meinen Sohn. Ich habe ihn verlassen, als er noch so klein war. Er wird jetzt ganz anders aussehen«, sagte er.

Romel war so stoisch gewesen, dass wir keine Ahnung gehabt hatten, wie sehr ihn dieser Tod erschüttert hatte. Ich wünschte, er hätte sich uns früher geöffnet, aber ich war froh, dass er zumindest mit seinem besten Freund Ant gesprochen hatte. Auch ich war dankbar dafür, dass wir (zumindest halbwegs) heil angekommen waren.

»Ich freue mich aufs Ziel«, sagte Ant. »Ich bin stolz auf mich. Ich kann Leuten jetzt sagen, dass ich die Gegend kenne. Mir kann man nichts mehr erzählen. Ich bin bis zur Mündung des Flusses gepaddelt. Partnerschaft, Pip. Es war eine gute Reise. Ich denke, es geht um Teamarbeit. Vor allem an den Wasserfällen und Stromschnellen – herausfinden, welche Route machbar ist. Als wir alle an einem Strang gezogen und gemeinsam nach Lösungen gesucht haben, hat das sehr gut geklappt.«

Auf wessen Schultern stehst du? Sage es ihnen, danke es ihnen

»Ihr seid das Beste, was mir je passiert ist. Ich möchte, dass diese Reise noch viel länger dauert«, sagte Fay. »Ich habe noch nie in meinem Leben so viel gelacht. Albern zu lachen hat mir geholfen, die Erschöpfung zu überwinden und mich weiter und weiter zu bewegen. Ich hatte noch nie Freundinnen wie euch. Ihr habt mir geholfen, das Glück zu finden.«

»Ich will dich auch nicht hierlassen«, sagte Laura. »Ich möchte, dass du mit uns nach Hause kommst.«

Auch ich war dankbar für die Freunde, die ich auf der Reise gefunden hatte, und als mein Wille zu paddeln nachließ, als meine Hände, meine Arme, mein Rücken und meine Schultern nach einer Pause schrien, ging ich im Geist all die Menschen in meinem Leben durch, die mir jemals etwas bedeutet oder mich irgendwie beeinflusst hatten. Es war unglaublich, wie viele Leute es waren, und es machte mich so dankbar für das, was ich hier tun durfte. Sie haben mir die Kraft dazu verliehen.

Als dieses Hochgefühl unweigerlich nachließ, war Laura mit einer weiteren Dosis Frohsinn zur Stelle. Zusammen sangen wir mit Begeisterung »Fight Song« und starrten auf den weiten Ozean zu unserer Linken. Zu unserer Rechten lag die flache Silhouette der Stadt. Als auch dieser Booster nachließ, schrie ich dem Ozean so laut ich konnte meinen Schlachtruf entgegen: »Hör mich brüllen!« Das brachte alle zum Lachen, und wieder einmal hatten wir irgendwoher noch ein bisschen zusätzliche Energie aufgetrieben.

Letztendlich entschied ich mich für ein Mantra: »Du schaffst das. Du schaffst das.« Ich wiederholte es bei jedem Paddelschlag. Jeder brachte mich dem Ziel einen Schritt näher. Und dann lag es auf einmal vor uns: Nach Monaten auf dem Fluss sahen wir das unscheinbare, flach abfallende Betonufer, das unsere Ziellinie markierte.

Wir hatten Fays Kajak bereits entladen, und Romel war für den Endspurt in Ants Boot gestiegen. Als wir uns der Böschung näherten, entrang sich mir ein merkwürdiges Geräusch – es lag irgendwo zwischen Schreien und Lachen. Um ehrlich zu sein, war ich mir zu diesem Zeitpunkt noch nicht ganz sicher, welche Emotion ich damit ausdrücken wollte. Es klang so bizarr, dass die anderen sich amüsiert zu mir umdrehten.

Es war nicht das glorreichste Finish. Das Wasser roch nach Kot und die Luft war von einem starken Fischgeruch durchzogen. Es stellte sich heraus, dass wir vor einer Garnelenverarbeitungsanlage gelandet waren, was zumindest den Fischgeruch erklärte.

Einige Journalisten standen mit ihren Kameras hinter dem Deich; ein paar Fischverkäufer waren auch da und kleine Kinder bolzten herum. Unsere Kontaktfrau Sophia hatte sich freundlicherweise die Mühe gemacht, uns ein Band zu besorgen, das die Ziellinie markieren sollte. Leider bestand es aus Papier und hatte sich deshalb im Wasser aufgelöst. Aber Champagner hatte sie auch dabei.

Als ich die Presse sah, versuchte ich, cool zu sein, aber mein Körper hatte andere Pläne. Unbeholfen bis zuletzt schaffte ich es, vom Kajak aus nicht auf die schräge Betonplattform zu steigen, sondern sie zu verfehlen und stattdessen plötzlich unter Wasser auf einem Lahnungspflock zu stehen. Ich rutschte aus und fiel ins Meer. Mein Paddel flog durch die Luft, bevor es mir gegen den Kopf knallte, und meine Sonnenbrille rutschte mir von der Nase. Jon hielt das Ganze mit der Kamera fest. Ein in vielerlei Hinsicht passender Abschluss für meine persönliche Reise – ich war müde, angeschlagen und nass, aber für ein Lächeln und ein Augenzwinkern reichte die Energie noch. Im Grunde finde ich es ganz lustig, dass es so und nicht anders kam. Mein Auftritt ist der Beweis dafür, dass besondere Fähigkeiten, Talent und Koordination keine zwingenden Voraussetzungen für außergewöhnliche Leistungen sind. Alles, was du brauchst, ist die richtige Einstellung und die Fähigkeit, wieder aufzustehen und über dich selbst zu lachen.

In den folgenden Interviews teilte Fay etwas sehr von Herzen Kommendes mit: Diese Reise habe ihr Leben verändert und ihr neue Freunde gegeben.

»Ich bin in ihre Schule gegangen und sie in meine«, sagte sie.

Wir alle feierten den Augenblick, gefolgt von einer Gruppenumarmung. Einen Moment lang verschmolzen wir zu einem einzigen verfilzten, dreckigen Wesen, das nach Schweiß, Tränen, Essequibowasser und geschütteltem Champagner roch und mit dem Gestank der Garnelenfabrik durchaus mithalten konnte. Unter auf und ab hüpfenden, stinkenden Achselhöhlen eingeklemmt, betrachtete ich die Menschen, die ich jetzt Freunde nennen durfte. Gemeinsam hatten wir es geschafft. Wir hatten es verdammt noch mal geschafft.

LIEBE

(Substantiv): ein intensives Gefühl tiefer Zuneigung

Agierst du aus einer Position der Liebe oder einer Position der Angst heraus? Beides sind ursprüngliche Gefühle, und meine Zeit im Dschungel hat sie an die Oberfläche gebracht. Sie haben beide ihren Nutzen, aber ich habe gelernt, dass man sich selbst und die Welt um sich herum mehr mag, wenn man versucht, sich den Menschen – und dem Leben – von einer Position der Liebe aus zu nähern. Wenn ich ehrlich zu mir bin, habe ich häufig dann über andere gemeckert oder mich, erfuhr ich vom Leid anderer, selbstgefällig beglückwünscht, wenn ich innerlich am unglücklichsten war. Mobber kommen oft mit ihren eigenen Unsicherheiten nicht klar. Wenn ich jedoch aus einer Position der Liebe heraus mit der Welt interagiere, fühle ich mich nicht nur als besserer Mensch, sondern steigere auch meine Fähigkeit, Freude zu empfinden, indem ich aufrichtig das Glück und die Erfolge meiner Umgebung feiere. Achte also auf deine Gedanken und Gespräche über andere Menschen – grabe dann ein bisschen tiefer und frage dich, was deine Haltung wirklich über dich aussagt.

Leider kann Liebe auch ein gewisses Maß an Unbehagen und Verletzlichkeit erfordern. Überwinde das Unbehagen, über deine

Gefühle zu sprechen, und denke nicht, dass es peinlich sein könnte, Zuneigung und positive Emotionen auszudrücken. Das Schlimmste, das dir dann passieren kann, ist, dass es dir womöglich etwas peinlich ist, wenn dein Gegenüber nicht so reagiert, wie du es dir vorgestellt hast. Aber ist das denn wirklich so schlimm? Liebe aus vollem Herzen. Lass diese Liebe aus deinen Augen strahlen und erlebe, wie sie auf dich zurückgeworfen wird. Öffne dein Herz für die Menschen um dich herum, und deines wird sich zehnfach füllen. Mitgefühl ist die stärkste Kraft, die ich kenne.

Und dann solltest du – und das kann das Schwierigste überhaupt sein – dieses Mitgefühl auf dich selbst ausdehnen. Wie alle anderen auf dem Planeten hast auch du Fehler, aber versuche, dich ab und zu daran zu erinnern, dass du ein toller Mensch bist.

• • •

Tag 79 der Expedition
Standort: Georgetown
Status: fertig mit der Welt

Ich hatte mir vorgestellt, dass wir unseren Erfolg die ganze Nacht hindurch fröhlich feiern würden. Aber wie meistens im Leben ist es die Lücke zwischen Erwartung und Realität, die zu Enttäuschungen führen kann. Als ich mich in ein Taxi quetschte und auf dem Rücksitz zwischen dem durchnässten Ant und Romel Platz nahm, sollte das symptomatisch für die Atmosphäre des Abends sein. Wir hatten die Luft aus den Kajaks gelassen, die Boote gefaltet und in diversen Kofferräumen verstaut. Fay sprang vorne ins Taxi, und unser Fahrer Clyde brachte uns zurück in das Hotel in Georgetown, in dem alles angefangen hatte.

Das letzte Mal hatte ich vor dem Abflug nach Masakenari auf dem Weg zum Flughafen in einem Taxi gesessen. Ich erinnerte mich an die Mischung aus Vorfreude und Beklemmung, die ich empfunden hatte, als wir unserem Fahrer erzählten, was wir vorhatten.

Nun war ich stolz auf das, was wir erreicht hatten, aber in gewisser Weise verbuchte ich keinerlei Ruhm für mich persönlich. Wie ich Ant und Romel bereits gesagt hatte, läge ich ohne unsere Waiwai-Führer wahrscheinlich irgendwo tot im Dschungel. Ohne meine Teamkollegen wäre ich nicht so oft so gut gelaunt gewesen. Mindestens einmal am Tag hatten wir herzlich gelacht. Wir hatten so viel durchgestanden; der Mut und die körperliche und emotionale Energie, die nötig gewesen waren, um unser Ziel zu erreichen, waren gigantisch gewesen. Allerdings war ich auf eine Art meiner selbst nicht mehr so sicher wie vor unserer Abreise. In meinem Kopf schwirrten mehr Fragen über mich und die Welt herum als Antworten.

Die Welt sieht besser aus, wenn sie liebevoll betrachtet wird

Vielleicht war das Teil des Teufelspakts, den man schloss, wenn man sich ein Ziel setzte – man muss wissen, warum man es anstrebt. Um John Candy in »Cool Runnings – Dabei sein ist alles« zu zitieren, wenn er darüber spricht, eine Goldmedaille bei den Olympischen Spielen zu gewinnen: »Wenn du ohne Olympiasieg niemand bist, bist du auch mit Olympiasieg niemand.«

Wieder in einem Auto zu sitzen war bizarr; die Welt raste in enormer Geschwindigkeit an uns vorbei. Reklametafeln blitzten am Straßenrand auf, und ich fand sie verwirrend und schwer zu verstehen. Verkehrsbedingt hielt das Taxi neben einem übergroßen Plakat. Direkt in der Nähe lag auch ein Friedhof voll mit Grabplatten, um der Toten zu gedenken. Viele der Betonplatten waren zerbrochen, eingestürzt und in desolatem Zustand. Die verlassene, unheimliche Atmosphäre wurde noch dadurch verstärkt, dass der Friedhof nach den starken Regenfällen der vergangenen Tage überflutet war und viele Gräber im Wasser schwammen. Eine gute Erinnerung daran, wie kurz das Leben ist, die mich den Tag noch mehr schätzen ließ als bisher. Die Journalisten hatten bereits begonnen, mir eine der Fragen zu stellen, die ich am wenigsten mochte – den Satz, der einen immer aus dem Moment reißen will. »Und was haben Sie als Nächstes vor?«

In unserem Fall war die Antwort einfach: duschen.

Die Frage machte mir aber wieder bewusst, dass auch die besten Hochs nicht ewig dauern können. Die Freude über unsere Leistung würde im Lauf der Nacht, der Jahre und der kommenden Jahrzehnte wahrscheinlich verblassen. Umso mehr brannte ich darauf, diese Sekunden zu feiern und diese Minuten zu genießen.

Doch unsere Pläne für den Abend scheiterten gründlich. Wir waren ausgehungert, ausgelaugt und freuten uns auf ein herzhaftes Essen im Hotel. Leider machte die Kellnerin aber Feierabend, ohne die Bestellung, die sie vorher aufgenommen hatte, an die Küche weiterzugeben. Als uns klar wurde, dass die Köche bereits nach Hause gegangen waren und wir nichts mehr zu essen bekommen würden, ging eine Rezeptionistin mit uns in den Frühstücksraum und machte uns Erdnussbutterbrote. Das war besser als nichts.

Anstatt am nächsten Morgen nach dem Aufwachen das Lager abzubauen, drehte ich mich im Bett um und checkte mein Handy. Es war unglaublich, auf Instagram so viele Glückwunschbotschaften zu lesen. Meine müden Augen erblickten

Verbinde dich, statt dich zu distanzieren

sogar eine Gratulation von Bear Grylls persönlich. Ich konnte es kaum glauben. Es machte mich sehr dankbar, von so viel Unterstützung und Glückwünschen geradezu überschwemmt zu werden. Ich hatte immer noch nicht ganz verinnerlicht, was wir geleistet hatten. Für mich fühlte es sich immer noch wie die normalste Sache der Welt an, aufzustehen, das Lager zusammenzupacken und Tag für Tag zu paddeln. Die Vorstellung, jeden Tag von 9 bis 17 Uhr in ein Büro zu gehen, kam mir viel abwegiger vor.

Obwohl unser heutiges Abendessen aus Hähnchen und Reis eine deutliche Verbesserung der Erdnussbutter-Sandwiches vom Vorabend war, wirkten alle erschöpft von den Ereignissen des Tages. Laura und ich hatten versucht, Geld abzuheben. Wir wollten im Dorf das restliche Honorar für die Guides in bar bezahlen. Herauszufinden, wie viel wir von wessen Karte und über wie viele Tage verteilt abheben konnten, bereitete uns Kopfschmerzen. Wir hatten außerdem Teile für den Außenbordmotor der Waiwai gekauft und einen Tankdeckel, um den zu ersetzen, den wir auf dem Weg zur Quelle verloren hatten.

Auch Ant und Romel waren in der ganzen Stadt von Geschäft zu Geschäft gerannt, um Seife, Kleidung und Essen für zu Hause zu besorgen.

Es törnte mich ab. Wir saßen am Tisch, vor uns die voll aufgeladenen Handys, mit denen eine Menge zu erledigen war. Wir hatten sie einschalten müssen, aber gesund war das wahrscheinlich für keinen von uns. Ness sagte, sie habe das Gefühl, in einer E-Mail-Flut zu ertrinken. Jon hatte den Tag damit verbracht, unser Filmmaterial zu sichern, und auch Fay beschäftigte sich mit Verwaltungs- und Alltagsaufgaben. Während des Abendessens piepten und summten die Handys beinahe ununterbrochen, was unser Stresslevel nicht gerade senkte.

Das Leben auf dem Fluss war einfach gewesen; wir hatten ein klares Ziel gehabt – zu paddeln und zu überleben. Die vielen Stressfaktoren unseres von Technik geprägten Lebens waren nicht dagewesen. Daher war es eine bittere Pille, sie nun hier in in Georgetown wieder in unser Leben zu lassen. Ich musste kämpfen, um mich an die Lektionen zu erinnern, die ich im Dschungel gelernt hatte. Es stimmte mich traurig, dass beim Abendessen Handys auf dem Tisch lagen oder Leute während des Essens darauf tippten. So distanzierten sie sich von der Welt, die sie umgab. Ich war auch nicht besser.

Ness und ich wollten in zwei Tagen zurück ins Waiwai-Dorf fliegen, aber Laura würde nicht mitkommen. Sie hatte den ersten verfügbaren Flug nach Hause gebucht, und der ging leider schon heute.

»Ich freue mich sehr auf Ran«, sagte sie. »Ich möchte unbedingt zu ihm zurück. Aber auf seltsame Weise habe ich auch Angst davor, von euch getrennt zu werden. Ich mache mir Sorgen, weil ihr nicht direkt neben mir sein werdet. Ich habe mich so daran gewöhnt, eure Namen zu rufen und euch die ganze Zeit zu sehen.«

Sie kam vor ihrem Abflug zu uns und verabschiedete sich. »Ich werde dein Gesicht vermissen«, sagte sie.

Als sie gehen musste, umklammerte ich sie schluchzend, die Art Schluchzen, in der zwei Körper gemeinsam vibrieren. Ich sagte ihr, dass ich sie liebe. Ness war auch völlig aufgelöst. Diese Reise hatte uns eng verbunden. Es hatte Momente gegeben, in denen wir uns unglaublich auf die Nerven gegangen waren und uns beinahe die Köpfe eingeschlagen hätten, aber wir waren in diesen Monaten eine Familie geworden. Ich werde oft danach gefragt, wie es war, mit anderen Frauen zu verreisen, was eigentlich eine extrem bizarre Frage ist, wenn man genauer darüber nachdenkt. Aber unsere Schwesternschaft hatte uns unglaublich viel Kraft gegeben. Die Unterstützung von Laura, Ness und später auch Fay hatte mir selbst an den schwierigsten Tagen neuen Mut verliehen. Aber das hatten auch unsere männlichen Teamkollegen getan. Auf dem Rückflug zu den Waiwai wurden wir diesmal netterweise alle in den VIP-Warteraum geführt. Ant und Romel waren schon am

Vortag nach Hause geflogen. Ein Blick auf die Karte in der Lounge trieb mir die Tränen in die Augen. Wir hatten das ganze Land durchreist. Als wir zum ersten Mal hier gewesen waren, hatten uns die Namen auf der Karte nichts gesagt, die Orte waren uns fremd gewesen – bedeutungslos für mich in meiner Unwissenheit. Aber als ich mir jetzt die Karte anschaute, war sie auf einmal bunt und lebendig. Die Geschichten, die Menschen und der Fluss erwachten zum Leben.

Ich hasse kleine Flugzeuge, aber in diesem zu sitzen und auf den Start zu warten fühlte sich für mich wie das wahre Ende der Reise an. Der Kreis schloss sich. Der Essequibo River hatte uns geöffnet, zerbrochen und auf eine Art und Weise aufgewühlt, die wir nie erahnt hätten. Aber dennoch verließen wir seine Wasser in vielerlei Hinsicht stärker und selbstbewusster als zuvor. Er hat den Strom meines Lebens in neue Bahnen geleitet.

Die Natur ist eine mächtige Kraft, wenn wir innehalten und dem zuhören, was sie uns lehren kann. Ich wollte sichergehen, dass ich gehört hatte, was der Essequibo mir sagen wollte. Er hatte all meine Fehler widergespiegelt – mein Ego, meine Unsicherheiten. Ich wollte unbedingt mutig sein, aber letztendlich akzeptierte ich, dass ich manchmal schwach war. Dass ich manchmal zusammenklappte. Manchmal Hilfe brauchte. Aber es waren diese Tiefs, die mir die Möglichkeit gaben, verletzlich zu sein – um die Hilfe zu bitten, von der ich nicht einmal gewusst hatte, dass ich sie brauchte –, und mir die Chance gaben zu wachsen. Ich war total motiviert, ein besserer Mensch zu werden, mich in die bestmögliche Version meiner Selbst zu verwandeln und meine kleine Ecke der Welt zu gestalten.

Es war bizarr, den Fluss mit seinen Windungen und Biegungen wieder von oben zu sehen. Wir hatten fast drei Monate gebraucht, um hierherzukommen, aber der Rückflug würde nur drei Stunden dauern. Wir hatten von der Fisch- in die Vogelperspektive gewechselt. Ich vermisste es, mich unter dem Blätterdach mit all seinem Lärm und all seinem Leben aufzuhalten. Von oben sah alles so ruhig aus, nichts deutete auf das blühende Chaos hin, das darunter tobte. Als wir uns Masakenari näherten, sahen wir zwei wunderschöne Regenbögen auftauchen und dann verschwinden. Ein irgendwie passender Abschiedsgruß.

Als wir aufsetzten, warteten Jackson und Nereus mit Quads auf uns an der Landebahn. Es war unglaublich, sie wiederzusehen. Ness sprang buchstäblich aus dem Flugzeug und rannte auf Jackson zu. Wir hatten nicht lange Zeit; es dämmerte schon, und wenn die aufziehenden Gewitterwolken Regen mit sich brachten, würde die Erdpiste rutschig und ein Start unmöglich. Wir konnten es uns nicht leisten, das Flugzeug über Nacht am Boden zu lassen – jede Stunde hier kostete uns 450 US-Dollar. Zu bleiben würde auch bedeuten, am nächsten Tag unseren Rückflug nach Großbritannien zu verpassen. Für die zehnminütige Fahrt zum Dorfversammlungshaus stiegen wir auf die Quads. Leider war die drei Kilometer lange Strecke durch einen Regenschauer so nass und matschig geworden, dass wir das spektakuläre Bauwerk völlig schlammverkrustet erreichten.

Öffne dich anderen, dann öffnen sie sich vielleicht auch dir

Drinnen saß Nigel auf einer der Bänke an der Wand. Er schien auf einem Laptop zu arbeiten.

»Nigel«, schrie ich.

Er blickte kaum vom Bildschirm auf und tat so, als hätte er uns nicht gesehen. Dann hob er den Kopf, schaute in unsere Richtung und sagte mit gelangweilter Miene: »Ich bin beschäftigt.« Der alte Mr. Cool.

Ich kicherte und umarmte ihn trotzdem. Er schien sich zu freuen, uns zu sehen.

»Was hast du so gemacht?«, fragte ich ihn.

»Nichts. Fußball gespielt«, sagte er. »Oh, und ich habe ein Video für das Dorf gemacht.«

Er zeigte uns einige Videos aus unserer Zeit im Dschungel. Es berührte mich, dass ihn unsere Reise genauso beeinflusst hatte wie uns.

»Nigel?«

»Ja, Miss?«

»Was, glaubst du, macht Menschen im Leben glücklich?«

»Das kommt auf jeden selbst an. Ich weiß nicht, was euch die Zukunft bringt«, sagte er. »Mich macht es glücklich, wenn meine Freunde zu mir zurückkommen.« Seine Worte waren so aufrichtig, dass sie ihm einen Moment lang im Halse stecken blieben und seiner Stimme ein heiseres Timbre verliehen.

Ich fragte ihn, was ihm an der Expedition am besten gefallen habe. »Morgens eure Gesichter zu sehen. Ich habe euch alle vermisst, als ich zurückkam.«

Ich sagte ihm, dass auch ich unser Dschungelteam vermisse und täglich von ihm gesprochen habe. Jon bestätigte das.

»Sie sagte, du seiest wirklich cool«, sagte er zu Nigel.

Ich schenkte Nigel meine Sonnenbrille, mein Solarladegerät und ein Survival-Buch, das mein Vater mir vor unserer Abreise gegeben hatte. Nigel erkannte es als das, worin ich immer geblättert hatte, wenn ich nachts nicht in meiner Hängematte lag und schrieb.

»Das ist das Buch von deinem Vater, richtig?«, sagte er. »Wird er nicht sauer sein, weil du es weiterverschenkt hast?«

»Nein«, antwortete ich. »Es erinnert mich an dich. Du hast mir mehr über den Dschungel beigebracht als jedes Buch.«

Der Toshao bat uns, ein paar Worte zu den in der Halle versammelten Leuten zu sagen. Ness hielt eine wunderbare Rede über Freundschaft und Zusammenarbeit. Ich sagte, dass wir unser Herz im Dorf lassen würden und dass die Waiwai uns sehr viel bedeutet hätten.

Deli, Cemcis Frau und unsere Ersatzmutter während unserer Expeditionsvorbereitungen, brachte mich beim Abschied zum Heulen. Ich fragte noch einmal, was ihrer Meinung nach die Menschen im Leben glücklich mache.

»Wenn wir uns treffen, einander kennenlernen und einander Liebe zeigen. Was glaubst du?«

»Ich könnte dir gar nicht entschiedener zustimmen«, antwortete ich, als wir uns umarmten. »Du hast uns so viel Liebe gezeigt, also wirklich, aus tiefstem Herzen, danke.«

Deli lächelte. »Danke auch dir. Deine Liebe ist die Gegenwart. Du bist weggegangen und bist noch einmal zurückgekommen, um uns zu sehen – das ist Liebe, die du uns zeigst. Das ist Liebe.« Ihre Lippe begann zu zittern, genau wie meine. »Die Liebe in mir fließt einfach in Form von Tränen aus mir heraus«, schluchzte sie. Wir heulten inzwischen beide, aber jetzt war es an der Zeit aufzubrechen.

Wir mussten schnell zur Landebahn zurücklaufen, da die Quads nirgendwo zu finden waren. Nigel half uns, die geschnitzten, traditionellen Holzpaddel zu tragen, die ich vor unserer Abreise in Auftrag gegeben hatte. Ich wurde meinem Ruf gerecht und rutschte im Schlamm aus, zerrte mir den Rücken und überzog meine Hose und meine Schuhe mit einer weiteren Schicht Schlamm.

»Ich schätze, du bist jetzt stärker als ich«, scherzte Nigel. »Ich war mir echt nicht sicher, ob du den Trip schaffen würdest.«

Eines wusste ich ganz genau: Ohne das Team hätte ich es nicht gepackt.

Als wir den Weg hinaufgingen, entdeckten wir ein paar bekannte, locker schwingende Schultern. Es war Romel, der einen geflochtenen Korb auf dem Rücken trug. Er war mit seiner Frau und dem Rest seiner Familie zusammen.

»Das ist Ray«, sagte Romel stolz, als er uns sein kleines Baby vorstellte. Wir alle umarmten uns zum Abschied. Ich sagte, dass wir ihn vermissen würden und ich seine Ehrlichkeit und seine Seele liebe. Er sah friedvoll aus und strahlte die stille Zufriedenheit eines Mannes aus, der daheim ist.

Zum Glück näherte sich nach etwa zehn Minuten Fußmarsch eines der Quads, und wir sprangen alle auf. Zufällig sahen wir auch Ant, der uns auf einem Quad entgegenkam, das in Richtung Dorf fuhr. Wir unterhielten uns kurz und fragten, ob er uns verabschieden würde.

»Nein«, sagte er.

Ich dachte, er mache Witze, aber es stellte sich heraus, dass er tatsächlich nicht zum Flugplatz kam, oder falls doch, erst nach unserem Abflug. Ich weiß nicht mehr genau, was ich zu ihm gesagt habe. Aber weil ich dachte, ich würde ihn gleich noch einmal sehen, verabschiedete ich mich nicht richtig von ihm. Das war der einzige Wermutstropfen an diesem Tag.

Wir beluden den Laderaum mit verschiedenen Dingen, die uns Dorfbewohner für Angehörige in Georgetown mitgegeben hatten. Der Pilot bedeutete uns, dass es Zeit sei aufzubrechen. Wir umarmten unsere Teamkollegen zum letzten Mal. Unsere Freundschaft hatte uns im Dschungel alles bedeutet.

»Ich schätze, das ist jetzt ein endgültiger Abschied, kein ›Bis bald‹ mehr«, sagte Nigel und winkte uns zu.

»Forever in my mind«, sagte er zu uns.

»Forever in the jungle of my mind«, antwortete ich.

»Jetzt habe ich meinen Frieden damit gemacht, dass diese Reise vorbei ist«, sagte Ness auf dem Rückflug nach Georgetown, als wir das Licht der letzten Sonnenstunden auf dem Essequibo leuchten sahen. Unter uns wand er sich wie ein silbern schimmerndes Band dahin.

»Jetzt ist diese Reise vollendet.«

Ich stimmte ihr aus vollem Herzen zu. Wir beide gingen erfüllt und voller Erinnerungen, die für immer überdauern würden. Wir hatten das Glück gehabt, einen der letzten wirklich wilden Orte der Welt besuchen zu dürfen. Bei modernen Expeditionen geht es nicht darum, irgendwelche Flaggen aufzustellen. Es geht dabei nicht einmal um das Reisen an sich. Es geht darum, die Welt, in der wir leben, mit neuen Augen zu betrachten. Im Grunde genommen geht es darum, das Leben mit Liebe anzusehen. Wir hatten erreicht, was wir uns vorgenommen hatten. Ich war bereit, zu Charlie zurückzukehren – meiner eigenen Version von Heimat.

Als wir in Georgetown landeten, durchdrangen Sonnenstrahlen die Wolken, und der Fluss glitzerte wie eine Schlange, die sich durch die Landschaft unter uns wand. Ich hatte Gänsehaut, als ich die dunklen Gewitterwolken sah, die sich vom leuchtend orangefarbenen Schein der Abendsonne und dem Glitzern des ersten Abendnebels absetzten. Die Sonne ließ den Fluss schimmern und eine Stelle blitzte kurz so hell auf, dass ich einen Augenblick lang geblendet wurde. Es war wie ein Augenzwinkern, atemberaubend schön. Es war ein Abschiedsgruß.

TOD UND LEBEN

(Substantiv): das Ende des Lebens
(Substantiv): von dir zu definieren

Das Leben wird nicht in den großen Momenten gelebt. Es liegt in der Berührung zweier Hände, einer Umarmung, dem Flackern einer Kerze und dem freudigen Kreischen eines Kindes. Es steckt in einer Tasse Tee und dem Dampf, der in der kühlen Luft tanzt – in der schönen, oft unbeachteten Schlichtheit unseres Alltags. Erstbegehungen, Auszeichnungen, große Abenteuer – diese Momente können einen besonderen Teil eines Lebens bilden, aber es sind nicht sie, die es zu etwas Besonderem machen.

Unsere Reise durch Guyanas Regenwald hat mich mehr erschüttert und wachgerüttelt als alle Reisen, die ich je zuvor unternommen habe oder jemals unternehmen werde. Ich denke immer noch über die Lektionen nach, die ich im Dschungel gelernt habe. Ich kam dort mit dem Konzept des Todes viel enger in Berührung (im Fall der Schlange ganz buchstäblich), als mir lieb war. Ich beobachtete, wie die Natur Leben absorbierte, zurückforderte und neu hervorbrachte, diesen sich ständig weiterentwickelnden, verbundenen Kreislauf, in dem wir nur ein kurzer Augenblick sind.

Was hoffe ich, dir in diesem letzten Kapitel mitgeben zu können? Den Rat, das Leben mit beiden Händen zu packen und zu erkennen, dass unsere Abenteuer im Leben, wie groß sie auch sein mögen, mehr mit unserer Denkweise zu tun haben als mit allem anderen. Wir können sofort mit dem Erforschen beginnen, egal wo wir sind. An den Schlafanzugtagen, an den Faulenztagen, an den trostlosen Tagen, den denkwürdigen Tagen, den Lieblingstagen pulsiert das Leben um uns herum – wir müssen es nur bemerken.

. . .

Tage seit Rückkehr: zwei Monate
Standort: Tropenklinik, London
Status: am Tropf

»Ihre Bluttests zeigen, dass Sie Pfeiffersches Drüsenfieber haben«, sagte der Arzt, als ich in seinem Sprechzimmer in der Londoner Tropenklinik saß. Die Klinik war ein Ort, den ich allmählich gut kannte, da ich in den letzten Wochen hier verschiedene Tests hatte machen lassen.

Nun, das erklärt, warum ich so fertig bin und mich gar nicht mehr am Leben freuen kann, dachte ich mir.

»Ich werde Sie aber noch an meinen Kollegen, den Dermatologen Dr. Steve Walker, überweisen, der den Biss an Ihrem Hals genauer untersuchen soll.«

Das ist kein gutes Zeichen, piepste Angsthirn, das in den vergangenen Wochen zu viel Zeit mit Google verbracht hatte.

Suchmaschinen sind nie dein Freund, wenn es darum geht, Symptome zu untersuchen. Das gilt insbesondere dann, wenn es sich bei dem, was du suchst, um krustigen Schorf handelt, der sich über einem bestimmten Insektenstich gebildet hat. (Falls du gerade isst, während du dies liest: Entschuldigung.)

Ein solches Schmuckstück prangte auf meiner Halsschlagader. Stell dir das Ding, wenn du magst, so vor wie den Knutschfleck eines überambitionierten Vampirs. Zuerst hatte mich der Stich nicht gestört, da er weder juckte noch schmerzte. Aber dann wurde die Stelle immer größer, bildete Schorf und wurde – sehr attraktive Entwicklung – schließlich zu einer eiternden Geschwulst. Der Krater darunter, der zum Vorschein gekommen war, als der Schorf abfiel, schien ebenfalls immer tiefer zu werden. Das, was ich im Internet über die mögliche Ursache herausgefunden hatte, machte mir ziemlich große Sorgen.

Ich hatte gehofft, der Arzt würde mir versichern, es sei nichts, worüber ich mir Sorgen machen müsse, und mich danach wieder nach Hause schicken. Stattdessen sprach er von »Beobachten und abwarten« und erwähnte ein Wort, das auch Google ausgespuckt hatte: Leishmaniose. Für Laien: ein fleischfressender Parasit. Außerdem – eine grausame Ironie, wenn man bedenkt, wie oft ich es inzwischen verwende – ein Wort, das ich nie auf Anhieb fehlerfrei buchstabieren kann.

Leishmaniose ist nicht nur schlimm, sondern geradezu verheerend. Es gibt, das hatten meine Recherchen ergeben, drei Varianten dieser Krankheit, die durch den Stich einer weiblichen Sandmücke verursacht werden kann. Ein absolut alptraumhaftes Trio. Auf dem Siegertreppchen ganz oben steht die tödlichste Form der Krankheit: die viszerale Leishmaniose. Sie greift die inneren Organe an und führt, wenn sie nicht behandelt wird, innerhalb von zwei Jahren zum Tod. Sie ist nach Malaria der zweitgrößte parasitäre Killer der Welt.

Der Silbermedaillengewinner auf dem Podest der Scheußlichkeiten ist die mukokutane Leishmaniose. Diese Variante konzentriert sich besonders auf Schleimhäute – und zerfrisst am liebsten Rachen, Mund und Nase. Die Bilder, die Google mir von Kindern und Erwachsenen zeigte, die daran litten, waren extrem schockierend.

Schließlich gibt es da noch den Bronzemedaillengewinner, die häufigste, aber immer noch extrem unangenehme Form: die kutane Leishmaniose. Dieser Übeltäter verursacht tiefe Wunden, die sich vergrößern und zu dauerhaften Narben führen können. Manchmal heilen die Wunden von allein ab, aber in schweren Fällen können sie bis zur körperlichen Behinderung führen. Ziemlich oft treten diese Läsionen im Gesicht auf, und in vielen Teilen der Welt kann diese Entstellung soziale Ausgrenzung zur Folge haben. Abhängig von Variante und Infektionsherd kann sich diese Variante – wenn man richtig viel Pech hat – auch dazu entschließen, sich in die Schleimhäute zu schleichen, um zu sehen, ob es da wirklich so toll ist, wie alle sagen.

Um ehrlich zu sein, schien mir keine dieser Optionen besonders reizvoll. Noch besorgniserregender war, dass die abgebildeten Läsionen genauso aussahen wie meine schorfige Stelle.

Bei vielen Dingen im Leben merken wir erst, wenn wir sie verlieren, wie sehr wir sie geschätzt oder uns auf sie verlassen haben. Als ich in den Spiegel schaute, realisierte ich plötzlich, wie sehr ich meine Nase mochte. Ich hatte vorher nicht viel darüber nachgedacht, aber wie sich herausstellte, hatte ich auch mein Gesicht sehr gern. Ja, es

Schätze das, was du hast

hatte ein paar Falten, Leberflecke und Unebenheiten, aber dieses Gesicht war mit mir alt geworden – es war nicht perfekt, aber es gehörte mir. Ich konnte mir nicht vorstellen, dass es irgendwie verbessert werden würde, wenn plötzlich große Stücke Fleisch aus ihm herausgefressen würden. Genauso entpuppt sich das Leben mit all seinen Höhen und Tiefen, Herzschmerzen und Sorgen,

Lieben und Verlusten als verdammt brillant, wenn man genauer darüber nachdenkt.

Da saßen Charlie und ich nun also ein paar Wochen nach meinem ersten Arzttermin wieder in einem Wartezimmer und taten genau das: warten. Auf entscheidende, potenziell lebensverändernde Nachrichten, die mir aber diesmal kein Kolibri bringen würde, sondern ein Arzt.

»Pip Stewart«, rief Dr. Walker. »Bitte folgen Sie mir.«

Wenn man sich den idealen Arzt vorstellt, dann ist Dr. Walker wahrscheinlich die Verkörperung dieses Ideals. Er ist gelassen, hat sehr gütige Augen und eine wunderbar beruhigende Art. Seine Haltung überzeugte mich sofort davon, dass er genau wusste, wovon er sprach. Er hatte die Art von Würde, die man sich wünscht, wenn man gleich mit der potenziell gefährlichsten und schockierendsten Diagnose seines Lebens konfrontiert wird.

Dr. Walker wiederholte, dass wir abgewartet hätten, wie sich mein Hals entwickele, da die Läsion sich in einem empfindlichen Bereich befinde, der zu Narbenbildung neige. Eine Biopsie zu vermeiden sei die beste Option gewesen. Ich bin keine Medizinerin, aber offenbar gibt es im Hals eine Menge Sachen, die man nicht versehentlich punktieren will. Nachdem er mich untersucht hatte, überbrachte er mir die Nachricht, die ich am wenigsten hören wollte: Eine Biopsie war notwendig.

»Ich schaue mal nach, ob wir sie einschieben können«, sagte er.

Ich habe große Angst vor Nadeln und der Gedanke, dass mir jemand ein Skalpell an den Hals setzen und ein Stück herausschneiden würde, erfüllte mich nicht gerade mit Freude. Dr. Walker sah deutlich die Panik in meinem Gesicht oder meine verschwitzten Handflächen oder die Tatsache, dass ich gleich in Tränen ausbrechen würde, und bat mich, kurz auf ihn zu warten.

Etwa zehn Minuten später kam er zurück, sagte, er habe ein paar Termine umgestellt und könne die Prozedur selbst durchführen. Es wäre extrem unangebracht gewesen, aber ich hätte ihn am liebsten umarmt und fest an mich gedrückt. Wenn jemand mir ein scharfes Messer an den Hals legen musste, dann wollte ich, dass er es war.

»Jetzt gleich?«, fragte ich.

»Ja, jetzt.«

Wie bei so vielen Dingen, vor denen wir uns schrecklich fürchten, war die Prozedur bei Weitem nicht so schlimm, wie ich befürchtet hatte (obwohl ich es nicht eilig damit habe, sie zu wiederholen). Ich war Dr. Walker unglaublich dankbar für seine Zeit und seine beruhigende Anwesenheit. Ich wusste es damals nicht, aber der mental schwierigste Teil würde sein, auf die Ergebnisse zu warten. Ich spielte gedanklich alle nur möglichen Szenarien durch.

Im Dschungel hatte ich mit Nigel ein Gespräch über den Tod geführt. Ich sagte ihm, dass ich viel darüber nachdenke. Dann erzählte ich ihm, als ich mit achtzehn mit der Schule fertig war, hätte ich in mein Jahrbuch geschrieben, ich würde im Alter gerne Lachfältchen um die Augen haben. Jetzt hatte ich sie und wünschte, ich hätte damals nicht darum gebeten.

»Das Alter wird dein Gesicht zerstören, das geht uns allen so«, sagte er. Ein Teil von mir wusste das, aber ich hatte schlichtweg nicht damit gerechnet, dass ein fleischfressender Parasit diesen Prozess beschleunigen könnte.

»Mach dir am besten keine Sorgen wegen des Todes«, hatte Nigel mir geraten. »Wenn du Pläne für den nächsten Tag machst, kann es immer passieren, dass du krank wirst oder auf etwas anderes Lust bekommst. Man weiß nie wirklich, was die Zukunft bringen wird. Ich vertraue da auf Gott.«

Ich sagte ihm, dass ich mein Vertrauen in die Menschheit setzte, weil ich – wo immer ich auch gewesen sei – festgestellt hätte, wie wunderbar die meisten Menschen seien.

»Da sind wir einer Meinung«, war seine vage Schlussfolgerung. Dieses Gespräch schien jetzt in weiter Ferne zu liegen – genau wie meine Ergebnisse.

Ein paar Wochen später nahm ich auf den blauen, abwaschbaren Stühlen Platz, die man so oft in Krankenhäusern sieht. Dr. Walker überbrachte mir ruhig die Nachricht, dass meine Biopsie eine kutane Leishmaniose ergeben habe. Lei-

Sei bewusst dankbar

der sagte mir Dr. Walker auch, dass es sich um einen Stamm der Viannia-Variante handele, was bedeute, dass er auch das Risiko mit sich bringe, zu einer mukokutanen Leishmaniose zu mutieren, die meinen Hals, meine Nase und meinen Mund befallen würde. Ich versuchte, die Diagnose zu begreifen. Im Wesentlichen (und dies sind meine Worte, nicht die von Dr. Walker) benutzte ein fleischfressender Parasit meinen Hals als Mittagessen, und wenn ich mich keiner aggressiven Behandlung unterzog, bestand die Gefahr, dass mein Gesicht zu seinem Dessert werden könnte.

Ich schloss meine Augen. Ich konnte mich fast an den Ort erinnern, an dem ich gebissen worden war. Wir hatten in der Nähe des Flussufers geschlafen und der Boden war besonders nass und matschig gewesen. Ich hatte meine Hängematte nur langsam aufgehängt, weil mich ein süßer, winziger Babykaiman ablenkte – derselbe, wegen dem sich meine Mutter so viele Sorgen machte, als sie ihn auf Instagram entdeckte. Ich blieb eine Ewigkeit stehen, genauso fasziniert von dem Baby wie es von mir. Wir beide starrten uns nur an und beobachteten uns. Als die Abenddämmerung sich über den Tag senkte, dachte ich, du musst deine Hängematte aufhängen. Als ich ihre Gurte um den Baumstamm schleuderte, tauchte wie aus dem Nichts ein Schwarm Fliegen auf. Alle Haut, die nicht von meinem Hemd bedeckt war, wurde viele Male gestochen, auch direkt über dem Hemdkragen. Abgesehen von aua dachte ich mir damals nichts dabei.

Ich hatte nicht realisiert, dass es sich um Sandfliegen handelte und dass diese Fliegen Leishmaniose übertragen können, was oft in Umgebungen vorkommt, die von Abholzung und Urbanisierung betroffen sind. Es war nur eine weitere Unannehmlichkeit des Dschungellebens. Warum sie aber beschlossen, sich an meinem total verschwitzten Hals gütlich zu tun, das wissen die Götter.

Ich zappelte auf meinem Stuhl im Krankenhaus herum, und mein Hintern verursachte dabei dieses unangenehme Quietschen, das gelegentlich bei PVC-artigem Vinylmaterial auftritt. Wir taten beide so, als hätten wir es nicht bemerkt. Dr. Walker führte mich durch die seiner Meinung nach beste Behandlungsoption. Ich hatte vor meinem Termin ein bisschen gegoogelt und war dabei auf so schöne Worte wie Chemotherapie, kardiotoxisch und Medikamentenresistenz gestoßen. Je länger ich mich damit befasste, desto besser begriff ich, dass die Behandlungsmöglichkeiten nicht nur hochgiftig und aggressiv, sondern auch altmodisch sind und bereits in den 1940er-Jahren eingesetzt wurden. Trotz fast einer Million neuer Fälle pro Jahr und fast einer Milliarde Menschen in weltweit 98 Ländern, die von der Krankheit bedroht sind, scheint es für Arzneimittelunternehmen kaum Kapitalanreize zu geben, in eine bessere Behandlung und Erforschung der Krankheit zu investieren. Das liegt nur am Geld – die meisten Menschen, die die Behandlung brauchen, haben nicht genug davon. Diese Krankheit betrifft einige der ärmsten und an den entlegensten Orten lebenden Menschen der Welt, die nur wenig Zugang zu Medien haben, geschweige denn zu für ihr Lebensumfeld geeigneten Behandlungsmöglichkeiten. Das wird sich nur ändern, wenn Regierungen,

Pharmaunternehmen oder ein paar Leute mit dicken Geldbeuteln tief in die Tasche greifen, um sie zu subventionieren.

Anscheinend lagen diese kitschigen Valentinstagskarten, die man überall sieht, beinahe richtig – ich war nicht die Einzige unter Millionen, sondern einfach nur eine von Millionen. Aber im Gegensatz zu der Mehrheit all derer, die unter der Krankheit leiden, saß ich im Moment einem weltweit führenden Experten für tropische Hautkrankheiten gegenüber und diskutierte mit ihm den Plan für die kostenlose Behandlung, der ich mich in den nächsten Monaten unterziehen würde. Sie mochte zwar invasiv und veraltet sein, aber wenigstens bekam ich Hilfe.

In diesem Fall war auch die Hilfe ein schrecklicher Zungenbrecher: Natriumstibogluconat. Es ist ein Arzneistoff, der Antimon enthält – ein Element, das häufig zur Herstellung von Kajal sowie von Halbleitern und feuerfestem Material verwendet wird **Musst du oder darfst du?** und eben auch in dem Medikament enthalten ist, das mir nun drei Wochen lang täglich in die Adern gespritzt werden sollte. Zunächst mussten wir jedoch noch eine kleine Sache erledigen, und zwar einen langen, intravenösen Schlauch in die große Vene meines Oberarms einführen. Dort sollte er für die Dauer der Behandlung verbleiben. Es war ein großer Trost für mich, dass es mir gelang, meine Behandlung (mit Hilfe von Charlie, meiner unerschöpflichen Inspirationsquelle) unter einem ganz neuen Aspekt zu betrachten. Statt »Ich muss das durchstehen« sagte ich mir inzwischen: »Ich darf das durchstehen.« Als jemand, der die Macht der richtigen Worte liebt, fand ich das sehr nützlich.

Auf der positiven Seite verschaffte diese Einführungszeremonie Charlie einen unvergesslichen Geburtstag (eine Floskel, die ich nie hatte zu Papier bringen wollen). Nachdem Charlie die Krankenschwester gewarnt hatte, dass ich Injektionen nicht besonders gut vertrage, ganz zu schweigen von der Idee, dass mir ein kleiner, hohler Schlauch tief in die Vene geschoben würde, durfte er neben mir sitzen bleiben, während das Ding eingeführt wurde. Dies hatte die Schwester aber nur unter der Bedingung erlaubt, dass er sich abwenden würde, wenn sie ihn dazu aufforderte. Anscheinend kann Blut herausspritzen und für einen ungeschulten Laien kann das manchmal verstörend wirken und schlimmer aussehen, als es ist. Charlie ist kein Mensch, der gern Befehle befolgt, und schaute natürlich nicht weg. Als die Krankenschwester sein kreidebleiches Gesicht sah, schlug sie ihm vor, sich lieber hinzusetzen.

»Alles Gute zum Geburtstag, Charlie«, sagte ich grinsend aus meiner zurückgelehnten Position auf dem Krankenhausbett, als langsam wieder Farbe in sein Gesicht zurückkehrte. Die Prozedur war nun abgeschlossen und ein Stück Schlauch hing aus meiner Armbeuge. Charlie sah ziemlich mitgenommen aus. »Du hast so viel Glück, dass du das durchmachen darfst«, erinnerte ich ihn fröhlich.

Danach begannen die Tage zu verschwimmen. Wie im Dschungel half mir Humor durch diese schwierigen Zeiten. Jeden Morgen, bevor ich die Wohnung verließ, um ins Krankenhaus zu fahren, drehte ich unsere bewährten Dschungelmelodien auf: »Fight Song« und die beste Musik, um sich zu motivieren – den Soundtrack zu »Vaiana«. Wenn meine Energie es

Unterschätze niemals die Kraft von kitschiger Musik und einem guten alten Boogie

zuließ, boxte ich in der Küche in die Luft und stellte mir vor, wie ich dem Parasiten in den Arsch trat. Laut unseren Nachbarn unter uns hörte es sich an, als käme gleich eine Herde Elefanten durch die Decke. Vielleicht nicht gerade ideal für die Dielen, aber absolut essenziell für meine Stimmung.

Doktor Walker hatte mir klipp und klar gesagt, dass dies kein spaßiges Medikament sei und die Nebenwirkungen schwerwiegend sein könnten. Der Vorteil des Medikaments besteht darin, dass es den Parasiten eventuell abtötet. Der Nachteil ist, dass es auch Herz und Leber schädigen kann. Abgesehen davon, dass ich fast eine Stunde am Tag an einem Tropf befestigt war, wurden regelmäßig Bluttests durchgeführt, um meine Leberfunktion zu überprüfen, und EEGs, um zu testen, ob mein Herz noch so funktionierte, wie es sollte. Ich wurde auch gewarnt, dass sich meine Venen verschließen könnten. Andererseits brachten die Schwestern mir immer eine Tasse Tee mit, wenn sie sich selbst eine machten. Ich fühlte mich sehr gut umsorgt.

Mit ein bisschen Fantasie konnte ich mir gut vorstellen, dass ich mich gerade in einer Art Spa befand. Nur dass ich nicht darauf wartete, dass die Feuchtigkeitscreme in meine Haut einzog, sondern darauf, dass eine Flasche mit einem Totenkopf und der Aufschrift GIFT endlich ihre Wirkung zeigte.

In der ersten Hälfte der Behandlungsperiode konnte ich die ganze Aufregung nicht verstehen, ich fühlte mich gut. Wenn überhaupt, war die Therapie eine gute Ausrede, um die Füße hochzulegen, zahlreiche Tassen Tee zu trinken und die Anteilnahme meiner Mitmenschen zu genießen. Sosehr ich es auch hasste, ins Krankenhaus zu kommen, so gut amüsierte ich mich, sobald ich dort war. Tropenmedizin ist eine faszinierende medizinische Fachrichtung, und ich hörte gerne den Reiseberichten der Ärzte, Krankenschwestern, Empfangsdamen und der anderen Patienten im Wartezimmer zu. In den Stunden, die ich dort verbrachte, reiste ich virtuell durch die ganze Welt.

Doch als die Tage zu Wochen wurden, breiteten sich die Muskelschmerzen aus. Selbst die spannendsten Reiseerzählungen konnten mich nicht mehr davon ablenken, wie unwohl ich mich fühlte. Mein Körper verkrampfte sich, und selbst die kleinste Bewegungsabfolge schmerzte. Charlie nannte mich bald liebevoll Crocodile Dundee, da ich lieber auf dem Boden als in unserem Bett schlafen wollte. Ich dachte, ich würde mich auf einer harten, ebenen Fläche weniger bewegen als im Bett. Jeden Morgen war eine herkulische Kraftanstrengung nötig, um von der Waagerechten in die Senkrechte zu gelangen.

Einem guten Zweck zu dienen ist erfüllender, als eigene Ziele zu verfolgen

Die gute Nachricht war, dass die Behandlung zu wirken schien, das Loch in meinem Hals begann sich langsam zu schließen.

Eines Morgens, nachdem ich an den Tropf angeschlossen worden war, schickte ich Fay eine Facebook-Nachricht, fragte sie nach Leishmaniose und danach, was ihre Gemeinde in Apoteri dagegen tue. Sie bekam auch ein heißes Bild von meinem Nackenschorf. Die Glückliche.

»Erinnerst du dich an die Narben auf meinem Bein, die ich dir gezeigt habe? Die kommen daher«, antwortete sie. Ich erinnerte mich daran, fünf silbrige Flecken auf ihrem Schienbein. Ich fragte sie, wie sie sie behandelt habe.

»Ich habe sie mit brennendem Kuhfett übergossen«, war die schockierende Antwort.

»Piep, piep.« Meine Gedanken wurden von der Maschine unterbrochen, die das Medikament verabreichte und die Krankenschwestern alarmierte, dass der Beutel gleich leer war. Ich sah zu, wie die Schwester mich vorsichtig von dem Apparat trennte, meinen baumelnden Schlauch wieder versiegelte und mich für den Tag entließ.

»Bis morgen, Pip«, sagte die Empfangsdame, als ich davonschlurfte. Ich winkte, bevor ich wieder in der anonymen Stadt verschwand, um die Heimreise anzutreten. Vor dem silbernen Schild am Eingang des Krankenhauses blieb ich kurz stehen und stellte Fay noch eine Frage. Bis heute glaube ich, dass es eine meiner dümmeren war.

»Hat es wehgetan?«, fragte ich. Zum ersten Mal, nachdem wir den Dschungel verlassen hatten.

»Äh, ja, Pip. Es fühlte sich an wie am Spieß zu braten«, war die prompte, unverblümte Antwort.

In den folgenden Tagen mailten wir noch ein paar Mal hin und her. Ich fragte sie, warum sie sich verbrannt habe, anstatt ins Krankenhaus zu gehen. Sie sagte, ins Krankenhaus zu gehen, hätte bedeutet, fünf bis sechs Wochen von zu Hause fort zu bleiben, was für sie wegen ihrer Kinder nicht praktikabel gewesen sei.

Ich hatte auch Cemcis Sohn Philip auf Facebook angeschrieben und gefragt, was die Leute in Masakenari täten, um Leishmaniose zu behandeln. Er sagte mir, dass sie Schildkrötenpanzer in die Läsionen drückten, weil es »schneller ist, als einen ganzen Monat Injektionen zu bekommen«.

Nach meinen Gesprächen mit Ärzten, dem Austausch mit Menschen via soziale Medien und durch die Informationen von meinen Freunden in Guyana begann ich allmählich, das Ausmaß und die Natur des Problems zu verstehen. Ich bin mir nicht sicher, was mir lieber gewesen wäre: brennendes Kuhfett oder intensive, veraltete toxische Chemotherapie. Beides ist nicht gerade ideal.

Du hast nur eine Chance auf das Leben, also mach das Beste daraus Der Schildkrötenpanzer klingt für mich nach einem Gewinner und kann, wie auch das Kuhfett, die Läsionen offenbar sehr gut heilen. Es wurde jedoch bislang kaum untersucht, ob diese lokalen Behandlungen verhindern, dass der Parasit später erneut auftaucht. Ich bin niemand, der der Wissenschaft und der Medizin vorschreibt, was hier zu tun ist, aber ich denke, die Krankheit könnte eine Umbenennung vertragen. (Zugegeben, ich habe diese Idee von der Weltgesundheitsorganisation geklaut, die sagt, dass schwer auszusprechende Namen auch dazu beitragen, dass viele Tropenkrankheiten vernachlässigt werden.) Also, hier ist mein Vorschlag: Leishmaniose wurde 1901 nach dem Glasgower Arzt und Armeemediziner William Leishman benannt, der den Parasiten während seiner Arbeit in Indien identifizierte. Wenn du mich fragst, sollten wir ihn einfach William nennen. Zu sagen »Ich habe einen schlimmen Fall von William« oder »William hat wieder an meinem Hals geknabbert«, wäre so viel einfacher zu erklären als »Leish-Ma-Blabla-O-Se«. Alternativ könnte Prinz William, wenn er mal besonders großzügig drauf ist, seinen Namen jederzeit in Prinz Leishmaniose ändern, und die Weltpresse würde über den Namen herfallen, wie ... naja, wie ein hungriger, fleischfressender Parasit.

Es war ein emotionaler Tag für mich, als mein IV-Zugang entfernt wurde und ich mich von den Menschen verabschieden musste, die mir auf meiner neuesten Reise geholfen hatten. Schwach, mit Schmerzen, aber mit einem bereits fast geschlossenen Loch im Nacken streckte ich der Schwester meinen Arm entgegen, um mir die Infusion entfernen zu lassen. Ich dachte an die Welt des Essequibo, in der alles mit allem verbunden ist, an all die Menschen, die wir an seinen Ufern hatten kennenlernen dürfen. Mir fiel auf, dass so viele meiner Sorgen im Dschungel ganz falsch platziert gewesen waren. Ich hatte solche Angst davor gehabt, was alles passieren könnte, dass ich die größte Bedrohung völlig übersehen hatte. Die globale Ungleichheit im Gesundheitswesen ist weitaus erschreckender als alles, was wir im Dschungel erlebt hatten. Es war nicht nur der Parasit, der mir unter die Haut ging, es war die damit verbundene Ungerechtigkeit. Diese Krankheit ist kein Armutsproblem, sondern ein Problem für die ganze Menschheit.

Innerhalb von Sekunden war der Zugang draußen. Ich hatte das Entfernen kaum gespürt. Der lange Schlauch, der in meinem Arm gesteckt hatte, lag nun, zusammengerollt wie eine Schlange, in einer Wanne und war bereit für die medizinische Entsorgung. Ich dachte über all die Dinge nach, die ich in den kommenden Wochen tun konnte, sobald meine Kraft zurückgekehrt wäre. Ich würde beide Arme waschen, einen richtigen Spaziergang machen und mich danach ins Bett legen können. Es war erstaunlich, was ich früher für selbstverständlich gehalten hatte. Ich war jetzt frei. Zumindest irgendwie. Ich würde Dr. Walker im Lauf des nächsten Jahres weiterhin regelmäßig aufsuchen müssen, da er überwachen musste, ob der Parasit möglicherweise zurückgekehrt wäre.

Als ich mich auf dem Krankenhausbett aufsetzte und meine Beine zur Seite schwang, um aufzustehen, fühlte ich mich dankbar und unglaublich vom Glück gesegnet.

»Weißt du, deine Narbe sieht ein bisschen aus wie ein Knutschfleck«, sagte die Krankenschwester zu mir.

Ich streichelte die immer flacher werdende Haut über der Wunde und grinste. Die Idee gefiel mir ziemlich gut. Ein visuelles Symbol der Liebe und dafür, was wir erreichen können, wenn wir aus einer Position des Mitgefühls heraus operieren.

Ich ging zur Rezeption, nicht um zu bezahlen, sondern um als Dank eine Karte und einen von Charlie gebackenen Karottenkuchen zu hinterlassen. Diese Leute kannten mich erst seit einem Monat, aber sie hatten sich um mich gekümmert, mich zum Lächeln gebracht und mir geholfen, ein, zwei Phobien zu überwinden. Sie erinnerten mich daran, dass in dieser Welt unglaublich tolle Menschen existieren, egal wie trostlos sie uns manchmal auch erscheinen mag. Sie gaben mir die Hoffnung, dass Leishmaniose und andere vernachlässigte Tropenkrankheiten nicht mehr allzu lange vernachlässigt werden müssen, wenn sich genügend gute

Menschen dafür einsetzen. An diesem Abend hatte ich zu große Schmerzen, um mich viel zu bewegen, und aus meiner Position des Mitgefühls heraus beschloss ich, auch meinem liebestollen Parasiten ein wenig davon zukommen zu lassen. In einem Moment des Wahnsinns schrieb ich ihm ein Gedicht.

Liebesbrief an einen fleischfressenden Parasiten

Du hast mich verzehrt,
oder es zumindest versucht.
Stück für Stück
Hast du mein Fleisch zum Mittagessen verputzt
und meine Nase
und meinen Gaumen
als leichten Snack betrachtet.
Etwas für später vielleicht.

Eine ungewöhnliche Wahl für ein Festessen,
britisches Fleisch, eine Rarität,
Delikatesse würde ich es nicht nennen,
obwohl in der Tat zart ist,
was unter unserer Haut liegt.
Fleisch, Knochen,
die donnernde Angst
vor Stille.

Aber irgendwie haben wir uns gefunden,
verbunden durch ein schlecht geplantes Menü.
Du warst unhöflich, wenn ich ehrlich bin,
bist unangemeldet aufgetaucht.
Ich hatte nicht viel vorrätig,

außer meinem Hals,
und der war ziemlich ungewaschen.
Gesalzen, ungepfeffert,
es war das Beste, was ich so kurzfristig
auftreiben konnte.

Du hast dich nicht wirklich
richtig vorgestellt,
Leishmaniose,
ich bin mir immer noch nicht sicher,
ob ich es richtig ausspreche.
Ich denke manchmal,
in der Hitze des Augenblicks spielen Namen keine Rolle.
Ich weiß, du kennst meinen nicht.

Es hilft zwar nicht viel,
aber es tut mir leid, dass es so enden musste,
ich meine, das Skalpell an meinem Hals
tat mir sicher mehr weh als dir.
Aber die Medikamente,
diese langsamen, schmerzhaften drei Wochen,
21 Tage lang den Schaden ertragen,
wie eine alte Frau,
die mit einem Reißverschluss kämpft.
Das hat dir sicher keinen Spaß gemacht.

Ich weiß, dass deine Trennungen normalerweise
nicht so aggressiv sind,
aber ich dachte mir, unter den gegebenen Umständen
ist ein entschiedenes Ende das Beste.
Ich habe von anderen gehört, manchmal

verschwindest du von selbst,
ich würde es ja Ghosting nennen,
aber unter den gegebenen Umständen
erscheint mir das unangemessen.
Ich konnte nicht riskieren, dass du zurückkommst,
Ich wollte einen glatten Bruch, verstehst du?
Ich hoffe, du hast nichts dagegen.
Meine Freundin sagte, sie hat dich verbrannt,
brennendes Kuhfett,
das sich in ihre Haut einfrisst,
schien mir die schmerzhaftere Option.
Sie hatte keine Wahl.

Ich habe an dich gedacht, weißt du,
gegen Ende.
Ich habe so salzige Tränen geweint,
ich hätte dich einlegen können.
Sie haben sogar mein Herz überwacht
deinetwegen.
Es ist nicht kaputt gegangen,
aber wenn ich fest genug an dich denke,
könnte es noch brechen.
Ich dachte an dich, als mein Blut floss,
analysiert wurde, um zu sehen, wie weit
du mir unter die Haut gegangen bist.
Die Medikamente drohten mit Venenverschluss,
meine Gedanken konnte ich vor dir
nicht mehr verschließen

Jetzt bist du fort,
glauben wir zumindest.

Wirklich wissen kann man das nie,
Liebhaber, die sich so tief in dich eingraben,
haben die merkwürdige Angewohnheit,
noch einmal unangemeldet zu erscheinen.

Ich denke immer noch an dich,
eigentlich jeden Tag.
Ich sehe dein Zeichen im Spiegel,
diesen willkürlichen Knutschfleck,
ein Zeichen des Mitgefühls,
denn ich weiß, du bist mir unter die Haut gegangen
und wirst auch anderen unter die Haut gehen,
bis zu einer Milliarde.
Ich weiß, dass ich für dich nichts Besonderes bin.
Aber um eins möchte ich dich doch bitten:
Wenn du wieder Hunger hast,
ruf erst an, und mach dann bei mir Rast.

Ich werde oft gefragt, ob sich das alles gelohnt hätte, ob ich die Reise noch einmal machen würde. Das ist schwer zu beantworten, da ich mich ganz anders fühle als die Frau, die sich damals auf den Weg machte. Vielleicht lässt es sich am besten erklären, indem ich eine Gegenfrage stelle: Würdest du die besten Momente deines Lebens aufgeben, wenn du dadurch auch die schlimmsten nie erlebt hättest?

Konzentriere dich auf das, was jetzt ist, und nicht auf das, was passieren könnte

Zweifellos war es ein einmaliges Abenteuer, und es gibt vieles, was ich heute anders machen würde. Aber wie bei den meisten Dingen im Leben hat es wenig Sinn, Vergangenes zu bereuen.

Unsere Stürze, die Rückschläge, die wir im Leben erleiden, können kleine blaue Flecken und wunde Stellen hinterlassen. In gewisser Weise machen sie uns zerbrechlicher. Doch diese Zerbrechlichkeit ist gleichzeitig auch unsere Kraftquelle, denn wir wissen, dass wir uns aufgerappelt und weitergekämpft haben und dadurch letztendlich stärker geworden sind. Wie Dr. Walker mir sagte, müssen wir Schritt für Schritt vorwärtsgehen. Ich persönlich habe festgestellt, dass es mich nur in ein dunkles Loch führt, wenn ich zu lange über die Was-wäre-wenns nachgrübele. Ich fühle mich am wohlsten, wenn ich mich auf das Hier und Jetzt konzentriere. Die Leishmaniose hat mir viele Andenken hinterlassen, mein liebstes ist das Gefühl, einem Zweck dienen zu können. Meine Erfahrung macht es mir möglich, ein Problem zu thematisieren, das dringend ins Licht der Öffentlichkeit gehört.

Leider gibt es keinen Test, mit dem festgestellt werden kann, ob der Parasit endgültig verschwunden ist. Man muss nur wachsam auf Anzeichen darauf achten, ob er für einen Nachschlag ans Hautbuffet zurückgekehrt ist. Wie das Schicksal so spielt, bemerkte ich gerade, als ich diesem Buch den letzten Schliff gab, ein paar seltsame Klumpen in meinem Hals. Zum Glück sieht es nach der Untersuchung so aus, als seien sie harmlos, aber sie werden in sechs Monaten erneut untersucht, da immer die Möglichkeit besteht, dass sich der Parasit ausbreitet. Ich wünschte, ich könnte dir ein echtes Happy End bieten, bei dem alle losen Fäden zu einer ordentlichen Schleife verknüpft worden sind. Aber wie du wahrscheinlich inzwischen festgestellt hast, funktioniert das Leben nun mal nicht so.

»Der Parasitenstamm, den du hattest, kann also auch mukokutane Leishmaniose auslösen?«, fragte Charlie, als ich ihm von den seltsamen Klumpen erzählte. »Hat man das bei der letzten Autopsie herausgefunden?«

Wir mussten beide lachen, als wir seinen Schnitzer realisierten.

»Ich glaube, das Wort, nach dem du suchst, ist Biopsie«, sagte ich zwischen zwei Lachern und rang nach Luft. »Ich bin noch nicht tot.«

Es ist wahr. Ich bin noch nicht tot und du bist es auch nicht. Ja, es gibt immer noch Tage, an denen sich das Leben überwältigend anfühlt, und Tage, an denen wir Nachrichten erhalten, die uns zusammenbrechen lassen. Wenn mich unsere Expedition jedoch etwas gelehrt hat, dann, dass wir zu mehr fähig sind, als wir denken.

Drei Jahre später, während ich dieses Buch schreibe, hat sich auch Guyana stark verändert. Das Land hat heute eine der am schnellsten wachsenden Volkswirtschaften der Welt. 2015 wurde ein gigantisches Ölvorkommen vor der Atlantikküste entdeckt, einer der größten Funde des Jahrzehnts. Die Förderung begann im Jahr 2020. Das Öl hat das Potenzial, die Geschicke der Nation zu verändern. Es bleibt abzuwarten, wie das Land mit den sich daraus ergebenden wirtschaftlichen, politischen und ökologischen Problemen umgeht.

Und meine Teamkollegen? Zum Glück geht es ihnen gut. Weit davon entfernt, sich vom Familienleben im Dschungel abschrecken zu lassen, beschlossen Laura, Ed und Ran, einen Monat lang auf einer einsamen indonesischen Insel zu leben, abgeschieden von der Außenwelt, um dort eine Fernsehsendung für den Discovery Channel zu drehen: »Man Woman Child Wild«. Nach einer traurigen doppelten Fehlgeburt (es waren Zwillingsmädchen) wurde Laura noch mal schwanger – erneut mit Zwillingen. Molly und Milly haben nun das Licht der Welt erblickt. Lauras Po ist furunkelfrei.

Ness hat einen wunderbaren Mann namens Jake kennengelernt, und zusammen haben sie sich eine Farm in Yorkshire gekauft. Dort wollen sie interessanterweise auch Schweine züchten. Jon hat geheiratet und lebt mit seiner Frau und seiner kleinen Tochter Liv in Deutschland. Fay hat jemanden kennengelernt und ist jetzt schwanger. Ihr Lodge- und Angelgeschäft läuft immer besser. Ant und Nigel haben mir berichtet, dass es unseren Waiwai-Teamkollegen gut geht. Romel verbringt seine Zeit immer noch am liebsten mit seinem gar nicht mehr so kleinen Sohn Ray.

Für mich hat das herausforderndste und lohnendste Abenteuer meines Lebens begonnen: Charlie und ich sind jetzt Eltern der kleinen Willow. Willow, diese wunderbar quirlige Seele, hat das Leben noch weiter ins rechte Licht gerückt. Mutter zu sein bringt mich dazu, ein besserer Mensch sein zu wollen – und Willow und ihrer Generation einen Planeten zu hinterlassen, auf dem die Natur noch singt.

Der Dschungel hat mich nicht verlassen und wird es wahrscheinlich auch nie tun. Der Geist des Flusses fließt noch immer durch meine Adern. Meine Gedanken wandern oft zu meinen Teamkollegen. Dann erlebe ich unsere Abenteuer noch einmal, wie wir uns unseren Weg unter dem Blätterdach bahnten und auf dem Fluss paddelten. Mein Körper trägt seine eigene, einzigartige Narbe aus dem Regenwald, eine ungewöhnliche Art von Knutschfleck. Er ist zu einer konstanten Erinnerung an die vielleicht einzige Lektion geworden, die wir jemals wirklich brauchen werden: Das Leben ist schön und zerbrechlich – nimm es an.

DANKSAGUNG

Mein erster Dank gilt dir. Vielen Dank, dass du dir die Zeit genommen hast, mit uns mitzufahren. Wenn dich etwas auf diesen Seiten berührt hat, lass es mich bitte wissen, denn ich würde gerne auch von deinem eigenen Lebensweg erfahren. (@PipStewart)

Das größte Dankeschön (und die anschließende Entschuldigung) gilt Charlie – einem strahlenden Licht dieser Welt –, der spießige, sentimentale, öffentliche Liebesergüsse hasst. Charlie, du bist mein bester Freund, mein Fels und Resonanzboden. Vielen Dank für alles, was du getan hast, um dieses Buch zu ermöglichen. Ohne dich wäre mein Leben einfach nicht dasselbe.

Willow, kleiner ›Sprössling‹, du hast unser Leben auf die bestmögliche Weise verändert. Du hast uns unvergleichliche Liebe geschenkt und spornst uns jeden Tag dazu an, bessere Menschen zu werden. Wie sich herausgestellt hat, bist du das beste Abenteuer von allen. Danke, dass du mich an den Tagen daran erinnert hast, an denen mir das Schreiben eines Buches wie eine unmögliche Aufgabe vorkam.

Danke an Mama und Papa, dass ihr den Grundstein für mein Fernweh gelegt und mir und Jo das Selbstvertrauen gegeben habt, unsere eigenen Wege zu gehen. Mama, es tut mir wirklich leid, dass ich dir so viele schlaflose Nächte bereitet habe (obwohl ich dir versichere, dass der Babykaiman wirklich süß war).

An Jo, meine kleine (aber klügere) Schwester. Danke, dass du das Buch mit dem Läusekamm durchgegangen bist. Du inspirierst mich täglich, und ich bin so glücklich, dass ich mit dir durchs Leben reisen darf.

Für Laura Bingham. Du bist wirklich eine der lustigsten und inspirierendsten Pionierinnen, die ich kenne. Ohne dich wäre dies alles nicht möglich gewesen. Dir und auch Ness Knight danke ich für eure Freundschaft im Dschungel und danach, die mir so viel bedeutet. Ihr seid zwei der nettesten und stärksten Menschen, die ich kenne, sowohl im Geist als auch im Körper. Wir begannen diese Reise als fast Fremde und kehrten als Freunde zurück, verbunden durch herzliches Lachen, Nahtoderfahrungen und eine grässlich nach Wildschwein stinkende Hose. Ladys, ich werde immer für euch da sein.

An die Menschen von Masakenari, vielen Dank für euren herzlichen Empfang und eure Hilfe bei der Reise. Eure Freundlichkeit werden wir nie vergessen.

Cemci Suse, Nereus Chekema, Nigel Issacs, Jackson Marawanaru, Aaron Marawanaru, Ant Shushu, Romel Shoni, Fay James und Jon Williams, danke für eure Geduld, eure Anleitung und euer Wissen. Ihr habt die Reise zu dem gemacht, was sie war. Gemeinsam haben wir uns Erinnerungen geschaffen, die ein Leben lang halten werden.

Vielen Dank an Ed Stafford, dass du uns so großzügig deine Zeit und deinen Rat geschenkt hast. Du bist ein echter Superheld mit einem Herz aus Gold.

Vielen Dank an Sophia Hauch und Anders Andersen für ihre harte Arbeit bei der Organisation der Expeditionslogistik vor Ort in Guyana – und ihre anschließende Hilfe bei diesem Buch. Zu wissen, dass ihr am anderen Ende des Satellitentelefons sitzt, war eine große Erleichterung. Vielen Dank an dieser Stelle auch an Ian Craddock, der uns in eure Richtung gelenkt hat.

An die Abenteuer-Community, vielen Dank, dass ihr diese Expedition so angenommen und uns auf dem Weg unterstützt habt. Viele Leute haben uns bei der Expedition geholfen (ihr wisst, wer ihr seid), aber besonderer Dank geht an Chris Murnin, Andy Oughton, David Bain, Gabi Ridge, Al Pace, Sandy Loder und Dave Connell. Vielen Dank, dass ihr so viel Zeit damit verbracht habt, uns zu helfen, bevor es losging.

Meinen Freunden danke ich für ihre Unterstützung, ihren Rat und ihre Liebe. Ihr wundervolle Bande seid der Leim, der mein Leben zusammenhält.

Meinen Agenten Jo Cantello und Jonathan Cantello von Wolfsong Media danke ich dafür, dass sie sich um mich gekümmert und an mich geglaubt haben.

An Chris Hoare, vielen Dank für die Redaktion meines unbearbeiteten Tagebuchs und die Recherchen, die dafür nötig waren. Dein Interesse an unserer Reise war wunderbar und aufschlussreich.

Vielen Dank an unsere Sponsoren für ihre Unterstützung und den Einsatz, mit dem sie diese Reise Wirklichkeit werden ließen.

AUSRÜSTUNG

Essequibo River – Ausrüstung und Sponsoren

EXPEDITIONS-PARTNER

Transglobe Expedition Trust
Canon
Kayak
Nuzest
Mooncup
NRS
Craghoppers (nur Pip)

AUSRÜSTUNGS-SPONSOREN

Vivobarefoot
Powertraveller
Altberg
DD Hammock
Firepot
Inmarsat

ALLGEMEINE AUSRÜSTUNG

Auf dem Wasser

- NRS Outlaw Aufblasbares Kajak
- NRS Chinook OS Angler-Schwimmweste
- NRS Ripple Kajak-Paddel
- NRS Pro Rescue Wurfsack
- NRS 110L Heavy-Duty Bill's Bag
- NRS 65L Heavy-Duty Bill's Bag
- NRS Watershed Dry Duffle (Seesack)
- NRS 1" HD Befestigungsgurte
- NRS Bootshandschuhe für Frauen – Ausverkauf

- WRSI Kajak-Helm
- Flussmesser (einschließlich NRS Co-Pilot-Messer)
- Eine kompakte Handpumpe (NRS K-Pump 20)
- Eine Schlauchpumpe (NRS Super High Pressure Pump)
- NRS-Seil und Karabiner-haken
- NRS-Schlauchboot-Reparaturset
- Notfallnahrung für jeweils 24 Stunden
- Wasserdichte Handytasche

Schuhe
- Vivobarefoot Ultra III (die Kajakschuhe von Ness und Laura)
- Vivobarefoot Primus Trail SG (Pip's Kajakschuhe)
- Altberg Jungle Boot Microlite MoD Braun (Trekkingschuhe)

Schlafen
- DD Frontline Hängematte
- DD Whoopie Aufhängeset
- DD SuperLight Tarp
- DD Paracord (25m) (zur Verwendung als Tarp-Ridgeline etc.)

- Schlafsack-Einlage
- Reise-Kissenbezug
- Rab Neutrino Endurance 600 Schlafsack

Nahrung (als Ergänzung zum selbst gefangenen Fisch)
- Feuertopf getrocknete Mahlzeiten
- Reis
- Hafer
- Zucker
- Zimt
- Nüsse
- Rosinen
- Linsen
- Kaffee
- Tee
- Milchpulver
- Tofu-Stücke
- Knoblauchgewürz
- Gemischte Kräuterwürze
- Müsli
- M&Ms
- Milky Way
- Erdnussbutter
- Süßigkeiten
- Kekse
- Je eine kleine Flasche El Dorado Rum

Kochen

* Letherman (Multi-Tool)
* Clipper Feuerzeug
* Dünne Streifen aus Fahrrad-schläuchen zum Anzünden von Feuer
* Notfall-Brandstifter-Set
* Light My Fire Spork
* LocknLock Box
* Nalgene 1L Wasserflasche
* ThermoCafé Desk Mug
* Nuzest Clean Lean Protein (Protein in Pulverform)
* Nuzest Good Green Stuff (Nährstoffe in Pulverform)
* 12-in. Angelhaken
* Vierteiliges Kochtopfset (Deckel dienen auch als Bratpfannen)

Elektrisches

* Sealey G1000I Inverter Stromgenerator
* Steckeradapter
* Solarmodule und Batterie-packs (Powertraveller Solargorilla und Extreme)
* Inmarsat BGAN
* Inmarsat IsatPhone
* iPhones
* Kabel

Medizin

* Fußpilzsalbe und Antipilzpuder
* Talkumpuder
* Allgemeine Antibiotika
* Vaseline
* Umfangreiches medizinisches und Notfall-Kit
* »Foo Foo«-Beutel (ein Beutel, den man mit Talkumpuder füllt und der groß genug ist, dass der Fuß hineinpasst; er wird vor dem Schlafen-gehen verwendet und hilft, Fußbrand zu verhindern)
* Handbuch über Medizin in abgelegenen Gebieten

Körperpflege

* Dettol-Seife im kleinen LocknLock
* Zahnbürste und Zahnpasta
* Festes Deodorant
* Avalon Organics Shampoo

PIP'S PERSÖNLICHE AUSRÜSTUNG

* Craghoppers NosiLife Sydney Womens Hooded Top
* Barmah Hat – 1064 Foldaway Cooler Suede Hickory

- Craghoppers NosiLife Socken
- Craghoppers NosiLife Adventure II Langarmhemd
- Craghoppers NosiLife Pro II-Hose
- Craghoppers Apex Wasserdichte Jacke
- Craghoppers Voyager Hybrid Jacke
- Lululemon Yoga-Hose
- Sonnenbrille
- Hose
- Bandana
- Lockeres Oberteil
- Petzl Stirnlampe

- Päckchen Sour Squirms Jelly Sweets (The Natural Confectionary Company), das mir Charlie für einen »schlechten Tag« geschenkt hat
- Bild von mir und Charlie beim Tanzen
- Feuchtigkeitscreme und Augencreme
- Jungle Survival (Survival Guide des Luftfahrtministeriums)

Hinweis: Bitte wende dich an einen Fachmann, wenn du dich auf eine Expedition begibst.

REGISTERED TRADEMARKS

Altberg is a registered trademark of Alt Berg Holdings Ltd.; Avalon Organics is a registered trademark of Avalon Natural Products, Inc.; Barmah Hats is a registered trademark of Desert Oak Trading Pty Ltd.; Canon is a registered trademark of Canon Inc.; Clipper is a registered trademark of Flamagas, SA; Craghoppers is a registered trademark of Craghoppers Ltd.; DD Hammocks is a registered trademark of DD Hammocks Ltd.; Dettol is a registered trademark of Reckitt Benckiser (UK) Ltd.; El Dorado is a trademark of Demerara Distillers Ltd.; Firepot is a registered trademark of Outdoorfood Ltd.; Haribo is a registered trademark of Holding GmbH & Co. KG; Inmarsat is a registered trademark of The International Mobile Satellite Organization; iPhone is a registered trademark of Apple Inc.; Kayak is a registered trademark of Kayak Software Corporation; Leatherman is a registered trademark of Leatherman Tool Group, Inc.; Light My Fire is a registered trademark of Light My Fire Sweden AB; LocknLock is a registered trademark of Lock & Lock Co., Ltd.; Lululemon is a registered trademark of Lululemon Athletica Canada Inc.; M&Ms is a registered trademark of Mars, Inc.; McVitie's Jaffa Cakes is a registered trademark of United Biscuits (UK) Limited; Milky Way is a registered trademark of Mars, Inc.; Mooncup is a registered trademark of Mooncup Ltd.; Nalgene is a registered trademark of Thermo Fisher Scientific Inc.; NRS is a registered trademark of Northwest River Supplies, Inc.; Nuzest is a registered trademark of Nuzest IP Pty Ltd.; Petzl is a registered trademark of BIG BANG; Powertraveller is a registered trademark of Powertraveller International Ltd.; Rab is a registered trademark of Equip Outdoor Technologies UK Ltd.; Sealey is a registered trademark of Jack Sealey Ltd.; The Natural Confectionary Company is a registered trademark of Mondelez International AMEA Pte. Ltd.; THERMOCafé by Thermos is a registered trademark of Thermos LLC; Vaseline is a registered trademark of Unilever Global IP Ltd.; Vivobarefoot is a registered trademark of Vivobarefoot Ltd.; WhatsApp is a registered trademark of WhatsApp LLC.